袁灿兴 —— 著

湘军

征战史

团结出版社

图书在版编目（CIP）数据

湘军征战史 / 袁灿兴著. -- 北京 ：团结出
版社，2019.11
　　ISBN 978-7-5126-7034-1

Ⅰ. ①湘… Ⅱ. ①袁… Ⅲ. ①湘军－军事史－通俗读
物 Ⅳ. ①E295.2-49

中国版本图书馆CIP数据核字(2019)第077013号

出　　版：团结出版社
　　　　　（北京市东城区东皇城根南街84号　邮编：100006）
电　　话：(010) 65228880　65244790　（出版社）
　　　　　(010) 65238766　85113874　65133603（发行部）
　　　　　(010) 65133603（邮购）
网　　址：http://www.tjpress.com
E-mail：zb65244790@vip.163.com
　　　　　fx65133603@163.com（发行部邮购）
经　　销：全国新华书店
印　　装：三河市腾飞印务有限公司

开　　本：170mm×240mm　　16开
印　　张：15.75
字　　数：235千字
印　　数：5045
版　　次：2019年11月　第1版
印　　次：2019年11月　第1次印刷

书　　号：978-7-5126-7034-1
定　　价：52.00元

前　言

在经历了康乾盛世之后，大清王朝进入了衰退期。在嘉庆朝，曾有蔓延五省的白莲教大起义，到了道光朝，则有英国人的叩关而入。此一次的危机，比以前所有的危机都要剧烈，将大清帝国击打得是千疮百孔。当此危机之际，在西南又发生了空前绝后的农民起义，这就是太平天国起义。

到了咸丰朝时，清室已筋疲力尽，国力日益衰竭，在帝国内外都面临着无数挑战。面对着太平军，曾经勇悍的八旗兵，已无战力；庞大的绿营，如同散沙。太平军从广西乡野之间崛起，以席卷残云之势，蔓延各地，入湖南，占武汉，沿江而下，建都天京。面对此状，清廷除了震撼，就是手足无措，他们不知道如何应对这场空前绝后的危机，不知道如何应对这些无畏生死的天国战士。

在湖湘乡野之间，散布着一群文人，他们有着敏锐的嗅觉，他们有着广阔的视野。这些读书人并不是手无缚鸡之力的书生，他们胸中飞腾着豪情壮志，更要驱逐雄兵，去斩虎驱豹。他们满腹经纶，饱读诗书，信奉程朱理学，却骁勇彪悍，通达明练，纵横沙场。他们原本的命运，就是在乡野之间终老，将一腔英雄豪气归于天地。只是大清帝国的这场危机，给了他们机会，他们披坚执锐，他们纵横各省，他们扬名于史。他们更打造出了一支影响中国近代历史的军队——湘军。

湘军以乡土为凝聚，以忠勇为信念，他们抱团死战，成为太平军的最强劲敌手。当湘军出世之时，一批光耀千古的名字也喷涌而出，曾国藩、罗泽南、李续宾、郭嵩焘、左宗棠、刘蓉、王鑫、刘长佑、刘松山、刘坤一、彭玉麟等，他们领着湖湘子弟征战。在他们看来，此次战争，权力之争是表，文化捍卫是实。太平天国所代表的，是士大夫阶层所不能接受的来自西方的完全不同的文化。在太平天国所兴起的巨变之中，这一群书生，摇旗呐喊，砥柱中流，挡住了太平军不可一世的洪流。湘军的崛起，在挽救了大清王朝的同时，也捍卫了中国的边疆。湘军子弟，出征天山，苦战经年，捍卫了中国的领土。在后世，虽然有湘军的诸般议论，对湘军的此番功绩，却无法加以指责。

湘军的征战史，不单单是一部军事史，更融合了社会史、财政史、外交史。在征战之中，湘军将领开阔了视野，接触了外部的世界，他们也有了经济头脑，知道如何开拓财源，所有的一切，都与往昔不同。此战之中，无数子弟夭折，也有无数人因此而得到机会。在后世中国，可见无数湖湘子弟，继承着先辈的精神，奔走于各方。湘军的崛起，更使一批汉人成为封疆大吏，他们的崛起，也改变了清廷的政坛格局。往昔坚不可摧的权力架构，开始出现了缝隙，地方的军事权、人事权、财政权等，开始下移到督抚们的手中，而在几十年之后，当初的变化开花结果，最终覆灭了大清王朝。

当湘军征战之时，曾国藩安排了他的替手李鸿章，组建了淮军。淮军脱胎于湘军，继承了湘军的衣钵。李鸿章之后，继承他衣钵的，则是袁世凯。后日的中国，虽经历了辛亥剧变，可当权者，从北洋各路军阀，再到南京国民政府，无不留着湘军的历史烙印。

目 录

第 一 章
湘 军 兴 起

八旗绿营衰落

明代的女真部分为海西女真、建州女真、野人女真三大部，分布在黑龙江、松花江流域，以游牧、渔业为生。三大部中，建州女真在明永乐元年被招抚，并设置建州卫，以牵制其他女真二部。建州女真与明王朝保持着进贡关系，女真定期进贡，明朝则给予赏赐。女真人骁勇善战，曾被明成祖征调从军北征，立下诸多军功。

在与女真各部、朝鲜李朝的频繁战事之中，建州女真的战斗力得到锻炼，已有雄霸辽东之势，此时女真所缺的就是一个雄才伟略的带头人。适逢天运，时势造化，这个带头人出现，并使女真能坐拥近三百年江山，此人就是努尔哈赤。

努尔哈赤以甲十三副、兵百人起家，骤然之间崛起，以虎狼之师，吞并女真各部。此后竟以区区数万人之众，威胁着拥兵百万的大明王朝。"女真人所恃者弓矢，屡次凌驾明军者，尤在骑兵之善于驰突。"在征伐过程中，努尔哈赤打造了席卷天下的八旗军，这支军队"出则为兵，入则为民"，是军政合一的高效战争机器。至皇太极时期，又将隶属于满洲八旗的蒙古兵分出，与蒙古降兵合并为蒙古八旗，此后又组建汉八旗。满、蒙、汉八旗。此时的八旗军，骁勇无匹，"一闻攻战，无不欣然，攻则争先，战则奋勇。威如雷霆，势如风发，凡遇战阵，一鼓而胜"。

清军入关之后，八旗制度被保留了下来，八旗兵成为国家供养的职业军队。八旗官兵携带家眷，居住在军营之中，驻于京畿之地的称为"京营八旗"，分驻于全国各战略要地的称为"驻防八旗"。初期，八旗军军营管理严格，旗兵及家眷不得随意外出，并要从事严格的军事操练。为了维持八旗的战力，清廷规定八旗子弟不得从事工商业及其他职业，以专一于军事。

满人入关之后，八旗军分驻各省。刚刚建立的大清王朝，根基并不牢靠，各地汉人起义频发，八旗转战奔走，兵力不敷运用。为弥补兵力不足，清廷接收明王朝各省降军，组建汉人军队，因其军旗颜色为绿色，不同于八旗部队，故称"绿营"。

在各省设置的绿营，则分别由总督、巡抚、提督、总兵统领，分兵的目的是防止独揽军权。总督统领的称"督标"，巡抚统领的称"抚标"，提督统领的称"提标"，总兵统领的称"镇标"。总督虽然名义上负责辖区内的军事，但由于巡抚、提督也有兵权，总督往往受到牵制。

绿营军与八旗军有着显著区别。八旗集中驻屯，绿营则分散驻屯。最优良的兵器归八旗使用，绿营只有普通兵器，禁卫京师的任务绿营也不得参与。虽然绿营地位低于八旗，但它却是清廷最重要的一支武装，绿营兵力在六十万人左右，约是八旗军的三倍。

满人入关建立政权后，推行不平等民族政策。在官员职位上，中枢重要职务主要由满人占据。在官缺上，满人可以任汉缺，汉人不能任满缺。同时规定满汉不能通婚，满人不许从事社会生产，只能成为职业军人，并由政府财政供养。在法律上，满汉分开审判，如果是满汉纠纷，则法律审判要倾向于满人。

八旗兵生活的方方面面，都被清廷给包了下来。从八旗兵的房屋建造、修缮到红白喜事，都有官方经费支持。每逢王朝内重大事件，如新皇登基，或是万寿节，有额外的赏赐。为了弥补物价上涨带来的不足，康熙朝特意为八旗兵颁发了"生息银两"。朝廷拨给八旗兵驻防将军一笔钱，然后利用这笔钱去从事投资，所得利息给八旗兵作为补助。

此种高福利的政策，使得八旗兵只想安享太平，好吃那一份俸禄。故而入关之后不久，八旗军就开始腐化，战斗力急剧下降。顺治帝在谕旨中就曾恼火地指出："今八旗人民怠于武事。"顺治十六年（1659），郑成功反攻至南京，八旗军躲在城内不敢出战，只有绿营奋勇出击，打退了郑成功军。

吴三桂从云南起兵时，八旗军的无能更加暴露无遗。据当时人记载，每当出击的命令下达时，八旗官兵都无精打采，赖在营内不肯出动。每听到撤退消息时，则"三军欢声如雷！"。八旗的腐化，让清廷不得不重用绿营。平定吴三桂、耿精忠、尚可喜三藩叛乱后，绿营地位上升。可日久之后，绿营也百弊丛生。

绿营是国家正规军，有兵籍在兵部，军饷则从户部发，不从地方筹集。绿营军饷的标准是清顺治年间制定的，马兵的待遇最高，步兵次之，守兵最低。绿营马兵月给饷银二两，步兵一点五两，守兵一两，每兵月给米三斗，比较起来，绿营兵收入远远低于八旗兵。军饷标准制定后，二百年间再无更改。拿着两百年前制定的军饷，绿营"兵丁所得，仅能存活"。虽然八旗兵拿的也是两百年前的军饷，可八旗兵家中基本都有几个壮丁，每名壮丁可以分地三十亩耕种，所得足敷家用。

绿营士兵拿俸禄，是要养家的。绿营士兵的家庭人员，都编制在兵籍中，子弟称"余丁"，将来是要接班当兵的。但子弟要入绿营，必须等到有空额才可补入，再混吃军饷。顺治初年定下的绿营士兵军饷标准，维持了二百多年不变。康熙年间，米价低廉，每石米不过三四钱，士兵还能维持家庭生活，乾隆年间，米价涨到了每石二两，嘉庆年间涨到每石三两，此后基本上在此价格之上。普通士兵每月拿一两银子，已经不够一家人买米吃饭了。吃饭之外，还有穿衣出行、日常杂用等开销。

为了谋生，绿营士兵开始八仙过海，各显神通，从事各种生计如裁缝、木匠、杂货铺、茶店、肉店等。这些还是正当生计，一些绿营士兵则从事非法行当，牟取利润，如贩卖战马、走私鸦片、私租战船等。为了全身心从事副业，一些绿营兵还出资请人替自己当兵，如浙江定海的绿营士兵大半是被买来入伍充数，"半系枹工修脚贱佣"。

绿营士兵长期从事各种副业，以养家糊口，自然不能专心于军事。此外，绿营兵分散在全国各地，调动集中不便，也导致绿营兵缺乏统一训练和装备，战斗力低劣。每至战时，从各地抽调的绿营兵临时拼凑成一军，结果是兵不知将、将不知兵，难以有效指挥，形同散沙，逢战即溃。绿营长期驻扎地方，拖家带口，已安逸于当地的平稳生活。乾隆年间，抽调江宁绿营劲旅驻防台湾。结果出兵时，这些劲旅"当行者执途人而号哭，军官皆无人色"。至于请人顶替出征，在绿营中更是比比皆是。

至鸦片战争时，八旗兵、绿营已是不堪一击。英军号称"一团英军即可击溃数省的清军"，这不是英军自夸，而是八旗兵、绿营的战斗力实在太差。但鸦片战争并没有给清王朝的军事体系以多少刺激，八旗还是那个八旗，绿营还是那个绿营。被打痛了的清廷，一养好伤，就忘了身上的伤疤。

这个老化的八旗兵、绿营，到太平天国战争时又一次被打得体无完肤。

太平天国崛起于乡野之间，震撼清廷，而八旗兵也成了太平军的主要敌手。起事之时，太平军于《奉天讨胡檄布四方谕》中宣告，"誓屠八旗"。面对太平军时，曾经勇猛的旗人，从将领到士兵，都没显示出多少的战斗力。

七十五岁的湖北提督博勒恭武，号称打仗一百余次，乃是旗人骁将。咸丰二年，博勒恭武奉命前往岳州拦堵太平军，结果不战而逃。逃跑之后，手下将领阿克东阿胆大包天，捏造战报，称他光荣战死。此事暴露后，咸丰帝大怒，下令追查博勒恭武下落。博勒恭武先逃到江南，后躲在京师外黄村，咸丰三年被寻获后处死。

太平军攻克南京后，清廷征调八旗精锐，组建江北大营，威慑天京。不想这号为八旗精锐的江北大营，面对太平军却毫无招架之力。咸丰三年（1853），太平军北伐，八旗兵负责拦截。北伐军由浦口登岸时，清军都统西凌阿、副都统明庆带领名满天下的黑龙江马队阻击，结果却望风披靡，一路退回滁州。咸丰四年（1854），太平军在扬州河汊地区转战，八旗兵"望贼即溃"。咸丰六年（1856）二月，秦日纲两天内扫荡清军营垒一百二十座。咸丰八年（1858），陈玉成、李秀成大破江北大营，八旗主力被歼。

八旗兵拖家带口，分驻于全国各地，在此场战事中，损失惨重。咸丰三年（1853）二月，太平军兵临江宁，守城的八旗兵自知一旦城破，必死无疑，遂负隅顽抗，死战不休。至二月二十一日，内城被攻破，江宁将军祥厚自杀，副都统霍隆武带领旗兵巷战，所部损失殆尽。残余的百余名八旗兵从朝阳门出逃，散布在东郊乡野之间。太平军对于这些溃兵是满腔愤恨，贴出布告："有擒得旗人者，赏银五两。"被赏银诱惑，东郊的农民纷纷出手，擒杀八旗兵。至于南京城内的旗人，更被太平军视为"妖"，满城搜捕，尽数杀戮。

太平天国战争是巨大的磨盘，无数八旗子弟被填入其中，磨成血肉齑粉。被抽调至南方各地的八旗弟子，战死异乡者占了大半，侥幸生存者多数残疾。经历了同治、光绪年的休养，在人数上八旗军仍未能完全恢复，更别提战力了。光绪二十九年（1903），凉州八旗营内查出以幼丁充马甲者百余名，这也是衰落八旗的无奈。

八旗已烂，绿营则腐，战斗力更不如八旗。在永安城外，绿营兵力高达八万人，围困万余太平军，却一败涂地。在战场上，绿营只要遥遥望见太平军，就拼命开火，待炮火耗尽后，各自逃散。至于绿营军纪，更是败坏。绿营在湖南永明县进行有计划的抢劫，"分众伏于各村外，一更时忽炮声四起，既遍淫妇女，复将财物卷掳"。

自南京被太平军攻陷后，从广西一路追赶太平军的向荣，在南京孝陵卫建起江南大营。针对重兵密集、城高而坚的南京，向荣采取了以围堵为主的战略，防止太平军向江浙发展。初期向荣占据了南京周边战略要点，又调集广东等地船只，组成水军，与太平军争夺长江控制权。面对向荣的围困，太平军则攻下镇江和扬州，互为掎角，并积极出击，派兵北伐，又开拓安徽等地。

自围困南京之后，日久天长，江南大营诸多弊端暴露。大营内的兵勇，均系从各地抽调而来的，彼此不和，有战功则各自争抢，战败则一哄而逃，更不要说彼此救助了。军中将领以川系、粤系为主，争权夺利，斗争激烈，"黔、楚、川、粤四省之兵，往往自相仇杀"。江南大营军心日渐涣散，士兵普遍缺乏战意，开始搞各种买卖创收。士兵在各处拦路行劫，杀人越货，甚至集体搜抢民居。各级军官则各显神通，盖屋置产、叠石造园、养鸟蓄犬、听八音盒、购古玩、收钟表、娶妻蓄妾、宿妓狎童，可谓是八仙过海，各自逍遥。清军消极避战，好保住性命，吃那一份军饷，享受这战时的快活日子。咸丰四年，清军与太平军交战不过十一次，咸丰五年，则仅有几次小规模战斗。

就在向荣全军一片懈怠时，咸丰六年，太平军从各地征调兵马，准备反攻。二月，太平军解了镇江之围，三月，攻下了清军在扬州的江北大营。五月，各路太平军会师，围攻江南大营，向荣战败，六月初狼狈逃至丹阳。自被攻破江南大营后，向荣一直卧床不起，撑持了月余，终于死去。向荣从广西一路追击太平军到江苏，剿杀太平军将士无数，深为太平军痛恨。得悉向荣死讯后，天京城内一片欢腾，如果说攻破江南大营，是军事上的大胜利；向荣死去，则是政治上的大胜利。太平军四处传播，说向荣是战败之后，羞愧难当，自缢而死。

清廷令在皖北统军的江南提督和春接任钦差大臣，督办江南军务。和春抵达丹阳，再起炉灶，重建江南大营。到了咸丰十年（1860），江南大营被李秀成攻破，主将先后阵亡。江南大营两度被攻破，清廷对自己所恃的正规军绿营彻底丧失了信心。

此时，不管清廷愿意与否，其所能依靠的军事力量，已是曾国藩、李鸿章等汉人大员所训练出来的湘军、淮军。针对绿营弊端，曾国藩创设湘军。湘军士兵大多数是乡野农民，不似绿营士兵长期生活在城市之中，油滑世故，故而不畏死。湘军士兵均由军官亲自招募，并训练成军。军官招收的士兵，基本上是自己同乡，临战时能彼此抱团，互相照应，拼死力战，如此便克服了绿营散漫畏战的风气，成为挽救清廷的重要力量。

太平军崛起

太平天国在初期如江河决堤，一泄千里，势不可当，就军事上分析，其自身有诸多优于清军的地方。

就领导机制而言，太平军初期形成了洪秀全、杨秀清、萧朝贵、冯云山、韦昌辉、石达开六人领导核心。1849年，洪秀全在广东老家写成《太平天日》一书，书中对自己进行了系统的神化，将洪秀全的各项事迹都与上帝旨意及神授身份连在一起，并绘声绘色描述了洪秀全如何在"异梦"中升天、见到天父上帝、勇战妖魔，被天父封授为"太平天王大道君王全"，命其下凡唤醒世人、斩妖除怪等情节。

此年，洪秀全返回广西后声称上帝降言："人将瘟疫，宜信者则得救。"后来广西此年果然有数县发生瘟疫，于是信徒愈众。1850年，洪秀全又说上帝降言："八月之后，有田不能耕，有屋没人住。"当年广西地方发生了土客之争，导致大批民众伤亡，土地荒芜，屋内无人，仿佛也验证了洪秀全的预言。

在各类神奇故事的渲染之下，信徒在被集体催眠之后进入巫状态，洪秀全也变成了韦伯所言的神人结合体——奇理斯玛英雄。如《粤寇起事纪实》中载："洪逆平日祷雨占晴，画符治疾，颇有效验，乡民称为洪先生，奉之若神。"此时洪秀全威风凛凛，以上帝之子自居，众信徒对之也深信不疑。

经过苦心经营，洪秀全在广西地区发展了数万信徒，为金田起义积蓄了力量。到金田起义时，拜上帝会会员们纷纷抛离家园，扶老携幼去金田团营，"人人均信洪秀全为上帝特选，以为其领袖者也。无论老幼贫富，有势有才，秀才举人，一体挈眷而来"。在太平天国革命的发展期，洪秀全通过神化自我，塑造权威，吸引了大批信徒，凝聚了领导层，并促进了太平天国政权的诞生。

从金田起义到占领南京，太平军全军保持了有效的指挥，临阵对敌，万众一心。初期洪秀全负责宗教事务，将政治军事托付于杨秀清，"一切军务皆委之（杨秀清），任其裁决"。杨秀清具备出色的政治军事能力，由他操盘，军令严整，赏罚分明。前线将领，均听从杨秀清调度指挥，无人敢违背。与此相反，清军前线高级将领之中，内讧不断。

金田起义后，咸丰帝迅速调兵遣将，以李星沅为钦差大臣兼程前往广西，同时任命素以残酷著称的周天爵署理广西巡抚，想将太平天国早日扑灭。不料太平天国运动如野火般蔓延，前线清军屡遭重创。广西巡抚周天爵、广西提督向荣、将领秦定三三人不和，也不把李星沅放在眼里。李星沅气恼之下，重病不起。前方久战无功，"匪患"越发严重，咸丰学习以往帝王们的做法，派出军机大臣赛尚阿作为钦差大臣，前往前线督战。赛尚阿到前线之后，却又面临着向荣、乌兰泰的彼此争斗，只能拉偏架，倾向于向荣，导致乌兰泰愤愤不平。

就兵员素质而言，太平天国在广西起义时，军中士兵主要来自于农民、水手、贩夫、矿工、会党。这些底层人士，出身贫寒，在长久的社会历练之中，既锻炼出了强健体魄，更具备着坚定意志与彪悍的性格。此后太平军在跃进途中，在各地吸纳了大批粗犷勇猛的青壮子弟。如咸丰二年（1852），太平军进入湖南道州、郴州，数千掘煤工人参军，在太平军内建立土营。《粤逆纪略》中载："湖南有掘煤人者最凶狠，凡掘地道皆用此辈。"

而太平天国宗教思想的宣传，更是利于凝聚军心，提升战斗力。在战争中，洪秀全利用宗教进行宣传鼓舞，如"万事皆有天父主张，天兄担当，千起莫慌"，号召临战时不要贪生怕死，即便战死，死后也能上天堂。如果胆怯畏惧，则会永陷苦海。如在永安突围之前，洪秀全鼓励太平军，"放胆诛妖，任那妖魔千万算，难走天父真手段"。在战争中，太平军认为有"天父保佑"，毫不畏惧，奋勇战斗。在宣传体系中，更为太平军士兵描述了一个可见的美丽新世界"小天堂"。人人舍生忘死之后，"同见小天堂"，在小天堂中，所有人都有分赏，"累代世袭，龙袍角带在天朝"。

太平军的宣传，在早期的兄弟中特别有效，打仗时圣歌一起，人不畏死。太平军驻永安州城时，有三万七千余人，能战斗者有七千多人，清军投入围城的有四万六千多人。开战时，太平军"视死如归，赤身扑敌"，清军官兵"大半心寒""如见鹰之雀""遇贼奔北"。

就武器而言，太平军并不是粗糙不堪，而是根据自身特长，使用适宜武器，并注重火器的运用。金田起义时，太平军共万余人，主要武器是旧式刀矛，为了补充武器，还大量使用了竹制武器。太平军中设有典竹匠，负责制作竹武器。竹制武器装有锋利的矛头。太平军曾试着铸炮，终因技术不过关而无法使用。在与清军的交战中，太平军俘获多门大炮，并且开始学习、改进铸炮技术。到金田起义时，太平军中已有相当数量的大炮。占领永安之后，太平军利用望楼、土垒、炮台、壕沟、地道，组成了严密的防御工事。太平军对火器的充分运用，也是清军久攻永安不克的原因。

太平军中的一大批矿工，发挥了他们的所长。他们在永安城外修建了一道严密的防守工事，布置有炮台、壕沟、木栅栏等。由于火药匮缺，太平军开始自制硝，但却无法制作硫黄。太平军火药枪的铅弹也极其缺乏，每次清军攻势过后，落在地上的铅弹都被太平军细心地拾起。太平军炮台中虽有大炮，但由于火药、弹丸缺乏，只在清军靠近时方才鸣放，炮手射击之精准，让清军也叹服不已。

太平军中更有严明的军纪，金田起义时，洪秀全就发布了五条军令，要求男女分行，遵守命令，同心合力，不得临阵退缩等。后来颁布的《太平条规》中，又制定了更为严明的军纪，如禁止吸食鸦片、禁止酗酒、禁止赌博、男女分营、禁止骚扰民众等。严明的军纪，使太平军保持了高昂的斗志及健壮的身体。与此相反，清军之中，各种陋习弥漫，如赌博、抽鸦片等，临战时各自逃命，毫无战斗力可言。

经过了道光朝的萧条之后，咸丰朝民间困苦，大量农民为了生计奔波，太平军的出现，吸引了诸多无助的农民。李秀成云："破江华招得湖南道州、江华、永明之众足有两万之数。入郴州亦招三万。茶陵亦得数千。"到了武昌时，已拥众几十万。

强悍的体魄，牢固的军纪，坚定的信仰，灵活的战术，团结的领导，造就了初期太平军的强大战斗力。而能面对太平军，并将太平天国运动挫败的，却是一支起于湖湘乡间的团练，在后世它以湘军而闻名。

湖湘土壤

　　湘军核心人物，毋庸置疑，自然是曾国藩。凡登峰造极、位极人臣者，难免被好事者附会以各种神迹，以为其功业披上神秘色彩，更彰显常人难以企及之高度。嘉庆十六年（1811）十月十一日夜，曾国藩出生在湖南湘乡荷叶塘，据云当夜其曾祖父曾竟希梦中见有巨蟒飞腾，盘旋于曾宅上空，风云雷电之间，竟然落入户中。曾竟希惊醒后，得知曾孙出生，不由大喜过望，以为此子将来必然飞黄腾达，如巨蟒吞云吐雾，捭阖千里。

　　曾国藩所处家境，虽算不上富裕，也是殷实人家，能负担得起子弟的教育。祖父曾玉屏，少时虽放浪形骸，少年相逐，日高酣寝，成年之后却转而勤俭持家，严格要求子弟，注重子弟学业。在这样的家境之中，曾国藩勤奋读书，三次参加会试后，总算勤能补拙，于二十八岁时考中进士。不过曾国藩的殿试成绩不够理想，取了三甲第四十二名，"赐同进士出身"，终身引以为憾。

　　殿试三甲，本入不了翰林院，靠着朋友帮忙，曾国藩方才入了翰林院。在京

曾国藩

师之中，曾国藩与一群理学中人厮混。理学重视修身功夫，其代表人物如倭仁等人，每日里都要自省，在日记中记载下自己的言行乃至心思。曾国藩在理学修行上做足了功夫，对贪睡的习惯，他大骂自己"一无所为，可耻"。看到同僚纳了美妾，他心中暗羡，之后反思时又大骂自己"真禽兽"。

在翰林院期间，曾国藩得到首席军机大臣穆彰阿的欣赏，十年之内，连升十二级，平步青云，成为二品大员。

曾国藩兄弟姐妹九人，上有一姐，下有三妹四弟，最小的妹妹早夭。曾国藩在京师任职期间，四个弟弟都到京师求学，并由曾国藩照顾。不过四个弟弟在文章上并未显出多大的资质，在科举上无所突破，后来在军功上都大有建树。在族中排行第九的曾国荃，更是凭借着傲人军功，位列封疆大吏。

咸丰二年（1852）六月，四十二岁的曾国藩至江西充乡试主考官。曾国藩在京师供职已十几年，借助此次南行之机，正好返乡探亲。行至安徽太和县境内时，突然接到母亲病故的消息，遂回乡守制。这一回乡，既造就了曾国藩，也挽救了处于危机之中的大清国。

曾国藩返回湘乡，准备遵循礼制，守制三年，可汹涌而至的太平军，硬将他给逼了出来，也是时势造就英雄。曾国藩在京师时，虽官场得意，但志向宏伟的他如何能耐于官场的平淡岁月？他作诗自述心志："群鸟哑哑叫紫宸，惜哉翅短难长往。一朝孤凤鸣云中，震断九州无凡响。"太平天国运动的滚滚洪流，给了他一个驰骋历史舞台的最好机会，凤鸣一声震九州。

咸丰二年（1852）四月，太平军由广西全州进入湖南。

太平军入湖南后，势不可当，震动湖湘。驻守道州的湖南提督余万清见太平军来攻，带了部下开城狂奔，一口气逃到衡州方才停下。此后，太平军挥军围攻长沙，民间震撼，举家逃难。长沙围城战持续了八十多日，太平军久战无功，转而撤退，沿湘江而下，连克宁乡、益阳、岳州，出洞庭，入湖北，占武昌，从长江直下南京。据西方传教士记载，南京被攻陷时，总督陆建瀛坐在轿子中，在一个城门指挥，轿夫将他扔下逃跑。太平军看到这顶绿色轿后，便问轿中人是谁，总督回答姓陆，太平军笑道："你姓陆，就将你砍成六块。"

距离长沙并不远的湘乡也感受到了太平军激起的涟漪，民众无不惊恐，乡间伏莽四起。目睹于此，曾国藩作歌谣《莫逃走》《要齐心》，安抚乡人，收拢人心。而歌谣《操武艺》则表明了曾国藩的心志，他要组织湖湘健儿，对抗太平军。

太平军冲出湖南，占领武昌后，焦头烂额之中，咸丰帝不忘给湖南巡抚张亮基发了一道上谕，起用在家守制的曾国藩："前任丁忧侍郎曾国藩籍隶湘乡，闻其在籍。其于湖南地方人情自必熟悉。着该抚传旨，令其帮同办理本省团练乡民，搜查土匪诸事务，伊必尽力，不负委任。"

曾国藩在湘乡办理团练，却有着丰厚的条件，一批湘乡士人早已创办团练，磨炼多年。湘乡历来人文昌盛，名臣辈出，但尚未出现能位极人臣者，也未有能影响大局的事件。到了清咸丰年间，众多人才，井喷而出，如群星璀璨，光耀湖湘，"以百里之地荟萃群才，以一军之威维持全局"。

湘乡蛰伏着一群心忧天下、满腹经纶的读书人，如罗泽南、刘蓉、王鑫、李续宾、李续宜等。这些人中，罗泽南出生在罗山山巅，又号罗山，他雄才伟略却不得志，前半生困苦不堪，"十年之中兄嫂姊妹逝世者十一人"。

二十九岁时，湖南大旱，传染病大作。罗泽南参加省试后回乡，徒步回家时，沿途只见农田荒芜，一派凄惨景象。罗泽南到家已是夜半，敲门时只听得屋内一片哭泣声。两日之前，他的儿子刚刚饿毙，侄儿不久后也饿死，罗泽南到家时饥饿难耐，家中没有一粒米。妻子因为儿子饿死，悲伤过度，致双目俱盲。

窘迫之中，罗泽南却安慰自己"何妨年少历艰辛"。大鹏展翅会有时，一飞翱翔三万里，罗泽南默默等待着。至三十三岁，罗泽南混到了秀才的身份，此后执教于乡里，号为湘乡第一教书先生，一批英才聚集到他的身边。罗泽南弟子中豪杰满座，如王鑫，志量宏远，目光炯炯，死生祸福，皆所不计。如李续宾，勇武过人，时常入山打猎，嗜好阅读兵书。如刘蓉，被罗泽南评价为"不可多得之经世人才，一旦乘时而起，必可大用"。

这些读书人并不是手无缚鸡之力的书生，他们胸中飞腾着豪情壮志，更要驱逐雄兵，去斩虎驱豹。他们满腹经纶，饱读诗书，信奉程朱理学，却骁勇彪悍，通达明练，纵横沙场。当太平军攻占永安后，湘乡地方民众惊扰不已，县令朱孙贻与罗泽南、王鑫等人紧急商量，办理团练，既维护地方秩序，又可对抗太平军。

此前为了对付湖南地方上的李沅发起义，李续宾曾办过团练。咸丰元年，王鑫一度也办过团练，积累了一定的军事经验。

此时的湘乡县令朱孙贻也是个好事之徒，他花钱买官，外放湖南为知县。到了地方上后，朱孙贻对搜刮钱财兴趣不大，却和罗泽南、王鑫、刘蓉等人厮混在一起，大力支持办理团练。

太平军入境湖南后，罗泽南、王鑫、刘蓉等日夜操劳，训练团练，既灌之以儒家大义，更培训军事技能。李续宾、王鑫甚至觉得团练局限于湘乡境内，不能提高战斗力，想将团练拉出湘乡，与太平军交手练胆。

罗泽南等人在团练上做了诸多努力，湘乡团练名声在外，有"湖南团练本为天下之最，湘乡团练又为湖南之最"之说。但湘乡团练终究还不是得到官方认可的团练，而是民间所办。此时咸丰帝命曾国藩办理团练，则顺水推舟，将一名天然领袖送到了他们面前。

曾国藩与罗泽南、刘蓉这些湘乡俊杰早就相识。在京期间，曾国藩与他们保持着密切书信联系，在一首写给刘蓉的诗中，他写道："我思竟何属，四海一刘蓉。具眼规皇古，低头拜老农。乾坤皆在壁，霜雪必蟠胸。他日余能访，千山捉卧龙。"字里行间，可见对刘蓉的推崇。

一身素服，在乡守孝的曾国藩，拿到咸丰帝的上谕时，却是摇摆不定。他恪守着儒家理念，要守三年之制，可现在国家危难，又需要他出来尽微薄之力，在尽孝与尽忠、礼法与变通之间，他左右摇摆。此时湘军历史上的一个关键人物出现了，这就是郭嵩焘。

郭嵩焘与左宗棠穿着同一条裤子长大，与曾国藩、罗泽南等人都是多年密友，此番特意来做说客，劝曾国藩出山。郭嵩焘赶到曾国藩家中时已是深夜，二人秉烛长谈。曾国藩向他表明了自己的矛盾心态，郭嵩焘则劝告他："乘时而出，不必拘于古礼。"随后，郭嵩焘又去说服曾国藩老父曾麟书，以如簧之舌，描述了曾国藩出山后的广阔前景。曾麟书听了后深以为然，将儿子找来，让他出山去成就一番大业。

大蟒起于湘乡，此后纵横于东南，成就不世功业。曾国藩描述了自己此时的心态："大局糜烂于此，不欲复执守制不出之初心，拼命效此，成败利钝，付之不问。"

咸丰二年（1852）十二月十七日，曾国藩与郭嵩焘一同前往长沙，在湘乡县城他与罗泽南、王鑫、刘蓉、李续宾等人会合后，一起带了一千名团练去长沙协助守城。长沙城内，湖南巡抚张亮基正翘首以盼，身旁一人，一身布衣，老气横秋，目中无人，此人也是日后湘军中流砥柱，他便是左宗棠。

曾国藩、罗泽南、李续宾、郭嵩焘、左宗棠、刘蓉、王鑫，这些未来叱咤风云的人物出山了。

从团练到湘军

早在嘉庆年间的五省白莲教起义中，清廷就已推行团练。团练又称乡勇，由民间士绅组织，协助官兵作战。团练壮丁不得远行征调，主要职能是保卫乡里、协助官兵战守、缉防盗贼。平定白莲教起义后，团练一度沉寂，在太平天国运动中，团练再次活跃发展起来。

团练虽已遍地开花，但清廷以为有八旗劲旅与正规军绿营可依靠，对团练也不是很重视。咸丰帝曾道："如绅士商民中有能自为团练，并出资协助、有裨军需者，既可自卫身家，即宜量为甄叙。"意思是你有钱，你就办吧，办得好，朕给奖励。

在与太平军作战两年之后，清廷面临着兵力不足、国库枯竭的严重问题，不得不重视团练。咸丰三年（1853）一月，咸丰发布了谕旨，命令各省督抚学习坚壁清野之法，并训练团练。但清廷对于团练也有忧虑，即担忧团练坐大，威胁中央，遂选了官吏四十余人，至各省担任督办团练大臣，对团练加以控制。

团练说白了，就是朝廷不出钱，给你个名头，你有本事就自己筹钱，自己办武装。而团练的经费，主要来自地方绅士的捐助，这就使团练蒙上了浓厚的地方色彩——以看护乡土为主要职责。曾国藩不满意于专一守卫乡土的团练，他想创办的是一支正式的、具有较强战斗力的武装，能取代绿营，征战各方，挽救大清之危局。

到了长沙后，曾国藩就任帮办团练大臣，设立公馆，成立审案局。以湘乡带出来的一千余人为基础，分为左、中、右三营加以操练，湘勇很快得到发展。不过曾国藩咄咄逼人的个性，强硬的手段，对绿营事务的大肆干涉，既造成了官场同僚的不满，也导致了内部分裂。

湖南巡抚张亮基与曾国藩相处融洽，对他的行动予以支持，可不久张亮基即调任湖广总督，新任巡抚骆秉章是个官场老油子，哪里肯买曾国藩的账？

张亮基去湖北时，将湘勇的骨干将领江忠源带走。咸丰三年春，江忠源受命前往江南帮办军务，行军途中，接到江西巡抚张芾的告急信，称大批太平军进入江西。咸丰三年太平军入江西时，声势浩大，官员纷纷逃遁。地方上民众则将春联门神洗掉，将家中神案埋藏，用黄纸书"归顺"二字，只是"顺"字只写两直。有功名的人家，将家中珍惜万分的牌匾撤去。祠堂中，也将有官衔的木主收藏。据说太平军厌恶神佛，除观音、关圣、文昌之外，其他神像一律摧毁。于是各县纷纷将神像藏匿，各庙纷纷改名为文昌宫、关帝殿之类。至太平军抵达后，各村以物品进贡，太平军则赏给《三字经》《太平诏》。

江忠源星夜驰援江西，带兵赶到南昌，江西巡抚张芾将军事全部委托给他。太平军在湖南时，就畏惧江忠源，突然看到他的旗帜出现在南昌，也是大吃一惊。守城时，江忠源以所部每名楚勇监督数名守军，有逃跑者立刻斩杀。六月时，太平军挖通地道，引爆后炸塌城墙。江忠源之弟江忠济，率死士数百冲到缺口处，用布袋盛土填补缺口。正填补时，城墙突然倒塌，江忠济跳得快，方才得脱。

　　江忠源在南昌血战连番，自觉力量不足，就向曾国藩求援。七月，罗泽南、郭嵩焘、朱孙贻、李续宾等人，兴冲冲地带领湘军主力赶赴江西，准备捞取战功，结果被太平军打得体无完肤。一度豪气云天的郭嵩焘，战败后狂奔逃回湘阴，躲在家中不肯出山。

　　郭嵩焘在江西虽然打了败仗，但目睹了太平军声势浩大的水师后，意识到创办水师的必要性，建议江忠源创办水师。江忠源大为赞同郭嵩焘的意见，命他上奏，请湖南、湖北、四川各造长龙快蟹船二十艘，又令广东购大炮千尊，配给各船，湘军水师之兴始于此。

　　罗泽南等人领兵出战后，曾国藩在长沙继续练兵。曾国藩不是没心没肺的人，他也知道，朝廷对汉人练兵终究还是不放心，他必须要贴张护身符，这护身符就是满人。

　　在长沙，曾国藩找到了护身符，这就是满人塔齐布。塔齐布是满洲镶黄旗人，身上却无八旗子弟的纨绔气息，为人彪悍，武艺过人，被曾国藩请来担任教习。长沙协副将清德，看到塔齐布"谄国藩"，就出言讽刺。曾国藩护犊心切，反戈一击，两次上奏弹劾德清松弛操练，导致德清去职。

　　曾国藩受命办理团练，不是正规军编制，相当于民兵武装，可他却耐不住寂寞，先干涉绿营事务，再弹劾清德，越过了官场雷池。曾国藩看不惯绿营军纪松弛，毫无战力，就令塔齐布传绿营兵，每逢三日、八日，与湘军一起会操，由曾国藩亲自训练。官场之中，彼此权限清晰，不可轻易逾越，否则既是不恭，更是野心的表现。曾国藩的作为让湖南官场大为不满，对此他也心知肚明，自称："在省所办之事，强半皆侵官越俎之事。"

　　提督鲍起豹怒火攻心，大骂曾国藩在盛夏练兵，是虐待将士，扬言："我不传操，敢再妄为者，军棍从事。"鲍起豹给曾国藩穿起小鞋，不但限制绿营士兵参与湘勇训练，更挑动绿营与湘勇械斗，最终引发冲突。

　　七月十三日，湘勇试枪时误伤绿营士兵。绿营借机滋事，执旗吹号，取了军械聚集到城外校场，要找湘勇开仗。曾国藩不得不低头，将这名湘勇公开行刑，打了二百棍，以此安抚绿营。

到了八月初四，绿营士兵与湘勇因为赌博发生争执，又执旗吹号，聚众寻衅滋事。此次曾国藩不再忍耐，决定以军法从事。鲍起豹大怒，放纵手下闹事。初六日夜，绿营士兵聚众喧哗，先是拥往参将署，叫嚣着要杀掉塔齐布。塔齐布躲到菜圃草中，才逃过一劫。在捣毁了塔齐布住所后，乱兵又围攻曾国藩公馆，杀伤门丁，曾国藩本人差点被刺伤。

与曾国藩一墙之隔的骆秉章乐得隔岸观火，笑看曾国藩被修理。待曾国藩狼狈逃到巡抚衙门，叩门求入时，骆秉章带着一脸惊讶表情，出来迎接。事后曾国藩不但没有处罚绿营士兵，反而亲自给肇事的绿营士兵松绑道歉。

吃够苦头后，曾国藩不得不离开长沙，转往衡州发展。

八月十四日，曾国藩垂头丧气地带了湘勇离开长沙，前往衡州。老友王鑫则指责他："先生率湘勇尽来衡州，省垣守兵单薄，实私心所为。"

湘勇骨干人物王鑫，与曾国藩在创办湘军时就有分歧，到衡州后分歧更大。出发前往衡州练兵时，曾国藩曾答应王鑫，可以招募兵勇三千，共六营，但后来只同意招募三营。而王鑫个性张扬，招致曾国藩不满，认为他意气满溢，言事太易，难与谋大事。

当曾、王二人不睦之时，骆秉章过来插了一刀，既给了王鑫更多的招兵名额和军饷，又恭维他忠勇过人。此后王鑫分家而出，手下兵勇发展到三千人，自称"老湘军"，日后也是湘军中一支老牌劲旅。

却说郭嵩焘在江西打了败仗后，狼狈逃回老家，窝着不肯出门。曾国藩手下缺人，让他到衡州来帮忙，可郭嵩焘就是不肯出来。曾国藩很是愤懑，心道你郭嵩焘一战就失去了信心，我这里还没有开打呢，就威胁要将郭嵩焘作为逃兵上报严惩。郭嵩焘一看慌了，赶紧与刘蓉、朱孙贻等人一起来到衡州帮忙练兵。

直到此时，曾国藩的抱负尚未得到施展，他手中所有的也不过是一支千余人的团练，他所追求的功业看起来是遥不可及。然而，正是离开长沙，给了他一个新天地。在长沙，他深陷于局中，既受到官场的羁绊，又无力施展身手，扩充军伍。到了衡州，他避开了长沙的官场，绕过了绿营，一展身手，打造出了一支力挽狂澜的精兵。

　　强龙难压地头蛇，何况你曾国藩还不是强龙。吃过了苦头的曾国藩，自然不会再与骆秉章硬碰硬，到底骆秉章才是湖南的一把手，到了衡州后，曾国藩改变了往日盛气凌人的态度，摆出一副恭敬嘴脸，从往日的命令口吻，改为尊称骆秉章为"老前辈"。此后曾国藩事无大小，无不向骆秉章禀报。曾国藩低头了，而湖南也需要一支强有力的军队，骆秉章予湘军以鼎力支持，并进而与曾国藩结成政治联盟，组成湘系集团。

湘军军制及军饷

　　衡州练兵之前，湘勇系统内部，如江忠源、罗泽南、王鑫等人所统领的部队都是各自为政，人数、编制、章程也是各不相同。到衡州后，曾国藩决定打造完全不同于绿营的军队，他对绿营已绝望，认为"孔子再世，却三年不能变革其恶习"。他要打造一支"呼吸相顾，痛痒相关，赴火同行，蹈汤同往，胜则举杯以让功，败则出死力以相救"的军队。

　　对于如何创办湘军，曾国藩的头脑清晰，即先选将，后募兵；将亲选，兵自招。曾国藩选将最具特色，即"文人治军"。据罗尔纲先生统计，湘军将领中，书生出身的一百零四人，占总人数的近六成。

　　曾国藩求贤若渴，衡州才子彭玉麟，被他几次运动，做足功课，才纳入麾下，后来成为一代名将。彭玉麟出身贫寒，孤儿寡母生活无着，科举考试又不能取得突破。道光二十九年湖南李沅发起义之后，彭玉麟投笔从戎，此后名气渐响。曾国藩在衡州练兵时，就有人推荐彭玉麟。彭玉麟正居母丧，不愿出山。曾国藩此时也居母丧，遂对彭玉麟道："乡里籍籍，父子且不能保，能长守丘墓乎？"被曾国藩真情打动，彭玉麟加入湘军，参与创办水师。

湘军初创时，曾国藩通过朋友、师生关系招徕了一批文人从军，再以婚姻关系加以巩固，形成血缘关系。曾国藩的三女儿嫁给了罗泽南的次子，四女儿嫁给了郭嵩焘的长子，他与李续宜、刘蓉也是亲家。其他主要将领之间，姻亲关系更是错综复杂，如胡林翼的妹妹嫁给了左宗棠的侄子，胡林翼的子嗣娶了左宗棠的外孙女。

文人治军的好处是，这些"忠义血性"的书生，能领会曾国藩的那套思想体系，并传播到湘军之中。湘军的将帅都是"矫矫学徒"，而非赳赳武夫，他们日出鏖兵，暮归论道，将儒家的仁、礼功夫，体现在带兵打仗之中。

对于仁，曾国藩要求将领们以父兄对待弟子的那份心思，来管理军队，"其弟子整肃，其家必兴。溺爱者，其子弟骄纵，其家必败"。曾国藩自我吹嘘，带兵如父兄教育子弟一样，军中没有品行败坏者，没有因为嫖赌抽鸦片坏了身体者，士兵个个学好，人人成才。

至于儒家中的礼，则被演绎为系列严苛军法与无条件地服从。曾国藩认为士兵"以敬畏长官为第一义"。畏惧长官的命令甚于畏惧敌人的枪弹，这样的士兵才凶猛，才有战斗力。从主将到中下级军官，再到士兵，每一层之间，尊卑有序，等级森严，士兵尊敬、服从长官，就做到了曾国藩所谓的礼。

就如何招募、训练士兵，熟谙史书的曾国藩找到了效法的对象，这就是戚家军。戚继光所创办的军队，不用城市之人，不用奸巧之人，只用乡野老实之人。在招募湘军时，曾国藩坚持只招募湘乡的农夫，所有勇营必须由将领亲自招募。湘军从上到小，以曾国藩为大帅，大帅挑选统领，统领挑选营官，营官挑选哨官，哨官选什长，什长亲自挑选勇丁。湘军将领以湖南人为主，中下级军官也多系湖南人。层层盘根错节的师生、同乡、亲戚、朋友关系，凝结起了强劲湘军。

曾国藩认为"今日兵事最堪痛苦者，莫大于败不相救四字"。在挑选勇丁时，他强调地缘关系与血缘关系，以亲友、地缘为纽带的军队，当陷入困境时，会彼此救援，拼死搏杀。勇丁必须在同一个地方招募，如果不能凑到十人，则不在此地招募，另寻能招到十人的地方再招。所有招募的勇丁要将父母、兄弟、妻子姓名登记入册，防止逃跑。勇丁"须择技艺娴熟，年轻力壮，朴实而有农民土气为上。其油头滑面有市井气者，有衙门气者，概不收用"。

　　湖南地方上的大量青壮子弟，则为湘军的创办提供了丰富兵源。康熙朝的三藩之乱中，湖南是主战场，人口损失较多。迨平定三藩之后，清王朝保持了一个长期稳定的局面，湖南地方上人口急剧膨胀。嘉道年间，湖南地方上人口达到了两千一百余万，出现了人多地少的矛盾，而投军则成为过剩人口的一条出路。湘军招兵时，湖湘子弟一呼百应，万众云集。"城中一下招兵令，乡间共道从军乐。万幕连屯数日齐，一村传唤千夫诺。"

褚汝航

　　在衡州，曾国藩以极大心思来创建水师。曾国藩称"两湖地方，无一舟可为战舰，无一卒可习于水师"，他是白手起家办水师。衡州地方上找来的工匠，根本不知道什么是战船，于是先造木筏，然后造小船，再造战船，一步步实验。可工匠对战船根本没有概念，结果造出来的船只不能经受大风浪，更别说安装大炮射击了。后来，岳州水师守备成名标从长沙过来，褚汝航从桂林过来，才有了清晰概念，即什么是战船，如何制造战船。

要造战船，要招水手，就要银子。此时有广东解往江南大营的军饷十余万两存在长沙，曾国藩就请从此款项中截留四万，用来造战船。他招募了精通水师的褚汝航、夏銮二人帮忙，建造战船，招募水手，训练水军。在招募水兵时，曾国藩主张招募水手，他们能直接操作船只，很快成军。

咸丰三年（1853）冬，水师初具规模，以褚汝航为总统，分十营，营官有夏銮、彭玉麟、杨载福等人。后扬名于天下的杨载福此时也进入湘军水师，担任右营营官。在读书人居多的湘军之中，行伍出身的杨载福，自觉腹中诗书太少，曾国藩特意派了名进士邓漾源给他做幕僚，边打仗边读书，日后杨载福于行伍之中，也能随口吟诗，颇有儒将风采。

咸丰四年（1854）正月，包含水陆两军的湘军正式成军，其中陆军五千人，水军五千人，加上各种杂役人员，全军计一万七千人。湘军编制，以五百人为一营，营下设哨，每哨一百余人。哨下设队，每队十余人。湘军每营五百人，每营四哨，每哨设有刀矛队四队，抬枪队两队，小枪队两队，连同伙勇、哨官护勇在内共一百三十人。由于规避了绿营的弊端，湘军此种编制，兵器配备合理，后勤供给通畅，对攻防也有明确界定。湘军之中设有营务处，统筹作战指挥，相当于参谋部。另设有粮台，负责办理军饷，运送粮草。曾国藩对于绿营的弊端洞悉于心，绿营在地方上时常征募民众当差，负责后勤，招致民怨沸腾。故而在湘军中特别设置负责后勤的兵种，即长夫，每营一百八十人。长夫的设置，减轻了战斗兵员的负担，又能及时提供后勤支持，避免了对地方的骚扰，有利于提高战斗力。

至于军队训练，曾国藩认为"不练之兵，断不可用"。湘军的训练，包括了政治与军事训练。政治训练主要是一系列忠君报国思想的灌输，军纪的宣传。军事训练包括了拳法、刀枪、阵法训练。曾国藩寻觅武师与猎户，传授士兵搏斗与射击技术。曾国藩重视士兵的训练，认为经过充分训练、技艺娴熟的士兵，一人可敌数十人，阵法娴熟之后，则千万人可以如一人一般指挥。湘军训练，严格认真，曾国藩定期前往观看，鼓励士兵。

对于忠君报国的宣传效果，曾国藩心知肚明，如果没有实际的回报，士卒没人肯为你卖命。绿营战斗力低下的原因，既是缺乏严格训练，更是军饷过低。绿营兵的军饷，分为坐粮与行粮两种，打仗时采取行粮，平时采取低薪坐粮。绿营平时军饷，马兵为每月二两，战兵一两五钱，守兵一两，根本不足以维持家用。

曾国藩采取厚饷养兵，规定步兵正勇月饷银四两二钱，高于绿营的平时军饷，低于绿营的战时军饷。湘军军饷足以满足养家之需，使湘军无后顾之忧。至于水师的军饷，则略高于步兵。湘军军官收入也高，营官每月收入可达二百六十两。与此相比，绿营营官一个月收入最多不过六十余两。每逢征战，官兵另有赏银，战胜后的劫掠更可以让士兵囊中满满。

为了鼓励士兵们卖命，湘军采取了丰厚的抚恤制度。打仗阵亡者，照营制赐抚恤银五十两，烧埋银十两，共计六十两，打仗受伤者，分三等伤情，头等赏银三十两，二等赏银二十两，三等赏银十两。相比起来，绿营的阵亡步兵给银五十两，余丁给银二十五两，湘军抚恤金明显高于绿营。此外，湘军士兵选拔入营时，就已详细登记了居住地，父母兄弟妻子姓名，发放抚恤银时，杜绝了克扣，也防止了冒领。

湘军对立下军功者予以厚赏。凡临阵能杀贼一名，赏银十两并赏八品军功；杀贼二名者，赏银二十两并赏六品军功；杀贼三名以上者，除赏银三十两外随即奏请，发营以千把总补用。对于在战争中夺获战利品也有具体规定：拿获长发贼每名赏银二十两，短发贼每名赏银十五两；拿获贼马一匹即以其马充赏；抢获火药每桶赏银五两；抢获铅子每桶赏银三两；抢获大炮一尊赏银十两，小炮一尊五两；抢获鸟枪一杆赏银三两；抢获刀矛旗帜每件赏银二两。

清代八旗、绿营的军饷，由户部开销，将帅不得自筹。至咸丰三年，因为太平天国战事导致国库空虚，不得已，咸丰帝命令将领"各自为计"，即自谋出路。湘军的军饷主要来自捐输、厘金、运盐抵饷等。咸丰三年，曾国藩在衡州练成水陆两军共一万七千人，每月所需军饷八万两，主要依靠捐输。

捐输等于变相强迫富贵权势之家掏钱，只能解一时之急，且遭到豪强的反对，变动性较大。曾国藩就自叹息："此间劝捐，衡州仅舍亲常家捐银千余。"为了筹集军饷，曾国藩四处奔走，向朋友劝借，借不到就逼。咸丰四年（1854）春，曾国藩奏请在湖南、江西、四川三省，分派大员劝捐，以筹集军饷。咸丰五年（1855），又采取了运盐抵饷的办法，即从商人处征收盐税。

咸丰六年（1856），太平军进入江西，湘军军饷受困，曾国藩奏请从上海抽厘，专供湘军，此奏议被两江总督、江苏巡抚抵制。在左宗棠的协助下，骆秉章仿效扬州仙女庙征收商品过境税的办法，在湖南省内推行厘金制，凡湖南省内过往货物，一律根据商品价格总额抽取百分之一的税收。经过骆秉章的努力，湖南每年能支持湘军二百万两白银。此外，曾国藩还请其他各省赞助军饷，如咸丰四年就奏请江西筹军饷八万，广东、四川等省各筹数万两。稳定的军饷，是湘军保持战斗力的根源。

湘军士兵由军官招募，从下到上，层层效忠，兵为将有，军队私人化，湘军唯曾国藩马首是瞻。军饷自筹，加强了士兵对曾国藩而不是对朝廷的效忠。曾国藩筹到饷银，发给各军统领，各军统领再发给各营营官，层层地发到士兵手中。士兵们只知道银子是曾国藩发的，卖命效忠的对象，也就是曾国藩。后来的袁世凯，所学也是曾国藩这招，所带领的部队只知有袁宫保，不知有大清朝。

第 二 章
征 战 两 湖

江忠源之死

攻克南京后，太平天国先是派出北伐军，又派出西征军。西征军出发后，很快占领安庆，进入江西，进至南昌城下，逼迫尚未训练成熟的湘军提早出动援救。

太平军西征后，初期进展并不顺意，遂以石达开统兵再征。石达开此次攻势，以皖北为经略目标，先后攻占桐城、舒城。在太平军的凌厉攻击下，帮办安徽团练、工部侍郎吕贤基兵败自杀，随后太平军包围安徽新改省会庐州（今合肥）。

西征军进逼庐州时，北伐军已出现在天津城外，震动清廷。设若太平军拿下庐州，则既可开拓地盘，又可进一步北上援助北伐军。清廷在惊慌之中，抽调江忠源担任安徽巡抚。

与曾国藩等人相比，江忠源很早就创办团练，更久历战事，大名在外。江忠源，字常孺，号岷樵，湖南新宁人，与曾国藩是旧相识。曾国藩的母亲姓江，外界有二人是表兄弟之说，但二人实际上并无亲戚关系。

曾国藩年长江忠源一岁，在科举考试上，二人都比较通畅，十几岁考中秀才，二十几岁考中举人。江忠源在京师八年，三次会试不中。一说认为，他是为护送死在京师的朋友棺椁回原籍，错过了考试机会，曾国藩则考中进士，在官场飞黄腾达。二人虽是同乡，且同在京师，但一直未曾见面。直到道光二十四年八月，通过郭嵩焘牵线，二人方才碰面。当日会面时，可以想象，慷慨激昂的江忠源给曾国藩带来的心理冲击。当送江忠源出门后，曾国藩即对郭嵩焘道："此人必立功名于天下，然当以节烈死。"

江忠源嗅觉灵敏，极有前瞻眼光，早在道光年间，他就察觉到了大清王朝即将到来的风暴。只是他这样的人物，未能由科举取得突破，进而一展拳脚。在京师时，由于曾国藩等人的关照，道光二十四年（1844），江忠源成功地通过了"大挑"。所谓大挑，是挑选会试三科未能中的举人，可以获得官职，也算是给久试不中的举人一个安慰奖。

此年江忠源返回湖南新宁老家，感受到了地方上的严峻气氛，立刻着手组织团练。江忠源组织团练，以孔武有力的乡间子弟为首选，打造出了一支能战之师。道光二十七年（1847）秋，秘密组织青莲教头目雷再浩要发动起义的消息传出，江忠源带领自己训练的武装，突袭雷再浩，取得大胜。雷再浩被捕处决，但重要头目李沅发逃脱，后来发动了声势浩大的起义。

因为镇压雷再浩起义立下功劳，道光二十九年，江忠源被"拣放"去浙江秀水县赈济水灾。江忠源去浙江上任之后，他亲手训练的团练，通过族人得到掌控，这是他未来逐鹿的资本。次年经过曾国藩推荐，江忠源补丽水县令，但因为父丧未曾就任。就在此年，李沅发发动起义，包围新宁多日。江忠源族人带领团练苦守城池，击退了李沅发。

江忠源对局势有明晰的把握，他知道目前的这些起义都只是小乱，大乱尚在后面，不久即爆发了太平天国起义。咸丰元年，军机大臣赛尚阿领兵前往广西，镇压太平天国起义，经过军机大臣祁寯藻推荐，江忠源到军中帮忙。曾国藩认为赛尚阿不是统兵打仗的材料，不同意他前去，后来赛尚阿的大败，证明了曾国藩的先见之明。

咸丰元年六月，赛尚阿抵桂林，将江忠源调派到乌兰泰军中。乌兰泰知道江忠源所训练的新宁子弟兵的战斗力，催促他调遣湘勇前来助战。到了八月，其弟江忠淑带领子弟兵五百人赶至广西增援。

在初期的战斗中，身材矮小的湘勇，常被绿营嘲笑，但他们的战斗力很快让人刮目相看。战场上的事务，并未让江忠源觉得棘手，他面对的麻烦是清军将领之间的分歧。前线清军将领乌兰泰与广西提督向荣不和，二人公开争斗。面对于此，江忠源疲惫不已，就带了湘勇返回新宁。

到了咸丰二年（1852）四月，太平军冲出永安，很快出现在桂林城下，并包围了桂林。江忠源、刘长佑招集了一千人增援桂林。在到达桂林之前，他得知乌兰泰已经战死。太平军攻桂林不下，转而攻全州，此地已靠近湘江。

此时湘江水涨，顺流直下，三日之内可以直取长沙，进逼武昌。太平军一路可谓是所向披靡，却不想江忠源的部队已悄悄设下埋伏。太平军占领全州后，江忠源判断太平军将利用湘江进攻长沙，遂紧急行军，绕至前方，选择地点进行伏击。

蓑衣渡位于全州城北，其间水流湍急，船只难以通行，两岸重峦叠嶂，丛林密布，大树参天，适合伏击。江忠源选择了在荒僻的蓑衣渡西岸设伏，他领军砍伐巨木，制成木桩，钉入江底，阻断航路，同时占据狮子林高地，准备伏击。

四月十八日，太平军水师从全州出发，浩浩荡荡，破江而来，沿江两岸有太平军从陆地策应。太平军水师行走到了蓑衣渡处，被江中巨木所阻，无法前进。占据西岸狮子林高地的清军，居高临下，枪炮齐发，又投掷火弹，焚烧船只。太平军被突然袭击后，开始反击，将船只横亘在江面上，形成联系东西岸的浮桥，抢占岸边阵地。

太平军血战两昼夜，无法突破，只好弃船从东岸登陆，由道州进入湖南。此前江忠源曾联系和春，请其在东岸设伏，但和春未听从建议，使太平军得以脱逃。此战之中，太平军以紫荆山矿工、挑夫为主的老战士损失惨重，这对太平军是无法弥补的损失。战后太平军转道进入湖南，待两个月后抵达长沙城下时，长沙已是严密布防，各路援军相续赶到。

江忠源在蓑衣渡一战成名，举国瞩目。蓑衣渡一战后，江忠源带领楚勇，一路急行军，增援长沙。八月十三日，江忠源抵达长沙，此后占据要地筑营，结成防线，威胁太平军。一日，江忠源骑马行于野外，突然有太平军从草丛间窜出，以长矛刺穿其左胫，堕于马下。太平军扑上想要取他首级，江忠源跃起杀之。此战之中，江忠源身受重伤，出血斗余。

咸丰三年正月，太平军离开武昌沿江东下。江忠源率四百楚勇，随张亮基至武昌。曾国藩将江忠济、刘长佑、李辅朝等将领及江忠源旧部一千人留驻长沙。此年二月，太平军攻下南京后，江中源前往江南，属向荣帐下，不久改为增援江西。

六月，江忠源领湘勇一千三百人，急行军五百里，驰援南昌。为了守住南昌，江忠源拆除了城外所有民宅，甚至一把火烧掉了滕王阁。在城中，江忠源号令森严，有脱逃、玩忽职守、散布谣言者，抓住即处死。

太平军使用各种攻城战术，均被江忠源与湘勇挫败。江忠源每日宿于城楼，每至城墙被突破时，他亲自横刀跃马，临阵督战。正是江忠源的卖力守城，太平军耗时三个月，始终未能攻下南昌，也未能占据江西，进而南下，控制湖南、福建、广东。未能攻下南昌，对于太平天国而言，是战略上的挫败。

南昌守城战中，湘勇卖命守城，战后索要赏金，迟迟未能得到。楚勇的军饷每月四两五钱，是绿营的二三倍，正是高额军饷刺激出了战斗力。南昌战胜后，这些百战精锐湘勇索饷不成，发动哗变，刘长佑从中劝解，化解了危局。事后江忠源在火神庙戏台上树起"刘"字大旗，投效者全凭自愿，结果士兵纷纷来投，是为刘长佑自立一军之始。

太平军从南昌撤退后，先攻占九江，再从北岸的田家镇出发，攻占了南岸的半壁山。江忠源率领兵勇抵达田家镇，与南岸太平军对峙。在田家镇，先是追随江忠源多年的湘勇发生哗变，之后太平军在半壁山架起大炮，猛轰田家镇，导致湘勇土崩瓦解。江忠源在乱军中突围而出，战后被官降四级，这是他少有的败绩。

安庆被太平军攻陷后，庐州成为了安徽新的省会。庐州是北上的交通要道，占领此地后，一路向北，太平军援军可以前去增援正在天津城外的北伐军。咸丰帝也没有过度追究刚刚战败的江忠源，十月初，江忠源被补授为安徽巡抚，指望他去庐州扳回一局。

此时庐州城内守兵严重不足，安徽巡抚李嘉瑞被革职，而新任巡抚江忠源则在武汉。庐州知府胡元炜就写信给江忠源，称庐州兵多将广，军饷充裕，请他过来守城。江忠源顾不上身患重病，收拾残兵败将，从武汉带兵驰援庐州。十月二十七日，江忠源卧病六安，接受巡抚关防。十一月十日，江忠源带病率数百人入守庐州。

江忠源到庐州之后，看到庐州守兵空虚，城墙坍塌，知道中了胡元炜的计，但事已至此，只能坚守了。入庐州不过两日，庐州城被太平军团团包围。为了鼓舞士气，他亲自坐镇城防最为薄弱的水西门城墙。面对潮水般蜂拥而至的太平军，江忠源也是手足无措，只能四处求援。

远在京师的咸丰帝，对于江忠源的重视超过了庐州，甚至发下谕旨："庐州可失，江忠源不可以死。"咸丰帝调兵遣将，拨发军饷，救援庐州，可前方各路将领，彼此扯皮，或是按兵不动，或是被太平军牵制。舒兴阿坐拥重兵，在庐州城外三十里集结，就是不肯前进。至于曾国藩，江忠源多次写信给他求援，催促他发六千湘勇前来救急。但曾国藩却一直以湘勇未曾练就为由，迟迟不肯发兵救援。

部下刘长佑忠心耿耿，率领援军，飞奔庐州，到了庐州城外，被长壕拦阻不能前进。刘长佑在城外坐在草坪上思考如何进城时，太平军分两路包抄，所幸哨官徐以祥高呼警告，才能得脱。后徐以祥战死于湖北通城，刘长佑不时接济其家。

江忠源困守庐州三十六天，至咸丰三年（1853）十二月十六日，太平军以地道炸毁庐州水西门城墙，突入城内。大势已去之下，江忠源自刎未成，投河自尽身死，时年四十二岁。江忠源死后，刘长佑派遣死士周昌发入城寻觅尸首。

周昌发于咸丰三年十二月十九日出发，到咸丰四年正月初四，才将尸首寻到。周昌发是楚勇出身，换了太平军衣服入城。在城内，周昌发与太平军混得娴熟，某日在一老者家中闲坐，聊到了江忠源。老头云："江公死，某桥下就淹泥中。"是夜，周昌发潜入桥下，掘出尸体。之后又将尸缒入城下，再背负尸体匍匐前行，返回营中。

城破之后，守城的诸将领分别被杀，将江忠源骗来庐州的大胖子胡元炜则投降了太平军，并帮助太平军搜索残余的清军。投降之后，胡元炜先是给太平军挑水劈柴，后来太平天国认识到了他的价值，将他封为地官宰相。

咸丰五年，刘长佑、江忠朝领了五百楚勇，护送江忠源棺椁返乡。三月初六，行到湖北黄安县时，当地民众见队伍中有生病未曾剃发、头发似太平军（长毛）者，以为棺椁中所藏的是火药，聚集团练前来围攻。刘长佑再三解释，称确是棺椁，地方团练不信；出示咨牌，还是不信。在团练的围攻下，棺椁摔破于地，刘长佑愤怒无比，跳水自杀，被捞上来时，已昏厥不省人事。江忠朝带了楚勇，救起刘长佑，急奔至黄安县城，将棺椁暂存在城隍庙中。此时县令不在城内，地方团练仍然以为一行人是太平军，在城隍庙中喧闹不止。至知县返回之后，方才平息风波。此时河南巡抚英桂驻军信阳，听到黄安的风声，也疑心刘长佑一行是太平军，只许可带领百人过关，其余部众返回庐州。一路无数风波，至五月，方将江忠源棺椁运回长沙。

短短数年之间，江忠源以一书生，创募楚勇，转战数省，屡立大功，挫强敌，保名城，因功位至巡抚。这给了湖南地方上的士人以强烈刺激，此后书生从戎成为湖湘风气。江忠源虽死，但他带出了两个后日的湘军封疆大吏，一是刘长佑，一是刘坤一，二人均系江忠源亲戚。

《咸同将相琐闻》中云："楚军之功勋，江公引之也，湘人之士气，江公作之也，江公种其因，后人食其果。"若江忠源不死，必盖过曾国藩的光芒，江曾并称于史。江忠源对于湘军的成军及发展，起着重要作用。江忠源所练出来的湘勇，被曾国藩幕僚王安定称为"湘军滥觞"。在江忠源留在长沙的湘勇的基础之上，曾国藩练就了湘军。曾国藩训练湘军之时，目的也很明确，就是为了"交江岷樵统带"。正是在江忠源的建议下，曾国藩练就了湘军水师，与太平军水师抗衡争锋。江忠源所练湘勇的弊端，也被曾国藩清晰地认识，他认为湘勇缺乏纪律，以金钱赏格获得士兵的拥护，导致风气骄横，难以驾驭。

争夺岳州

咸丰三年八月二十日，太平军西征军从南昌撤退，经略皖、鄂两省，分军回守安庆，上攻武昌。

此后，太平军沿长江上溯，连克黄州、汉阳，武昌紧急戒严。九月，新任湖广总督吴文镕抵达武昌。吴文镕与湖北巡抚崇纶及众官员一起登城商量守城战略。崇纶坚持认为，城不能守，应当出城扎营。在场的众官员多数不敢发表意见，唯独江夏知县严澎森认为应当坚守城池。吴文镕大为赞同，下令有言出城者斩，崇纶由是衔恨之。眼看武昌城难守，崇纶决意出城扎营，以便随时逃跑，吴文镕不能反对，只好由他去了。

咸丰帝坐镇北京，手中既缺钱也缺兵，各省的统兵大员们都在向他要兵。手忙脚乱之间，咸丰三年（1853）十月，听得曾国藩在湖南所练军队已成气候，咸丰帝连发三道上谕，催促曾国藩出兵湖北，增援武昌。此时湘军初创，拉出去就是送死，曾国藩遂以太平军已从武昌撤围为由推托。十一月，咸丰帝又让曾国藩带了炮船沿长江而下，与江忠源一起至安庆设防。

为了鼓励曾国藩，咸丰帝夸奖他："忠诚素着，兼有胆识，朕所素知，谅必能统筹全局，不负委任也。"曾国藩对湘军战力几何，心知肚明，此时的湘军，只是初具形态，要形成战力，还需时日。曾国藩就和皇帝玩拖字诀，称战船规模太小，不足以应对长江的大浪，广东买的洋炮也没有送到，火力不足。

咸丰帝看着曾国藩推托，很是恼火，恶语嘲讽："平时漫自矜诩，以为无出己之右者。及至临事，果能尽符其言甚好，若稍涉张皇，岂不贻笑天下。"曾国藩没法推托，只好请皇帝再给他一个月时间练兵，等正月中旬广东洋炮运到，装配完毕后自然出击。为了安抚皇帝，曾国藩拍着胸口保证，"臣才智浅薄，惟有愚诚，不敢避死而已。"就在曾国藩与咸丰玩弄文字游戏时，江忠源在安徽战死。

咸丰四年（1854）正月初九，太平军西征军又在湖北取得大胜，湖广总督吴文镕在黄州自杀。吴文镕历任封疆，曾抵抗过英国入侵，军事经验相对丰富。说起来，吴文镕职位在崇纶之上，可在官场权术上，他却不是崇纶的对手。崇纶是正黄旗人，军机章京出身，熟知中枢事务。他接连上奏，弹劾吴文镕在太平军进逼武昌时"闭城株守，不顾大局"。咸丰帝看了奏折大怒，再三逼迫吴文镕带兵出城与太平军作战。

吴文镕无奈，写信向曾国藩求援。皇帝也使唤不动的曾国藩，虽知老师吴文镕形势紧急，但湘军尚无战力，就回信解释实情，并称湘军来援："此实不能。"曾国藩再三叮嘱王鑫："纵使湖北有失守之信，亦不可以不练之卒仓皇出而应敌也。"

吴文镕也不再强求曾国藩，自行带了部队，准备乘太平军过新年之际，发兵偷袭。不想太平军将领不过新年，曾天养设下埋伏，将吴文镕打得大败。咸丰四年正月十五，吴文镕投水自杀。

曾国藩正伤心吴文镕之死时，咸丰帝看了看时间，已经到了咸丰四年正月下旬了，曾国藩向他保证中旬就可整师出发。咸丰帝就发谕旨催促曾国藩，现在已到下旬了，你的兵该准备好了吧？广东的大炮也该运到了吧？你也该出山了吧？

看着此时湘军，兵强马壮，曾国藩心里充满了底气，在发布了《讨粤匪檄》后，带着湘军浩浩荡荡出发了。

咸丰四年正月二十八日，湘军全军从衡州出发，水陆并进，经湘潭到达长沙。曾国藩衡州出兵之后不久，一位湘军未来的主心骨也由贵州入湖南，此人就是胡林翼。胡林翼是湖南益阳人，父亲胡达源曾高中探花。胡林翼比曾国藩小一岁，不过入仕时间比曾国藩久。二人在京师时就已相识，胡林翼离京前往贵州上任，曾国藩前去送别时，胡林翼特将岳父陶澍的文集相赠。胡林翼在贵州任官期间，推行保甲，训练乡勇，做得有模有样，一洗自己当年花花公子、气死老爹的恶名。

咸丰四年，在吴文镕的奏请下，胡林翼带了贵州乡勇六百人驰援湖北，走到途中听说吴文镕自杀，就退到岳州，进退不能。曾国藩就与骆秉章商议，将胡林翼留在湖南帮忙。

再说吴文镕，他死后尸体也没找到，崇纶就上奏称，人是失踪了。失踪与战死之间，有很大的区别，失踪的潜台词，可能是投降，可能是逃跑。

吴文镕是曾国藩当年会试时的座师，对曾国藩多有关照，在官场上名声也好。曾国藩得知老师死后还背上了逃跑的恶名，就上奏澄清实情，帮吴文镕讨回公道，封了"文节"的谥号。

至于崇纶，吴文镕一死，面对进逼的太平军，他吓破了胆。此时恰好天上掉下个机会，他可以丁忧。崇纶上奏给咸丰帝，想借着丁忧之名，逃离武昌，不想皇帝坚决不同意，令他留下守卫武昌。崇纶又上奏，声称自己病重，请求皇帝免去自己的所有职务以便就医。咸丰帝大怒，满足他的心愿，撤去他所有职务。

此年六月，在太平军攻下武昌之前一日，崇纶逃出城外，一口气狂奔到了陕西。曾国藩不服这口气，将崇纶畏惧逃避的真相奏报给皇帝。咸丰帝看了后，令将其抓捕治罪。为了避免被抓捕法办，崇纶在陕西自杀，事后朝廷为了掩饰，声称他是病死，也不再加以追究。

咸丰四年（1854）二月，太平军西征军占领汉口、汉阳后，分兵由石祥祯、林绍璋经略湖南。石祥祯领兵在前，连续攻下岳州、湘阴、靖港、宁乡，林绍璋领兵在后，准备合围长沙，夺取湖南，进而南下，经略两广。

太平军入湖南，攻下湘阴，却使一人出山，这就是左宗棠。曾国藩一直以为，一名好的助手是成功的关键，他特意创设幕府，收罗人才，左宗棠则是他的重点收纳对象，只是左宗棠名气大，眼界高，一直未能被他招募。

道光十二年（1832），左宗棠二十岁中举。此后会试之路，坎坷无比，一生未能获得进士功名，成为他的隐痛。第一次会试，他靠着亲戚筹集的路费到了北京，却金榜无名。第二次会试，本已考中，不想临揭榜时，考官发现湖南多录取了一人，就取消了他的进士资格，左宗棠愤然返回湘阴。

道光十八年，左宗棠第三次入京参加会试，又一次落第。回乡途中，他取道江宁，看望两江总督陶澍。此年陶澍已六十岁，左宗棠不过二十六岁。但陶澍慧眼如炬，知道未来左宗棠将大鹏展翼，飞翔万里，将六岁的独子托付给他，并定下儿女亲事。这宗亲事，让当事人很是惊骇，曾国藩就讥讽"辈行不伦"。

次年，即道光十九年（1839），陶澍去世，左宗棠以陶子岳父的身份移住安化陶家，讲授经学，研究兵法。道光二十九年，林则徐路过长沙时，邀请左宗棠相见，二人相谈甚欢，林则徐邀请他担任自己的幕僚，左宗棠也有意前往，只是因为家事未能成行。

咸丰二年，太平军进入湖南后，张亮基担任湖南巡抚，左宗棠至他身边担任幕僚。左宗棠刚入长沙，太平军即兵临长沙城南，张亮基将军事事务托付给左宗棠处理，最终成功守住长沙。战后，左宗棠因为协防有功，以知县用。张亮基调任湖广总督后，左宗棠也在咸丰三年正月随他前往武昌。

咸丰三年八月，张亮基改任山东巡抚后，左宗棠回湘阴老家隐居。张亮基与湖北巡抚崇纶不和，改任山东巡抚，才以云贵总督吴文镕代替之。

骆秉章、曾国藩曾多次请左宗棠入幕，均被回绝。不想咸丰四年二月，太平军连克岳州、湘阴、靖港、宁乡。太平军占领湘阴后，躲在县城外山中的左宗棠，带了女婿陶桄逃了出来，投奔骆秉章，使骆秉章得了名得力助手。

湘军出师后，首战于宁乡。曾国藩命罗泽南留守衡州，储玫躬救援宁乡，自己督导水师万人东下。此番出战，既是为了做出姿态，安抚咸丰帝，同时也可测试下湘军的战斗力。

湘军将领储玫躬，字石友，湖南靖州人，当年李沅发作乱时，他就曾督率乡勇，配合官兵围剿。在各地围剿土匪的战事中，未曾一败。曾国藩创办湘军之后，储玫躬率了人马前来投奔，以善战闻名。此番初战，储玫躬战意昂然，领了手下，于大雪中疾驰，赶至宁乡，与太平军血战一场。

这场遭遇战说起来也是奇特，宁乡县没有城墙，太平军大部队就驻到了城外，储玫躬听说城内没人，就带了五百人进城。太平军此时分兵出巡，兵力分散，毫无防备，被打了个措手不及。获胜之后，储玫躬带了十八人在城内街道巡视，恰与回城的太平军遭遇。太平军大队将储玫躬及其随从包围，储玫躬持矛冲入敌阵，身中十余枪而死。此战之中，湘军五百与三千太平军对战，却击杀太平军数百，自身只战死十八人。太平军惊诧于湘军的战斗力，误判湘军大军将至，遂从宁乡、湘阴、岳州等地撤兵，宁乡得以保存。战后湖南地方为储玫躬设专祠祭祀，谥号"忠壮"。

撤兵途中，石祥祯与林绍璋会合，实力大增，继续出击，进攻岳州。此年率先在岳州与太平军交手的，却是与曾国藩闹翻的王鑫。

王鑫带了三千老湘军去进攻湖北蒲圻，路上与太平军大队遭遇，双方激烈交战。当日的战事中，王鑫督军攻击，颇有斩获。到了日暮时分，老湘军疲惫且饥饿，太平军大队来攻，王鑫分三队迎战，复斩首百余级。王鑫督军苦战之后，方才撤往岳州。太平军乘北风，向上航行，图谋岳州。

三月初九，王鑫领军退入岳州固守待援。岳州刚刚被太平军洗劫过，城中满是前来避难的百姓，物资匮乏，百物荡然。负责防守岳州的将领邹寿璋告诫王鑫："城空无食，不可守也。"可王鑫不听，认为岳州是湖南门户，不可不守。

太平军涌至城下后，守军一度出城迎战，不敌退回。王鑫领军守卫岳州，兵少粮绝，几濒于危，"与各勇杀马觅草为食"。城内无米无盐，形势危急。曾国藩事前向王鑫保证，"败则死力相救"，此时王鑫落难，却不想派兵来救了。曾国藩幕僚陈士杰一看这可不好，苦言相劝，曾国藩才派了炮船到岳州营救。

三月十四日正午，曾国藩派出的水师炮船来了。王鑫却固执己见，不肯撤退，部下无奈，就偷偷移到东城准备撤走。眼看大势已去，王鑫准备自刎，被部下强行拉上船，总共有九百人逃出岳州，留下的近千人则成了太平军的刀下鬼。

王鑫陆路一败，水师也没有什么战斗意志。此前湘军水师曾遭遇大风，沉了十余条船只，其他船只多有损伤，无奈之下，只好逃返长沙。

太平军拿下岳州后，乘胜南下，又攻占靖港，距长沙六十里。太平军在靖港分兵，以石祥祯带领水营与部分陆军驻守靖港，林绍璋带一万人上岸攻击湘潭，对长沙形成合围。

湖南官场本来将希望寄托在曾国藩身上，不料湘军初战不利，处处被动，长沙岌岌可危。一时间指责声不断，有人甚至建议将湘军解散。此时曾国藩住在湘军水师船上，骆秉章到邻船拜客，也不到他这里烧炷香。骆秉章对曾国藩冷淡，却反对解散湘军，因为湖南境内能依靠的军事力量，只有湘军了。

靖港之战

自湘军出兵之后，在各处战场上虽处处被动，但曾国藩的主力并未受损。

曾国藩召集湘军水陆两军将官到船上商议作战计划。将官、幕僚意见分歧严重，有主张全军进湘潭，有主张攻靖港。最终议决，以湘军精锐塔齐布部与水军大部攻打湘潭，曾国藩则准备带领余下五营次日出发，作为后军支援。

不想军情突变，当夜靖港民团过来报告，太平军在靖港驻防人马较少，不过数百人而已。地方民团已经搭好浮桥，并可配合进攻。曾国藩听到情报后，内心开始动摇，是领军前往湘潭？还是拿下靖港？

靖港地理位置重要，距离长沙不过四十里，如果能攻下，既可解湘潭之危，也可振作湘军士气。在派兵刺探，确认靖港太平军兵力薄弱之后，曾国藩决定亲自领兵进攻靖港。

四月初二，湘军水师在江上顺风而下，从长沙直扑靖港。当日出动的湘军水师五营二千人，战船四十，陆勇八百。

上午，曾国藩领兵到了靖港上游的白沙洲，伺机直扑太平军。不想到了中午，猛刮东南风，水流湍急，湘军水师一路猛冲，到了靖港停不下来，派纤夫上岸拉纤，又被太平军一通斩杀。太平军乘湘军船停不下来之机，以大炮猛轰，击毙新康团总张屏南，将头船击毁。

湘军急忙收帆，将船停下来时，已到了靖港对岸。太平军顺风划出二百余小船，浩浩荡荡，攻向湘军。湘军水师上装备了大炮，但是太平军的小船矮小，炮击很难命中。湘军水师抵挡不住，水勇或是将船只焚毁，或是放弃战船上岸逃跑。

看着前方战事不利，在白沙洲坐镇的曾国藩急忙派陆勇分三路前去救援。看到水勇已四散逃命，陆勇也无心上去拼命，纷纷逃散。半顿饭工夫，陆勇逃光，水勇溃散。曾国藩看到此景，一时血气上涌，来了段演义小说中的场景。他亲自提剑登岸督战，立一面旗帜，书"过旗者斩"。败兵们谁还在乎这个军令，冲过旗帜，各自逃命去了。

为支援湘军渡河作战搭建的浮桥，所用的都是门板之类工具，慌乱之中，门板纷纷脱落，落水而亡者众多。曾国藩恼羞成怒，想不到自己亲手训练的湘军，竟然与绿营一般窝囊，未战先溃，这该给官场提供多少笑料。在李续宾的强推之下，曾国藩铁青着脸上船逃命。

看着曾国藩在船上脸色诡异，幕僚陈士杰、李元度知道他在寻思自杀，就暗中加以部署。船行至铜官渡时，曾国藩猛地跳入湘江寻死，被暗中盯梢的随从章寿麟给捞了上来。章寿麟救了曾国藩，可后来只做到了知县，很是不满。曾国藩死后，章寿麟的儿子章华，请人绘了一张描述靖港之战的《铜官感旧图》，挖他老底，又请了一堆当事人在画上题诗。左宗棠也过来凑热闹，给这张画写了个序。左宗棠是个好事之徒，作序时称，曾国藩后日能立下惊天功劳，"论者乃以章君手援之功为最大"。

曾国藩在靖港大败的消息传到长沙，官场竟然都在幸灾乐祸，也不去忧虑太平军马上就杀到。至于民间，更是一片骂声，曾国藩自己记道："为同省官绅所鄙夷，为长沙所唾骂。"曾国藩部下，只要进入长沙城，迎接他们的就是四处的谩骂之声，更有动手挞逐者。湖南布政使徐有壬、按察使陶恩培，则兴冲冲地去找骆秉章，建议让他将湘军解散。骆秉章比较冷静，知道此时只能靠曾国藩这支部队。

曾国藩丢尽了脸面，在白眼中回到长沙，移居城南外妙高峰，躺在床上不吃饭，不换衣，又买好了棺材，写好了遗嘱，准备自杀。两名幕僚花了一夜心思，帮他写好了遗嘱，曾国藩看了极为满意，正琢磨什么时候、以什么方式自杀时，喜报传来，湘潭大捷。

太平军分兵之后，林绍璋率领大军取道宁乡，攻打湘潭。在宁乡连破湘军三营，斩营官伍宏鉴，随后占领湘潭，兴建防御工事。

三月二十八日，塔齐布到了湘潭后，立刻发动进攻，此时太平军正在修筑营垒，被湘军冲近，一时乱了阵脚，大败而逃。此后湘军与太平军交手，又是接连取胜。陆师取胜时，湘军水师也紧急杀到。四月初一，湘军水师、陆师一起发动，初试锋芒的湘军，尽显威力。太平军此前何曾碰到过这种对手？面对这只初出茅庐的猛虎，竟然无可奈何。

太平军中的水师是临时征招而来，不是湘军对手，船只被湘军摧毁颇多。接连战败之后，太平军中的老兄弟与新兄弟彼此猜疑，老兄弟责怪新兄弟作战不力，新兄弟怀疑老兄弟泄露军情，彼此猜忌。初二、初三两日，新老兄弟在湘潭城爆发内讧，死者数百。

四月初四，彭玉麟、杨载福率湘军水师出动，二将乘坐快蟹、舢板各一只先行突进，湘军水师燃放大炮，将太平军水师阵营打乱。彭玉麟看到太平军所劫持来的商船颇多，船上除了各种粮草辎重，更有无数财物。在将太平军船只打散后，彭玉麟、杨载福严令众水勇不许上船劫掠，专一放火焚船。此时北风甚劲，顺风纵火，遇船即着，太平军水师被烧毁殆尽，军中伤亡颇大，当日江中，万千尸体随波逐流。

太平军未死者纷纷上岸，折回湘潭城内。湘军遣出悍卒数十人，悄然潜伏到城西北角，乘太平军用云梯出入时，夺取云梯攀登而上，打开城门。清军冲入城中后，在城内四处搜索，剿灭残余的太平军。

林绍璋见败局已无法挽回，在四月初五撤兵，退出湘潭。一部分从陆路返回靖港的太平军，遭到王鑫袭击，损失惨重，另一部分则退入江西，之后转入湖北。

左宗棠得到湘潭大捷的消息后，连夜出城，此时已是深夜，城门紧闭，只好缒城而出。找到曾国藩时，曾国藩满身泥沙，穿了件破单衣，气息奄奄，一副垂死之相。左宗棠看他这副颓废样子，大骂他"速死非义"。左宗棠骂得兴起，又大骂曾国藩是头猪，王闿运后来在《铜官感旧图》上题诗云："左生狂笑骂猪耶"，即是此幕场景。曾国藩骂不过左宗棠，就怒目相向。经过仔细权衡，曾国藩觉得虽然靖港落败，但湘潭大胜，可以将功补过，朝廷不会深究，也就不想死了。

塔齐布在湘潭击败林绍璋，收回湘潭，原因诸多。其一，太平军西征军战线拉得过长，兵力分散，在湖南更是分兵靖港、湘潭。曾国藩虽在靖港战败，但以少部分兵力，牵制住了太平军主力，也为湘潭之战作出了贡献。其二，太平军一路扩军，内部矛盾重重，在湘潭城内，新老兄弟大打出手，自然无力专心对敌。其三，湘军火器犀利，所购置的洋炮更是太平军无法比拟的。

初八日，驻扎在靖港的太平军也开始撤退，长沙之围解除。随后曾国藩给咸丰帝上了个奏折，反思自己靖港之败。曾国藩认为，靖港大战失败，一则是当日风太顺，水太急，进退不得，水师惨遭大败。至于陆勇，虽经过训练，但还不是百战之兵的对手。一营挫败，全军夺气。曾国藩请将自己交刑部治罪，再派大臣总统此军。

不想咸丰帝看了后大为不满，你打了败仗，如何处分，定什么罪，只有朕说了算，哪有你自定的？咸丰帝大骂曾国藩昏聩："汝罪固大，总须听朕处分，岂有自定一责问之罪？殊觉可笑。"最后的处分是，曾国藩革职，戴罪立功，继续统领湘军，塔齐布等人则予以奖励。

对于曾国藩及湘军，咸丰帝还是不大放心，一日特意召见翰林院编修袁芳瑛。袁芳瑛是湘潭人，咸丰帝仔细询问了湘潭之战的情况，得知了湘潭之战的艰苦凶险，对曾国藩的印象有所改善。

在详细了解曾国藩湘军及湖南官场情况后，咸丰帝将一直与曾国藩作对的湖南提督鲍起豹革职，以塔齐布顶替，并允许曾国藩保留专折奏事的特权。袁芳瑛因此番对话有功，后被任命为松江知府。后来在江南，袁芳瑛利用战乱之机，收集了大量古籍，成为大藏书家。

至于咸丰帝命令曾国藩继续西进，曾国藩无心理睬，他一门心思要重新整训湘军。靖港、湘潭之战，暴露出了湘军的诸多问题，战后曾国藩大力整军。湘潭之战虽胜，能打的只有塔齐布、杨载福所统领的部队，其他各部不是畏缩不前，就是望风而逃。杨载福麾下有一哨官，唤作鲍超，此战中尽显锋芒，后来成为湘军的头号猛将。

湘潭太平军的惨败，影响了整个湖南的局面。靖港太平军虽获胜，不得不退往岳州。

打胜后的湘军，忘记了曾国藩礼义的教导，军纪涣散，一门心思寻觅、抢夺太平军丢下的财物。发了财后，湘军径自返回湘乡。一些水营士兵甚至直接将战船开回湘乡，然后登岸回家，任战船自行飘去。战后水师士兵奖励军功时，一些士兵才羞答答地坦白，自己从军时所登记的名字、家庭、住址全是假的，是预先为逃跑留的后手。

曾国藩总结经验，认为论胆色，兵不如勇，论纪律，勇不如兵。团练万余人，必须有大员统领，又须有文武官员及士绅一二百人协助统领。此前战争中，每营湘军仅一二官绅，纪律缺乏，一战即溃。曾国藩下了决心，大力整顿，先是将湘军裁撤大部，只保留下五千能战的部队，最小的弟弟曾国葆所统带部队也被解散。曾国葆丢了脸，跑回湘乡，闭门多年不出。

裁军之后，曾国藩以此次战事中冒尖的将领为主，全力扩军，全军战斗兵员达一万九千人，新招募的兵勇要接受更严格的训练。湘军水师此间获得发展，得到了广西水勇一千人、广东水师四百人的增援，又有广东解送到的洋炮六百尊。湘军继续赶造新战船，对战损的船只加以维修，并从广东继续订购红单船和洋炮。广东商人造船时，须禀报海关，给予红单以备稽查，故所造船名"红单船"。这种船体大坚实，操作便捷，每艘可安炮二三十门。与太平天国战争中，大批红单船被抽调至长江流域，对于清军争夺水上控制权发挥了重要作用。

经过整顿之后，湘军开始主动出击，以将太平军驱出湖南，而岳州则成为双方争夺的主战场。

太平军在湘潭战败之后，林绍璋被革职，由石祥祯主持战事。对于林绍璋，曾国藩曾评价道："此贼资格老而好摆架子，不足畏也。"石祥祯乃是石达开堂兄，外号"铁公鸡"，曾于靖港大破湘军水师。为坚守岳州，石祥祯在城外筑营垒二十余处，同时派兵至湘西各地经营。到了五月中旬，太平军曾天养自湖北宜昌，一路退到湖南境内，与在湘太平军合并，于各地经略。

在湖南的太平军主力多数集中在岳州一带，湘军也将主力调集到岳州。六月初，曾天养得知湘军大队出动后，从常德撤退，集中兵力于岳州。石祥祯则出兵经略湖北，攻打武昌，岳州战事由曾天养主持。石祥祯出兵后，与韦俊、石镇仑会合之后，顺利攻占湖北武昌。

六月二十六日，太平军直扑湘军营盘，罗泽南、李续宾亲自出阵，夺取丈余长黄绫大旗。岳州之战中，罗泽南与弟子李续宾带了千人，对敌一万太平军，竟然取胜。塔齐布督导湘军中路，在凤凰山大营迎战万余太平军。

太平军在作战中，擅使所谓螃蟹阵，分兵十余路攻击，湘军也分兵十余路迎战。双方杀声震天时，太平军阵中有三骑突出，均是青布短衣打扮，快马奔突，来势凶猛，于马上高呼塔齐布之名，摆出挑战的姿态。塔齐布应声迎上，斩一人，其余二人败逃。此时罗泽南率军追击至此，双方会合进攻。此战后，塔齐布对罗泽南刮目相看，塔、罗在湘军中并称。罗泽南的弟子李续宾在湘军以骁勇闻名，因其军中用白旗，有"白旗无敌"之称。

六月二十八日，塔齐布传令，攻打太平军高桥营垒，派罗泽南攻南面，周凤山攻北面，自己由中路先行。将近敌营时，太平军炮火密集，湘军中路快速突击，与大股太平军形成混战状态。战事胶着之时，罗泽南绕道袭击太平军侧翼，导致太平军大溃。

湘军将领周凤山也领军赶到，合力进攻，击退太平军。此日太平军先后三次发动攻击，三次均被击退，损失二百余人。

太平军连续失败，决意来一场大战定胜负。二十九日，太平军全局出动，猛攻湘军，湘军分兵迎接，又以罗泽南设伏，大败太平军。陆路激战正酣之际，湘军水师出动，此时太平军精锐均已上岸，水师之中，半系弱师，半系被裹挟的船民。湘军火攻之后，纷纷跳水逃命，水战仅三时，击毙太平军千余，陆战六时，击毙不过五六百。

七月初一，曾天养等将领放弃岳州，退守城陵矶。曾天养放弃岳州的理由也很奇特，认为是"妖魔作怪，难以取胜"。七月初三，曾天养集结水师，有船三四百只，配合陆上部队，反攻岳州。

湘军水师与太平军水军大战。开战后，湘军炮船犀利，洋炮威力巨大，太平军水师全无还手之力。清军水师主将杨载福，搭了小艇，快速穿行，捷如飞鸟，手执号旗，指挥湘军水师。太平军将领汪得胜自恃骁勇，带了护卫邀战。杨载福跳上船，二人大战一场，汪得胜被格杀。隔日，杨载福又亲操舢板，带队突入太平军水师，大获全胜，因功被提升为游击。

七月初四，韦俊、石镇仑率领太平军，由武汉出发，援助曾天养，试图再次反攻岳州。次日，双方水师会战。太平军于战前将风帆解开，停泊岸边，引诱湘军靠近后，以大炮轰击。湘军杨载福从后方插入放火，此时刮起大风，太平军船只被烧毁十余只。交战中，彭玉麟单船突入，想要攻下太平军旗舰，虽被炮击中受伤，却奋勇冲杀，夺取韦俊座船。危急关头，湘军褚汝航、夏銮从太平军水师中部拦腰发起攻击，迫使太平军后退。此后太平军与湘军水师，接连交锋，双方各有损失。频繁的战事，使曾国藩也发出感慨"辛苦万状，伤亡亦复不少"。

湘军水师将领杨载福接连立下军功，刚到湖南的广东水师总兵陈辉龙看了眼红，就主动请求出击。彭玉麟见南风起，认为风过顺，进易退难，劝他暂不要出战。曾国藩看陈辉龙求战心切，以为军心可用，又让褚汝航、夏銮领水师随同出战。

七月十六日，陈辉龙等起风后急急出兵，自己坐镇一艘拖罟大船冲在前面。行到城陵矶时，看到出没的太平军水师就扑了上去。太平军且战且退，陈辉龙追赶时陷入漩涡激流之中不能脱险。太平军见陈辉龙被困，蜂拥而出，用众多小船围攻拖罟船。拖罟船无法应对众多太平军小船的围攻，陈辉龙很快战死。褚汝航、夏銮二人带了水师前去救援，也被击杀。太平军老将曾天养利用此战胜利，在城陵矶登岸，欲扩大战果。

褚汝航、夏銮战死后，曾国藩以杨载福、彭玉麟担任湘军水师统领。杨载福虽是武夫，却也能文，有诗云"青年提剑走西东，百战余生万念空。今日归来何所有，半船明月半帆风"。彭玉麟更是潇洒，白衣如雪，仗剑而行，小姑山之战后吟诗云："书生笑率战船来，江上旌旗耀日开。上万貔貅齐奏凯，彭郎夺得小姑回。"

虽然水师失利，可曾国藩还要打起精神，面对汹涌奔来的太平军，而太平军主将曾天养则是让人生畏的人物。曾天养是太平军老将，深目长髯，身材雄伟，作战勇悍，屡立奇功。太平军破田家镇，克庐州，此后经略湖南、湖北，均由曾天养担任主帅，江忠源、吴文镕就是被他打败自尽。

七月十八日，塔齐布在营内时，突听到外面一片躁动声，问了左右，知道曾天养在营外挑战。塔齐布素称勇武，怎肯示弱？就上马提矛，带了几名亲兵出营迎击曾天养。二人见面，自然如演义小说那般，先做一番骂阵，然后交手。曾天养狞髯张目，勇气百倍，高呼"塔妖"，横矛直刺。二人厮杀正酣时，塔齐布的坐骑被曾天养长矛刺伤，看着塔齐布危急，亲兵黄明魁冲来助战，以矛刺中曾天养。曾天养回刺黄明魁，刺中其右肋，塔齐布持刀扑上，杀死曾天养。

曾天养作战时骁勇敢死，其性格平易近人，能与部下同甘共苦，身同患难，威望极高。曾天养一死，太平军茹素六天，加以纪念。为稳定战局，石镇仑从武汉率领援军入湘，驻军于高桥，此后太平军与湘军交战多次，接连失利。

闰七月初二，在高桥之战中，太平军营垒被毁，全军退守城陵矶。在城陵矶之战中，大雨狂飙，太平军所用土炮无法发射，湘军接连猛攻，拿下太平军营垒十三座。太平军无力再战，登船撤退前往武汉，至此放弃了争夺岳州。

咸丰四年，太平军发动了征湘之战，此战从二月二十七日攻占岳州始，至八月二十五日太平军在城陵矶营垒失守止。从战术而言，湖南之战失利后，太平军意识到了水师存在的问题，开始改变征集民船的做法。太平军效法湘军水师编制，又在安徽营造水师炮船，下一次与湘军水师相遇时，将让湘军惊骇。从战略上而言，湖南的失败，使太平军未能进一步深入广西、广东，联络会党，开辟新的战场。太平天国经略长江中游的战略目标受挫，武汉失去了后援，直接处于湘军威胁之下。

接连获胜之后，湘军竟然狂妄不可一世，眼中更无一人。乘船直扑武昌时，湘军水师士兵不披甲胄，袒胸赤膊，执戈持刀，立于船头，傲然不可一世。看着手下骄兵悍将，曾国藩自然是满心欢喜，未来的经略大业，看起来是一片坦荡。

收复武昌

咸丰四年（1854），湘军水陆并进，直扑武昌。此次进军，除安排罗泽南与塔齐布统领陆师外，曾国藩想将胡林翼带在身旁，想让他帮自己办理军务。不想骆秉章、左宗棠不肯放人，认为湖南省内的人才都被曾国藩带出省外作战，无人为湖南守门户岳州，定要将胡林翼留下。曾国藩转念一想，留胡林翼在湖南坐镇，护卫后院，也是良策。

胡林翼从贵州到湖南之后，因为所部兵力较弱，战力一般，虽然随军作战，却没有什么战功。他没料到自己此番竟如此炙手可热，自然是踌躇满志，跑到岳阳楼上豪兴大发："放不开眼底乾坤，何必登斯楼把酒？吞得尽胸中云梦，方能对仙人吟诗。"

湘军行军途中，曾国藩在金口开会，商讨进攻武汉的战略。金口是武汉上游咽喉，距武昌不过六十里。

武汉有三镇，即武昌、汉口、汉阳。武昌是湖北省会，城墙高耸，地势险峻，太平军在城内有两万人驻防。沿着武昌城墙修筑了大量防御工事，在城外花园、洪山等处又筑了大营，以策应武昌。汉口是处商埠，并无城墙，汉阳城防虽不若武昌，但也严密。至于太平军水师，则聚集了上千艘由民船改造而来的战船，战力一般。

罗泽南建议，湘军陆师两路，一攻洪山大营，一攻花园大营。以水师控制武汉一线江面，断绝武昌与汉口、汉阳的联络；陆路先攻武昌，再攻汉阳。

太平军大营以木材筑成土城，"填实土沙，中开炮眼"，有炮百余尊，营垒前有壕沟，宽三丈，长约三里，沟外有木桩，桩外密布竹钉，如果太平军在营中固守，则很难攻下。

八月二十一日，湘军从金口出发，佯攻洪山，待花园营垒内太平军出动援助时，罗泽南领军发动猛击。

太平军出营后被袭，慌乱逃回营垒，以枪炮还击。罗泽南指挥所部，利用太平军炮弹发射的间隙，匍匐于地面前行至木垒下，再爬过壕沟。看着湘军冲过壕沟之后，湘军施展最拿手的肉搏战，太平军不是湘军对手，两万人一哄而散，各自逃命。洪山营垒内的太平军得悉花园大营失利后，跟着逃跑。

湘军水师一路猛进，冲到鹦鹉洲，以大炮轮流轰击。太平军指挥官坐彩船奋勇迎击，分外招摇。曾国藩看着太平军彩船招摇于水上，就开出重赏。湘军冒死进攻，抢到五艘彩船。当日一场大战，太平军火药船被击中燃烧，蔓延至各船，共有二百余战船被焚毁，江上一片红光。

参与此战的太平军检点陈玉成，此年才十八岁。他向指挥西征战事的燕王秦日纲汇报道："水路有曾妖头炮船下来，甚属厉害。旱路又有塔、杨二妖前来，十分作怪。小卑职所统节后十三军兵士并水营前四军兄弟，苦战不能取胜，只能弃船下退，保守圻、黄。"陈玉成判断，武昌城也守不住，故带领全军退守兴国、大冶一带。次日，湘军水师至鲇鱼套，攻烧太平军船只，旋即对汉阳朝宗门发动攻击。

八月二十三日，城内守军在西南城墙摇旗放炮，吸引太平军，主力则从东门撤退前往洪山大营。此日中午，湘军进入武昌城内。湘军冲入城内后，直扑太平军王府，突然被大股太平军包围。此时其余湘军前来接应，一起合击，太平军不得不由水西门撤退。同日，汉阳守军也放弃城防撤退。太平军逃命途中，在洪山又被湘军截杀，损失惨重，残部逃往田家镇。

陆地上太平军逃跑后，在汉水中尚遗有千余艘战船。太平军水师准备决一死战，但船多拥挤，难以回旋，后队炮火落入前方船只，导致大乱。湘军乘机涌入，水陆一起纵火，太平军水师全部被焚。

咸丰四年八月，湘军攻克武昌，部分太平军被迫跳入沙湖逃命。"中多幼孩，公（塔齐布）见之大哭，传令拯救，得二百有奇，群贼因而乞命者又七百有奇"。

太平军水师经此一役，伤筋动骨，再难恢复元气。武汉取胜后，湘军全军振奋，彭玉麟赋诗云："战舰雷奔汉水滨，纵横决荡靖烟尘。"湘军水师之中，杨载福和彭玉麟并列为湘军水师名将，陆军之中塔齐布、罗泽南齐名，世人称"塔罗彭杨，莫与为比焉"。

武汉之战，前后四天，湘军损失轻微，不过伤亡二百余人，却重创太平军。喜讯送到京师，咸丰帝阅后大喜过望，立即下旨让曾国藩任湖北巡抚。不想军机大臣祁寯藻一句话，让曾国藩期待已久的巡抚成为泡影。

祁寯藻主持大清国政，他所面临的问题是，此时的清国面临着日益严重的内忧外患，崛起于广西山野之间的洪秀全，更以排山倒海之势，一路狂驱猛进，向清廷发出挑战。当此危难之世，明眼人都看出，"国难需用猛药"，可祁寯藻、杜受田等老臣，却为政保守，未对时政加以大的改造。

对此曾国藩等政坛新秀大为不满，曾国藩在给郭嵩焘的信中，就批评了祁寯藻、杜受田、贾桢、翁心存等大臣，"恶其不白不黑、不痛不痒，假颟顸为浑厚，冒乡愿为中庸。阴排善类，而自居老成持平之列"。

实际上，早期曾国藩与祁寯藻的关系并不坏。在道光朝，曾国藩虽是穆彰阿的得意门生，对京内汉人大臣中坚祁寯藻，精明过人的曾国藩自然也要去结交。为了与祁寯藻交往，曾国藩做足了功夫。

曾国藩与祁寯藻的弟弟祁宿藻是同年进士，两人关系密切，由祁宿藻的这层关系，曾国藩得以与祁寯藻交往。据曾国藩在日记中记载，道光二十一年七月十三日，他早上起来后一气写了两百六十个大字送给祁寯藻。在祁寯藻的照顾下，祁宿藻没几年就外放到湖北当了知府，这让曾国藩颇是羡慕，并特意嘱咐自己的朋友，在湖北要与祁宿藻搞好关系。

新帝咸丰登基之后，为了营造新气象，广开言路，命群臣进言。这类事本是皇帝摆个态度，臣子们上一二奏折，说些不痛不痒的话题，成就君王开明美名罢了。可曾国藩一根筋，直接上了《议汰兵疏》，直指绿营百弊丛生，官兵与土匪无异。奏折递上后，咸丰看了扔在一旁，一笑置之。

不想曾国藩抓住杆子往上爬，不久又上一折，矛头直接指向皇帝本人。他指责咸丰帝重视小节，忽略大计，惑于虚文而不求实学，刚愎自用不能知人善任。此次咸丰帝看了后大怒，将奏折摔在地上，眼看着这个湖南楞头汉要倒霉了。

作为首席军机大臣，祁寯藻赶紧帮曾国藩求情，云："主圣臣直"。

军机大臣季芝昌是曾国藩会试时的房师，也在一旁帮忙求情道："此臣门生，素来愚直，惟皇上幸而赦之。"

祁寯藻、季芝昌帮忙说情，咸丰才平息了怒气，认为他只是迂腐："念其意在进言，不加斥责。"

迨曾国藩崛起于乡间，组织乡勇对抗太平军，肃清湖北，收复武汉。喜讯送到京师，咸丰阅后大喜过望，立即下旨让曾国藩署湖北巡抚，又对军机大臣们道："不意曾国藩一书生，乃能建此奇功。"

此时祁寯藻却道："曾国藩以侍郎在籍，犹匹夫耳。匹夫居闾里，一呼蹶起，从之者万余，恐非国家之福也。"

咸丰听后神色大变，沉默良久，随后撤去曾国藩署湖北巡抚的命令，改给兵部侍郎衔，以陶恩培为湖北巡抚。

在攻下武汉前，清廷对湘军缺乏深入了解，以为只是普通的团练，稍具有战斗力而已。在意识到湘军是曾国藩控制的军队，且具有较强战斗力后，开始对其加以限制，只让曾国藩统兵，不给他控制一省政务的权力。在湖北巡抚被夺去后三四个月，曾国藩才得知其中内幕，"公闻之黯然，因语及夕阳亭事，怆叹者久之"。此后曾国藩一直以空头侍郎的官衔领兵，六七年后才得以担任封疆大吏。

对于祁寯藻的这一刀，曾国藩在心里默默地记下，到了咸丰十一年，友人过来探望他时，曾国藩出语激烈，嘲讽祁寯藻。重视修身养性的曾国藩，对于自己的过激反应，事后"退而悔之"。

但曾国藩没有想到的深一层却是，他的突然崛起，必然会遭到亲贵与大臣们的妒忌乃至打击。祁寯藻提醒咸丰，导致曾国藩仕途遭遇挫折，也可以视作是对他的另一种保护。时人云祁寯藻妒忌曾国藩，祁寯藻闻言后大笑道："予所以为此言者，正保全之也。"

大战田家镇

太平军在武昌撤退后，军力收缩到田家镇，败将石凤魁、黄再兴被押回天京处死，又以燕王秦日纲坐镇田家镇，统领全军。石凤魁是石达开堂兄，在初期一直未参与战事，本非大将之才，湘军兵临城下后，即弃城而走。黄再兴与石凤魁同守武昌，负责民政。黄凤魁早就判断石凤魁不能守住武昌，曾请调陈桂棠代替他守卫武昌。可武昌失守后，杨秀清还是下令，将他押回天京处斩。

湘军攻下武汉后，曾国藩一度准备整顿湘军。但从武昌撤走的太平军，为数众多，集结在蕲州、黄州一带，而崇阳、兴国等地，拥护太平军者颇多。此时湖广总督杨霈，不给曾国藩任何拖延的机会，奏请咸丰帝，请曾国藩立刻出兵。曾国藩只好亲领水师，顺江东下，塔齐布、罗泽南则领军从长江南岸进发。湘军展开了以上制下，步步紧逼的步伐，由此拉开了田家镇大战序幕。

得知湘军出动后，太平军派出六千人上行，一半赴大冶，一半守兴国。九月二十一日，罗泽南攻克兴国。兴国不但地理位置重要，也是最为拥护太平天国的地区。太平天国开科取士后，兴国地方报名响应者最多。罗泽南俘获的兴国知州胡万智，即是太平天国所取进士。胡万智力守此城，被俘获后仍然不悔，被凌迟处死。

当日大冶太平军与塔齐布交战时，一度刺伤其坐骑，但未能取胜。大冶太平军作战失利，撤军途中，过桥时桥突然折断，坠桥死者甚多。当日塔齐布攻下大冶，俘获太平军一百三十四名，全部被凌迟处死。

崇阳县刚被清军收复，忽有山贼杀入，再次失陷。胡林翼督兵勇一路围剿，山贼逃入山中。胡林翼穷追不舍，搜遍山谷，斩杀甚多。战后官方认为，崇阳县民风恶劣，多出匪徒，且地方上民众多偏向太平军，必须加以整肃。胡林翼暂驻崇阳，推行保甲，赶办团练，以血腥手段肃清地方。

拿下兴国、大冶等地后，湘军主力直扑田家镇。田家镇隶属湖北广济县，"镇当江北，诸山峻峙"，为兵家必争之地。太平天国对田家镇很是重视，派出胡以晄、陈承镕、韦俊、石镇仑等，协助秦日纲作战。翼王石达开前往安庆，主持西征战事。

田家镇在江北，半壁山在江南，江面宽仅一里，水流湍急。秦日纲在田家镇与半壁山之间，设置拦江铁链四道。拦江铁链以铁链组成，每节以船、簰承托，簰上铺沙，船中存水，以防火攻。铁链之外，又以七道竹缆增加防御力。在江南半壁山，太平军建筑营垒，设置大炮。山下挖沟，引水灌注其中，沟外密布竹签、木桩。田家镇则筑土城，长约二里，以重兵布防。

湘军水陆并进，以塔齐布、罗泽南清除半壁山太平军，以彭玉麟、杨载福占据长江水面。

九月二十九日，湘军水师营官白人虎，领了战船靠近蕲城。太平军水师出船百余只，乘东风大作，全力上攻，彭玉麟、杨载福领了湘军水师，逆风作战，部分湘军水师迂回包抄，将太平军水师包围。太平军水师不能退转，弃船登岸，船只均被焚烧。太平军登岸之后却有斩获，用抬枪击毙白人虎。湘军水师在蕲州战胜后，水陆两师逼近半壁山、田家镇要塞。

十月初一，罗泽南、李续宾带了二千六百余湘军，在半壁山三里外扎营。在湖南被打败的太平军将领林绍璋，带了千余士兵，直扑湘军，秦日纲也带兵来助战。

罗泽南所部只有两千六百人，太平军则有近两万人，敌众我寡，军心怯惧，有士兵私下潜逃，被罗泽南、李续宾亲自处死。罗泽南在阵前慷慨陈词，稳定了军心。此后双方多日争夺，最终被湘军攻占半壁山，太平军"统计千余人升天享福"。此战中，国宗石镇仓、韦以德战死，秦日纲带了余部渡江退守田家镇。

湘军陆路获胜后，拦阻在江中的铁链，是湘军水师需要克服的难题。为了对付铁链，湘军水师分为四队，第一队专事砍断铁链，在船上装了炭炉、大锤、大斧，第二队对付太平军炮船，第三队则待铁链被斩断后，冲往下游，焚烧太平军水师船只，第四队留守。

十月十三日夜，长江上星火点点，湘军水师船只上以巨锅盛装油脂，顺流而下。塔齐布、罗泽南带了湘军陆师健儿，在南岸之上展开队列，放开喉咙，帮水师呐喊助威。

面对着滚滚而来的湘军水师，太平军迅速回击，以设在簰船及岸上的大炮对着江中猛轰。彭玉麟带领水师第二队顺流急下，看着太平军炮火猛烈，为鼓舞士气，彭玉麟脱去上衣，持刀立于船头狂呼："洋炮子有眼，先把我打死！"

受到鼓舞的湘军水师，拼死冲上，压制住太平军火力，击毁太平军炮船两艘。水师第一队冲至铁链处，用火焚烧铁链，待铁链烧红后，置在铁砧上反复捶打，忙碌了大半个时辰，总算将铁链斩断。

杨载福带领以轻快舢板为主的第三队立刻冲过，狂呼"铁锁断矣"，然后溯江而上，上下夹击，截断太平军水师归路。彭玉麟指挥湘军水师火攻，焚烧太平军战船四千余，此后长江上再难见到太平军成建制的水师。江防被突破后，秦日纲、韦俊无粮可食，无火药可用，迫不得已，焚毁田家镇大营，退守黄梅。

田家镇获胜后，湘军水陆并进，抵达九江城外。田家镇一战，虽然歼灭太平军较多，但湘军损失也不轻，尤以水师损失最重。曾国藩谓"行军以来，从未有歼敌如此之多，而丧师亦无如此之惨者"，言毕放声大哭。此前岳州战败时，时人讥讽湘勇为"相勇"，此战之后，又称为湘勇。湘军之中笑道："难怪一字值千金，如此大战，仅赢得水旁三点。"

田家镇之战后，湘军发动了广济、黄梅之战。彭玉麟带领湘军水师，火攻九江、小池口之间的太平军船排，清理了江面。清军在此后的战事中，进展缓慢，这也为九江布防争取了时间。汉阳同知张曜孙，一再讥讽湘军行动迟缓，贻误战机。

黄梅城池虽小，但地势险要，城防坚固，太平军在城外密布梅花坑，以精锐万人守卫。战前塔齐布派出打扮成太平军的间谍，刺探到黄梅的布防情况。说起来，塔齐布用谍，还是曾国藩一手培养起来的。曾国藩总结了塔齐布的用兵特点后，认为他的优点是勇猛过人，缺点是不重视间谍情报，为此特意告诫他"不患临阵之不勇，特患分布之不密"，临阵打仗，一定要多布间谍。

十一月初四，湘军塔齐布、罗泽南进攻黄梅，太平军战败，部分退往安徽，部分退至小河口。小池口再遭到湘军水陆夹攻后，罗大纲率部渡江，前往江西湖口，至此太平军全部退出湖北。

咸丰帝看到湘军连战连捷，欣喜若狂，接连催曾国藩出兵，指望他拿下九江，进而收复南京。自从湘潭之战后，八个月内，太平军与湘军的交锋之中，接连败北。曾国藩连续获胜，也开始飘飘然，甚至以为金陵指日可下。他得意地扬言："长江之险，我已扼其上游。金陵所需米石油煤等物，来路半已断绝。"

清军在各处战场上，也展开了进攻。和春在安徽发动攻势，试图攻下庐州。袁甲三跃马提兵，欲入六安，配合湘军东下。江南大营向荣猛攻芜湖、太平，水师则不断骚扰江面。一片大好的局势，却因为九江、湖口之战的溃败，转眼流逝。

第 三 章
坐 困 江 西

受挫鄱阳湖

湘军在九江城外，却遇上了坚韧的对手林启荣。《瓮牖余谈》中云："李开芳之守冯官屯，林启荣之守九江，叶芸来之守安庆，皆坚忍不屈。"林启荣守城，安然不动，稳若泰山。城上看起来平静，夜间也无号火，可湘军一到城下，发起攻势时，则万炮齐发，旗帜如林。罗泽南负气攻城，也被击伤。

曾国藩未能捞到湖北巡抚，胡林翼却升了官，调任湖北按察使。胡林翼移驻武昌后，看到武昌城内百业凋零，在多番战事后，官场已如乞丐，再无油水可捞。在城内的湖北巡抚陶恩培，一直瞧不起曾国藩湘军，每日里大骂曾剃头混蛋，军事则全部委托给湖广总督杨霈处理。

胡林翼在武昌处处受到羁绊，没法施展拳脚，就带了两千人援助湘军，参与围困九江之役。

十月二十六日，湘军水师与太平军水师交战。此战之中，双方打了个平手。

太平军的水师，说起来还是咸丰帝馈赠的礼物。看到湘军水师屡奏奇功，咸丰帝就令江西、湖南等地督造战船。江西制造的战船停泊在鄱阳湖内。石达开突入江西后，江西清军望风而逃，被太平军俘获战舰百余艘，大小炮七百余尊。

石达开早已从湖口抽调战船百余艘到九江，又在沿江两岸设营垒，以陆地火力为水师提供支援。开战时，太平军总结以往水战失败的经验，此番以战船出击，辅以小划，不用民船。作战时水师紧贴两岸，得到陆地上的炮火支持。所向披靡的湘军水师，突然遇到了劲敌，让曾国藩大叹"局势为之一变"。

此后太平军水师接连出动，不断骚扰湘军水师。太平军乘黑夜起风时，以小船百余号，或二三只一联，或五只一联，堆满柴草，浇灌以膏油，分十余批一起纵火放下。又出动陆师，以火箭火球袭击，使湘军备受骚扰，不得不彻夜戒严。一次夜袭之中，罗泽南部遭到重创，各营骁将三十余人被打死。号称骁勇的罗泽南部，竟然不敢扎营，在寒风之中，于泥淖内露天过夜。

曾国藩赶到九江城外，与塔齐布、罗泽南会商战略。看着九江一时难以攻下，决定分兵，塔齐布继续围攻九江，罗泽南则带兵到湖口城外盏山，与胡林翼援军会合，攻击梅家洲，切断湖口与九江之间的联系。就湘军而言，攻下湖口，也可以与南昌连成一片，获得粮饷支援。

太平军相应调整战略，林启荣继续守九江，石达开守湖口，罗大纲守梅家洲。梅家洲扎有二营，设有炮台，挖有地道，防备森严。

十二月初十，湘军陆师进抵盏山，全力攻打梅家洲，想一举攻下此要隘，掩护水师进入户口。梅家洲是湖口咽喉所在，太平军早已设下坚固工事，湘军连日苦攻不克。

十二月十二日，太平军将湘军水师一百余只轻快舢板，诱入鄱阳湖，随即截断湖口水卡，将湘军水师舢板堵在湖内。湘军水师笨重的长龙、快蟹等大船，则被拦在外江上。

当日夜间，太平军又以小船偷袭外江上的湘军战船，数十只船被焚毁，其余船只纷纷逃窜至九江，也不听彭玉麟的指挥。看着湘军水师处于下风，曾国藩急调正在养病的杨载福赶回统领水师。

湖口之战失败后，曾国藩收缩兵力，将胡林翼、罗泽南调至九江，加强攻势。太平军方面，石达开、罗大纲也至九江督战。

十二月二十五日夜，太平军偷袭湘军，以小船三十余只，利用黑幕掩护，钻入湘军水师中放火烧船。此时湘军水师没了轻快小船掩护，只剩下了笨重大船，无法应对夜袭。火起后，湘军水师大乱，不顾禁令，纷纷挂帆出逃，各船溃散。

太平军乘乱猛攻，摧毁湘军船只多艘，曾国藩座船也被俘获。咸丰帝刚刚赏给曾国藩的黄马褂、扳指、小刀及其奏稿之类，均被太平军缴获。从俘获的湘军船只上，太平军查获了私通湘军的内奸吴采华的来往信件，将其抓获诛杀。

曾国藩大败之后，仰天长呼"天杀我也"，投水自杀不成，被救入罗泽南军中，羞愧无比，又想效法春秋晋国大将先轸，策马冲入敌阵求死。一群幕僚死死拉住马缰，将他劝下马来。曾国藩吃了大亏，心中愤懑，没了当初的豪气干云，开始怀疑自己，"不知果能力与此贼相持否？"

被围困在鄱阳湖内的两千湘军水师都是百战老兵，由萧捷三统领。在湖内他们倒是嚣张无比，不时出击，与太平军水师交锋多次，不落下风。只是湖口被堵住，这支水师没法出去，成为一步死棋。在外江的湘军水师也祸不单行，遭遇大风袭击，船只损失惨重，不得不退至后方沔阳（今湖北仙桃市）修理。此后太平军重新掌握了从天京至武汉的长江水道。

鄱阳湖败北后，刘蓉给曾国藩出了一个馊主意，乘春节时出兵，攻打湖口，解救在内湖的水师。湘军陆军已经连续作战多次，不愿在春节时出战，李续宾也提出反对意见。曾国藩此时心烦意乱，恨不得一下子救出水师，拍板决定开战。

大年三十傍晚，李续宾、塔齐布领了千余人前往湖口准备作战。大年三十晚上要去拼命，湘军老兵油子们一个个无比沮丧。一出营垒，士兵就开始破口大骂："今日正在杀鸡做饭，何人败兴，建议作战？老子们今日非得打个败仗，羞辱一下他。"

出了营门六七里后，毫无斗志的湘军士兵乱作一团，四散奔走。太平军本来就不过春节，正枕戈以待，看到此景，抓住机会，出动狂追。湘军士兵逃散之后，到了晚上，陆续回营，竟然没有一人受伤，也未丢掉一件军械。回营之后，士兵要去找刘蓉麻烦。刘蓉知道事情不妙，立刻上船逃跑。

湘军士兵四散逃跑时，在最前方的李续宾、塔齐布却被太平军包围。李续宾倚仗着马好，纵马跃水逃脱，躲在一户荒芜的房子中，孤零零地住了一夜。大年初一的黄昏时分，李续宾一人灰溜溜骑马回营。到了湘军大营时，却发现大营内一片喧哗声，自己的一帮手下将曾国藩大帐给包围了，要讨个说法。曾国藩苦口婆心地做工作，众悍卒丝毫不给面子，甚至要大打出手。看到李续宾回来，士兵们方才罢休。

塔齐布单骑逃遁时，太平军勇士数人跃出，拖拽住其马尾。塔齐布应对也快，立刻抽刀斩断马尾，方得以逃脱，惊险堪比曹操割须逃命。塔齐布逃出之后，躲进了民舍中，因为太平军不断来往，过了三天方才回营。此战两名悍将未战即遭遇大败，让曾国藩颜面尽失。

太平军取胜之后，也有些飘飘然，在民间封选子女，同时严禁民间喝酒抽烟，不许妇女穿红着绿。咸丰五年时，太平天国派遣官员，至九江、户口等地录取士人。凡是报名者，十人取九，不取的一人，认为其文字中有妖气。凡是被取中者，预备送到安庆再试，只是因为战事频繁而未能成行。

驻军九江时，罗泽南、李续宾二人同游庐山。至莲花峰下，拜谒周敦颐墓。在战乱之中，墓已倾圮，二人出资加以修缮。虽战事之中，罗泽南不忘著述，成《周易附说》一书，他在给刘蓉的信中道："《易》者，忧患之书，今于忧患时读之，尤亲切而有味也。"

到了来年（咸丰五年）正月，塔齐布继续围攻九江，想要挖地道突破城防。林启荣严密设防，在城内掘深壕，又在城外加设木垒，以应对地道攻击。塔齐布见地道攻城被识破，佯装撤走，暗中布下地雷火炮。林启荣派兵追入营中时，地雷火炮诱发，伤亡惨重。九江城下打得一片火热时，突然消息传来，汉阳再次失守。

重整水师

九江、湖口大胜后，太平军乘势回师反攻。驻扎在武汉的湖广总督杨霈，未战即逃，一口气逃到德安。当初湘军攻下武昌时，杨霈抢功，以八百里红旗捷报，给咸丰帝报喜。现在太平军大军再来，他更以八百里加急的速度逃跑。

咸丰五年（1865）正月，太平军乘胜出击，第四次攻占汉口、汉阳，包围武昌。

湖北巡抚陶恩培被困在武昌城内，向咸丰帝求救。咸丰帝也是焦头烂额，认为唯有曾国藩、塔齐布之兵可以就近救援。外人都知道陶恩培是曾国藩的政敌，咸丰帝唯恐曾国藩不肯出力营救这个对头，连发了三道相同内容的训令，命曾国藩速去救武昌。

曾国藩对此确实不热心，派了原属湖北的胡林翼、王国才回援，自己领了主力留在江西。曾国藩谈了他的三点考虑：一是九江为长江腰脊，不能轻易撤去陆军。二是一旦撤走，则内湖水师将孤立无援。三是劳师回援，在军饷后勤方面也是大问题。此时湘军的处境险恶万分，陆师在江西腹背受敌，水师已是残破不堪。就是如此，曾国藩还是命彭玉麟，领了水师七十余只破船，回援武昌。

陶恩培困守武昌，自身又不懂军事，眼巴巴地盼着胡林翼返回。胡林翼回援后，看武昌城内一无所有，防无可防，就屯兵在武昌上游的金口，与湘军水师互为依托，此后多次攻打汉阳不克。

秦日纲、韦俊部前锋，迅速攻至武昌城下，胡林翼急忙领军来援。武昌城内守军，都是残兵败将，惊弓之鸟，看到城外太平军旗帜招展，杀气腾腾，顿时作鸟兽散。城外胡林翼所部，虽是老兵，却也被太平军的气焰给吓退。太平军轻松攻入武昌，陶恩培投水自杀。太平军攻城时，武昌知府多山带了仆从五六人到城楼，准备亲手燃放大炮轰击太平军。多山点燃引线后，大炮却没有动静。多山跪下给大炮叩头，起来再点，火烟出而大炮寂然无声。多山狂呼"天不助我"，含恨自杀。在太平天国战争中，清军方面有大量的高级官员、将领自杀，反观太平天国方面，除战场上战死者外，很少有自杀者，这大概是受到太平天国的宗教信仰的影响。不自杀，对于太平军高级将领而言，被俘后等待他们的是凌迟酷刑。

武昌之战中，最夸张的人物是清军副将王国才。太平军攻入武昌城后，王国才并不知晓，至城下见城门紧闭，就缒绳索攀爬上城。入城后，王国才迅速赶到巡抚衙门，见衙门大开。进去后见有一群人正聚集饮酒，看其穿着打扮，却是太平军。此时王国才恍然大悟，原来武昌已被攻占，于是带了亲兵冲上去暴砍，将此群人驱散。王国才在城中一路厮杀，至天明后方冲出武昌城。王国才后来的死法也很离奇。咸丰七年，陈玉成领兵十余万进入湖北，王国才领兵对抗。六月二十四日，清军副都统多隆阿下令撤退，全军仓促之间拔营。此日白天，王国才已先将火药运走了一部分，但并未全部运光，还有部分存放在营门处。到了夜间撤退时，营门一开，清军蜂拥而出，狼狈逃跑间，有火星点燃火药，王国才与亲兵一百一十一人全部被炸死，尸骨无存。王国才死后，多隆阿为了推卸责任，伪称其英勇作战身亡，为其建专祠，谥号刚介。

失去湖北，对湘军来说是巨大损失，既丢失了弹药、军饷的补给，后路又被切断。曾国藩抽调了湘军罗泽南部救援湖北，自己则在正月十二，一身便衣，前往南昌。

曾国藩此时留在江西，如同死棋，无法盘活整个局面。但他的考虑很多，其一，江西是湘军筹饷的重要来源地，他留在江西，也可以表个姿态，重视江西战场。其二，他还有两千精锐水勇，被困在鄱阳湖，这是他视为性命的部队，留在江西，可以寻觅机会解救。其三，江西毗邻湖南，他可以随时从湖南补充兵源。而曾国藩亲自前往南昌，一方面可为被困的水勇筹集粮饷，另一方面可督造战船，重新壮大水师。

陶恩培一死，湖北巡抚空缺，咸丰五年二月，以胡林翼署湖北巡抚。曾国藩一直谋求湖北巡抚而不得，见自己的亲信把持了这个职位，也很满意。日后胡林翼坐镇武汉，调和湘鄂，从人力、物力上予湘军以支持，实是湘军战事得以维系的关键人物。

胡林翼能迅速升官，重要原因是朝中有人。道光二十年，胡林翼跟着文庆到江南主持科举考试，文庆出了岔子，两人一起倒霉，还气死了胡林翼老爹。不想咸丰帝登基后，文庆咸鱼翻身，一路高升，做到了首席军机大臣，自然对胡林翼分外关照，加以提拔。文庆复出后，多次在咸丰面前推荐胡林翼。胡林翼由贵州道员起，很快被提拔为湖北巡抚。对于胡林翼在湖北所奏请的事情，在文庆操作下，军机处基本上都开绿灯放行。对正在前线征战的袁甲三、骆秉章等人，文庆也请咸丰不要另调，而要长期加以任用。

湘军水师被重创后，曾国藩四处奔走，赶造新战船，修复破损战船，欲图恢复水师战力。经过苦心经营，以残余的水勇为基础，湘军水师又恢复了战力。对于水师，曾国藩是格外珍爱，三月底，他亲自前往鄱阳湖看望水勇，观摩操练，帮士兵打气。与水勇们每日同吃同住，曾国藩还写了《水师得胜歌》传唱。

此后曾国藩驻扎江西南康，与塔齐布隔了个庐山，遥相呼应。曾国藩不时与塔齐布互通信息，二人屡次约了相见，因为太平军昼夜巡访而不能成行。

被围困在鄱阳湖内的一百二十艘湘军战船上，有两千余湘军水师，都是百战老兵。得到增援，扩军到四千人后，湘军水师日益骄横。好景不长，此年七月底，内湖水师统领萧捷三在湖口中炮身死，水师又受重创，损失惨重。

曾国藩急忙调彭玉麟到江西统领内湖水师，杨载福则继续统领外江水师。将彭玉麟调来江西，另一层原因是杨载福与彭玉麟之间不和。

此时湖南至江西的通道已被太平军切断，彭玉麟接到曾国藩的命令后，有人建议他由广东绕道，经福建入江西。彭玉麟认为："江西危在旦夕，赴之犹憾不及"，此条路线虽然安全，但耗时过久。彭玉麟就穿了一身破衣，揣了只破碗，徒步七百里前往江西，成功抵达曾国藩大营，此后整训水师，重振战力。

曾国藩善于总结经验，以前败给太平军水师，因为太平军出动百余小船，四处围绕，迷目惊心。小船虽小，用得恰当，能奏大功，故而也筹办了小船百二号，行走如飞。经过整顿后的内湖水师，武器更为精锐，每船有桨手十人，舵手一人，头篙一人，炮手二人。大炮安置在船尾，每一开炮，船只一顿，反而加快前进速度。江西地方上财力物力较厚，水师的口粮军饷也得到充分供给。

这支内湖水师以鄱阳湖为基地，再出动时，已是强劲无比，此后占据水面主动权，控制长江中段四百里。咸丰五年五月三十日，内湖水师在青山获得大捷，夺回了曾国藩在九江被抢走的座船，也算为他挽回了些颜面。

湘军陆师方面，此年二月塔齐布、罗泽南分兵，塔齐布继续围困九江，罗泽南前去南昌与曾国藩会合。

　　围困九江日久，塔齐布心中焦躁不安，想早日拿下九江，挽回江西的被动局面。林启荣守城是有条不紊，在九江城外不断兴建炮台营垒，又开河停泊船只。六月十三日清晨，塔齐布派副将周凤山攻打东门，吸引太平军。自己亲自领兵，攻打九江城外新坝，又在三川岭设下伏击。太平军出击后，塔齐布佯退，太平军追击中受到伏击退回。此战之中，太平军却有斩获，击毙清军守备黄明魁。黄明魁者，乃是去年于湖南城陵矶，协助塔齐布，击杀曾天养的亲兵。

　　咸丰五年七月十八日，塔齐布刚刚发布了进攻九江的军令，就在军中呕血而死，时年三十九岁。十九日，曾国藩亲赴九江大营，恸哭一番。

　　在太平天国战争中，八旗能战之将，屈指可数，仅乌兰泰、塔齐布、多隆阿、都兴阿寥寥几人。同治三年，太平天国覆亡后，清廷加封塔齐布三等轻车都尉世职，入祀昭忠祠。塔齐布效法岳飞，左臂上刺有"忠心报国"。他为人至孝，一日力战而归后，左右进燕窝给他补身体，塔齐布哭道："吾母夫人在都，不知能给朝夕否？忍甘此耶。"后来曾国藩调任直隶总督，进京时特意去塔齐布家中探望，此时塔齐布老母已八十岁，相对涕泣。

塔齐布

可以说，是曾国藩发掘了塔齐布，使得他步步高升。咸丰四年湘潭大捷后，塔齐布被提拔为湖南提督，从一品官，此时曾国藩还不过是在籍侍郎。但塔齐布一直唯曾国藩马首是瞻，为他出生入死，最后死于九江。塔齐布身后遗有一女，当曾国藩来拜会时，此女出来求曾国藩照应塔齐布的女婿。想来曾国藩，也会予以关照吧。

塔齐布死后，江西湘军陆师由周凤山统领，一直在九江城下徘徊。

江西战场上，湘军与太平军继续争夺。在湖北战场上，咸丰五年八月，胡林翼在汉阳遭遇惨败，两湖震动，湖北官场纷纷请求抽调罗泽南回援。此前湖南巡抚骆秉章，因为两广天地会进入湖南，也请调罗泽南回援湖南。咸丰帝令曾国藩与罗泽南会商，再决定对策。在商量时，罗泽南力主回援湖北，认为此处方是关键。

曾国藩同意了这个请求。幕僚刘蓉对此很是反对，对曾国藩道："公所恃者塔罗。今塔将军亡，罗又远行，脱有急，谁堪使者。"曾国藩的回复也很有意思，他认为东南大局之所以糜烂如此，"俱困于此无为也"，不如放手一搏。

曾国藩放罗泽南去湖北，有多重考虑。一则罗泽南自己也要去湖北。二则湖北对于湘军也至关重要，休戚相关。三则在咸丰帝不同意湘军从江西撤退的情况下，放罗泽南去湖北，等于是给自己下出一枚活子。虽然曾国藩内心舍不得罗泽南带走自己的起家部队，但权衡再三，还是放他走了。

八月十六日，罗泽南领了五千人回援湖北。曾国藩心中对罗泽南的离去，心中难免有怨言，"私怨罗山之弃余而他往"。抱怨归抱怨，对于罗泽南，曾国藩还是寄予了厚望，期待他在湖北打出一个新局面。

罗泽南援鄂

胡林翼接任湖北巡抚之后，日子并不好过。整个湖北已经糜烂，"江汉上下皆为寇踞，巡抚号令不出三十里"，此外还有个高居他之上的湖广总督杨霈与他为难。

杨霈逃命抢功是把好手，政斗起来更是高手。他施展手段，上奏请将胡林翼从南岸渡江，驻扎在汉川，作为挡箭牌好掩护他所在的德安。胡林翼则请骆秉章出马，上了个奏折称，对于调胡林翼至汉川，有"五不解"。胡林翼也自陈实际情况，抵制移师汉川。至于曾国藩，则从江西上了一个《湖北兵勇不可复用折》，在奏折中详细列举了湖北兵勇的五次大败，痛批杨霈治军无能。湘系三大佬联合起来上奏，咸丰帝也不得不慎重考虑一下，遂将杨霈革职，改调荆州将军官文为湖广总督。

官文上任后，也知道湘系的实力，轻易不招惹胡林翼。借助京师内外的人脉，胡林翼将杨霈逼走，对新任的总督官文则刻意奉承，总算站稳了脚跟。

可面对太平军的攻势，胡林翼并未显示出他在官场上的战斗力，虽然他自我吹嘘："目今十八省之上座者，尚以不肖为最能兵"。胡林翼手中直接控制的兵力，不过二千，另有副将王国才的三千人。曾国藩将外江水师拨给他之后，全力扩军，增强了实力。

湘军善战之名，此时传于天下，各地招兵，也纷纷至湖南网罗壮丁。胡林翼到了湖北，一度想改变风气，营造出湖北人从军之风，他以鄂人为兵，鄂人为

罗泽南

将，但却不能用，最后还得借重湘军。

胡林翼指挥湘军水陆两军，攻打沌口。此处有山可以避开风浪，驻军于此，进可以攻汉阳，退可以自守。随后，胡林翼亲率陆师与水师，驻扎在金口，伺机攻击武昌。

彭玉麟领了水师主力，扬帆而上，配合陆师。在武昌、汉阳江面上，水师遭到岸上太平军炮火攻击，一时间弹飞如雨。彭玉麟所乘船只桅杆折断，不能前进，看到杨载福的船只，急忙求救，不想杨载福的船瞬间逃得无影无踪。此时有部将驾驶舢板至，彭玉麟跃入得不死。彭玉麟与杨载福本就不和，此番一出戏上演后，二人更是公开争斗。

为了让二人和好，胡林翼摆了酒席，宴请二人。胡林翼自己倒了一杯酒，跪下道"天下糜烂至此，实赖二公协力支撑"，边说边掉眼泪。面对胡林翼的调解，彭杨二人表面上和好如初，实际上仍然彼此争斗。

曾国藩在江西被军饷所困，胡林翼在湖北也面临同样的问题。此时太平军占据了湖北大部分地区，胡林翼号令不出三十里，无奈之下，只好到富家强征粮食，充作军粮。

咸丰五年，胡林翼先攻武昌不克，转而亲自带兵攻打汉阳，又是损兵折将。汉阳打不下来，后方太平军又不断袭击，让他首尾不能相顾，苦恼无比，不得已之下，退驻奓山。到了奓山后，八月初八，汉阳太平军主动来攻，此时清军军中拖欠军饷三个月，士兵拒绝出战。

胡林翼强令出战，军士于阵前发动哗变。胡林翼老脸丢尽，准备效法曾国藩自杀，要策马奔入敌阵求死。身边马夫见他面色不佳，知道他的心思，就急忙将马转了四五转，给了马一鞭。结果马一路跑到江边，遇到湘军水师鲍超，被救上船去。此后鲍超得到胡林翼重用，成为湘军头号猛将。

战后胡林翼收集溃兵，加以裁汰，又命鲍超招募新兵三千。至于彭玉麟、杨载福不和，也因为彭玉麟被调至江西鄱阳湖而得到解决。

胡林翼走投无路，只好向曾国藩求救，请罗泽南回援。罗泽南带了五千人紧急来援，其中有一营五百人，由刘蓉统领。刘蓉去年过春节时，怂恿曾国藩派兵出战，士兵们对他很有意见。经过李续宾做工作，士兵们方才接受了刘蓉。

胡林翼

十月初三，罗泽南抵达羊楼司。十三日，胡林翼赶至羊楼司与罗泽南会合，商讨军务。二十一日，罗泽南、胡林翼联合，攻陷蒲圻，太平军伤亡数千。蒲圻之战中，刘蓉之弟刘蕃战死，刘蓉护送弟弟灵柩返乡，此后多年不出仕。

见湘军锋芒甚锐，太平军将领韦俊领军退回武昌。罗泽南与胡林翼领军进逼武昌，驻于洪山。

面对罗泽南时，胡林翼老泪纵横，唯有以厚饷犒劳湘军，才能表达他的心意。胡林翼四处寻求军饷，嘱咐幕僚"设法设法，多多益善"。为了筹集湘军的军饷，胡林翼采取近似抢劫的方式，四处逼捐，这让罗泽南十分感动，拿出了部分精锐军队交给胡林翼指挥。

对罗泽南这名湘乡大儒，胡林翼放下身段，执弟子礼，事事都与他商量，并尊称他为"罗山先生"。对李续宾、李续宜兄弟，他刻意笼络，将其老母接到官署中供养。胡林翼的过度关爱，反让李氏兄弟感到狐疑，写信问曾国藩，胡林翼是否在玩弄权术。曾国藩对胡林翼的心眼心知肚明，可现在他做了湖北巡抚，还要仰仗他支持，只好大度地告诉李氏兄弟，人家这是真心待你们，好好相处就是了。

胡林翼此人以能忍而闻名。胡林翼少时，某日天气酷热，在家中打了赤膊。此时陶澍来拜访，其祖父见孙子赤膊，又来不及整理衣衫，就将他藏入书柜中。祖父与陶澍谈笑风生，竟然忘了藏孙一事。陶澍走后，祖父过了好久才想起孙子，打开书柜一看，胡林翼还藏在其中，遂问孙子："柜中可闷人？"胡林翼答："柜子自然闷人，不过祖父要我藏着不出声，我就忍了下来。"后陶澍再来，知道此事后，大为赞叹，将自己的七女儿许配给了他，兴高采烈地云："今得一快婿矣。"

坐镇湖南，辈分高于胡林翼的左宗棠，也开始忧虑罗泽南改投胡林翼，导致湘军分裂。面对外界的猜测，罗泽南一笑置之，他不是功利之人，他既感恩于胡林翼的厚爱，更想早日解决湖北战事，好回师江西，援助曾国藩。正是急于求成的心态，导致罗泽南出兵攻打武昌。

至于曾国藩，此时被困江西，叫苦不迭，盼望着罗泽南早日回师，救他出苦海。

恶斗江西官场

曾国藩在江西的日子越发难过，他是客军，说难听点，是到江西来充当打手的。干得好，自然有粮吃，干不好，只有白眼和嘲讽了。在南昌城内，他得忍受大小官员们的白眼，更得面对种种刁难。

曾国藩能忍，且能忍常人所不能忍，他的座右铭就是好汉打脱牙和血吐。江西巡抚陈启迈与曾国藩是湖南同乡，二人同榜进士，又一起在翰林院共事，照理说该对曾国藩有更多关照。可陈启迈偏偏不给曾国藩面子，大力给他穿小鞋。

曾国藩要在江西重建水师，陈启迈说江西没必要设立，曾国藩要设立船厂，陈启迈说不需要，曾国藩要军饷，陈启迈说没有。曾国藩调罗泽南攻湖口，陈启迈就调他去景德镇。湘军周凤山被陈启迈羁押，江西乡勇截杀湘军被陈启迈包庇，这一切，曾国藩都忍了。

湘军在江西的陆师、水师，每月需银九万两，可陈启迈只肯给曾国藩数万两漕折银，且不时拖延。对这个同乡的诸般刁难，曾国藩一忍再忍。可陈启迈主政江西一天，曾国藩就无法施展手脚，积怨在心，终有爆发的一天，而导火索则是彭寿熙一案。

却说咸丰四年（1854），太平军入江西，攻略多地，万载县知县李峼弃城逃跑。依照清代律例，地方官员守土有责，逃跑者是死罪。所幸万载县乡绅彭才三出面，采购了军马粮草，慰问太平军，县城得保无恙。太平军撤走后，万载县举人彭寿熙号召绅商出资办理团练，准备与太平军对抗。

此时李岵回到县城，也没人去追究他逃跑一事。不想彭寿熙办团练，却招出是非。彭才三不肯捐资办团练，认为办团练是惹火烧身，刺激太平军再来进攻，就诬告彭寿熙。李岵站在彭才三一边，将彭寿熙治罪。彭寿熙不服，四处控告李岵弃城逃跑，彭才三慰问太平军。

曾国藩到江西后，彭寿熙也找他告过状。曾国藩一见彭寿熙，对他大为欣赏，认为是个人才，要招他到军中帮忙。彭寿熙是江西地方举人，曾国藩就去找陈启迈商量，能否将彭寿熙带到军中效力。陈启迈一听大怒，认为曾国藩这是干涉江西地方事务，就将彭寿熙抓到狱中，严刑拷打，迫使其承认诬告。

曾国藩再能忍，看着陈启迈将自己的老脸抽得啪啪作响，也要撕破脸反击了。咸丰五年六月十二日，曾国藩上了《参奏江西巡抚陈启迈折》，罗列了陈启迈几大罪状。咸丰看了奏折之后，唯恐因陈启迈影响战局，就将他革职了事。陈启迈一走，曾国藩在江西的日子并未好过，新来的江西巡抚文俊，照样刁难曾国藩。文俊是满人，家族中屡出高官，也不将曾国藩放在眼里。文俊对于曾国藩，是处处设防。曾国藩写信给弟弟曾国荃道"余前在江西所以郁郁不得意者"有三，一不能干预民事，二不能接见官员，三不能联络绅士。这三条，完全束缚住了他的手脚。

咸丰五年十月，在石达开布置下，广东天地会攻入江西，围攻吉安。看着天地会杀入江西，江西官场一片慌乱，若是吉安被攻破，则南昌将被直接威胁，官员们一个个都指着曾国藩鼻子大骂，怪他没能当好打手。曾国藩无奈，将围困九江的湘军陆师周凤山部调至樟树镇驻扎。樟树镇是江西战略要地，水路通达，进可以援吉安，退可以守南昌。

在救吉安与守南昌之间，曾国藩很是踌躇，进则怕孤军深入被合围，退则吉安有失守之忧。正在观望之际，咸丰六年一月，石达开攻占吉安，此后挟兵威击破湘军樟树镇大营。周凤山带了湘军残部，狼狈逃回南昌。

坐镇在南康的曾国藩也忍耐不住，急忙乘船回南昌，沿途屡遇险情。到了南昌后，曾国藩厚着脸皮，在骂声中进入城内。二月二十日，曾国藩到南昌后，收拾溃勇，筹备城防，安抚居民，地方上人心稍安。坐困于南昌，来往不便，曾国藩书信都用隐语写就，藏于蜡丸中，再派人乔装送信。曾国藩多次派遣勇士，携带密信往湖南求援，途中常被太平军捕杀。湖南巡抚骆秉章及各路湘军将领，也派遣密探前去南昌联络，往往旬月方才抵达。曾国藩困守孤城，心境凄惨："闻春风之怒号，则寸心欲碎；见贼船之上驶，则绕屋彷徨。"

此时江西十三府中，有八府落入太平军手中，清军所控制的只有南昌与南康二地。石达开经略江西，严明军纪，颇得人心，村野之间，无不盛赞石达开。左宗棠甚至认为，江西事不可为，民心全变，大势已去。眼看着南昌城将破之际，咸丰六年二月底，太平军在江西暂时收缩了攻势，用兵如神、广得人心的翼王石达开被调回天京，参加围攻江南大营的战役。

曾国藩利用此机会，将溃军重新改组，编成两支军队，分别由黄虎臣、毕金科统领。另将邓辅纶与李元度的勇营合并，满打满算，才凑足了八千五百人的部队。时下的湘军，已不复一二年前的辉煌，善战的老兵已消耗殆尽，新招募的军队军纪败坏，如塔齐布这样的勇将一时之间难以培养，提拔的文人统兵不脱文人习气。

曾国藩将希望寄托在罗泽南那里，他频频写信求援，请派兵二千人至南昌；二千人不能，则一千人也可；一千人凑不到，则不论多寡派些兵过来就行。罗泽南也是左右为难，如果不援救江西，对不起曾国藩；援救江西，则武汉之战，功败垂成。无奈之下，罗泽南决定不惜一切代价，先攻下武昌，再回援江西。罗泽南亲自指挥战事，湘军士兵"肉搏城下，死亡枕藉"。久战无功之下，罗泽南"日夜忧愤，督战益急"。

咸丰六年（1856）三月初二，太平军在武昌大东门城内设伏，虚掩城门，在城墙上安置大炮。湘军冲近城门时，被太平军冲出击溃。罗泽南亲自策马上阵，指挥湘军回攻，两军在大东门城下殊死拼杀。正在马上指挥的罗泽南，被城头燃放的炮弹碎片击中左额。武昌守将，乃是韦昌辉的弟弟韦俊，外号"韦十二"。

罗泽南"血流被面",被部下护回大营。

当夜胡林翼亲自赶到大营,探望罗泽南。此时弹片"入脑不出",罗泽南犹坐营外望着武昌,一副不甘心模样。罗泽南卧榻之上,忽睁眼作书,书云"愿天再生几个好人,补偏救弊","乱极时站得定,才是有用之学"。

三月七日,罗泽南死去,死前握住胡林翼的手道:"今武汉未克,江西复危,不能两顾,死何足惜。事未了耳,其与迪庵好为之。"迪庵,李续宾字也。当时人曾经评价,罗泽南乃是名帅,但非名将,他长于战略,而非战术。每逢用兵打仗,战术的指挥,全数委托给李续宾,故而临终之时,嘱咐胡林翼好好使用李续宾。

塔齐布、罗泽南,在湘军之中并列,塔齐布一死,则无人继承其衣钵。罗泽南死后,众多门生承袭其衣钵,接统其军,征伐各地,成就诸多名将。

在江西战场上,湘军陷入了前所未有的困局。曾国藩所能指望的,只有罗泽南。罗泽南战死于武昌后,由于音信不通,曾国藩一直未能得到消息。直到三月下旬,方才得到罗泽南之死的消息,曾国藩痛彻心扉:"吾邑伟人,此军首功,那堪闻此。"

罗泽南弟子众多,湘军中如王鑫、李续宾、李续宜等,皆是他的门生弟子。在他的号召之下,一群书生,出入沙场,拯救时弊,立下功名。罗泽南死后,由李续宾统领湘军。此时曾国藩的弟弟曾国华又跑到湖北来求援,胡林翼不得不分出四千人前往江西,李续宾则继续围攻武昌。曾国华带了救兵入江西后,湖南也派出了援兵。

咸丰七年二月,王鑫带湘勇进入江西,连番血战,使得江西的军事形势稍有好转。王鑫军锋所至,所向披靡,外号"王老虎"。为其军威所慑,部分新加入太平军的江西本地民众,各自逃窜,将长发剃了掷于野外,民间捡拾的长发红髻,竟有数担之多。

在七月份江西的一次战斗中,太平军密集来攻,杨辅清亲领中队,以精锐骑兵冲锋。王鑫先以喷火筒射击,再以藤牌兵砍马脚,旗长刘松山领兵攻击左方,易开俊攻击右方,太平军大败。高岸深谷,连人带马积尸至二三丈高者,老湘军

"听其自死，而刺其立者、走者，沿途河涧池塘之水为之尽赤"。

王鑫率三千湘勇，入援江西，获大捷十二，江西大局，赖有转机。七月间，王鑫在江西作战时，感染疾病。八月初四，王鑫在江西乐安病逝，时年三十有三。王鑫灵柩停在乐安时，部下拜祭时，一卒高呼："大人归矣"，语未竟，纵声号，军中、百姓继之，声振十数里。曾国藩得知王鑫去世后，哀叹："陡惊失万里长城"，左宗棠则哀悼："是奇男子，是真将军。"

王鑫在练兵、治军、作战上有自己的心得，在湘军的创办发展中，起着不可或缺的作用。受乃师罗泽南的影响，王鑫所部将军事技术训练与精神训练相结合："出队则上马冲锋，回营则提戈讲学"，"迨夜，营门扃闭，刁斗之声与讽诵声相间也"，打造出了一支百战精锐。惜乎王鑫死得早，未能一展拳脚，他留下的老湘军，日后在左宗棠的带领下，开创出了一番新天地。

虽有王鑫善战湘勇的增援，曾国藩在江西的日子还是没有改善，江西官场依旧刁难他，军饷粮草筹集仍然困难。

咸丰六年（1856）三月，耆龄至江西赣南道就任，此人是旗人，没有什么能耐，却一心想要抢功。在与太平军的交战中，耆龄一战即溃，落荒而逃，逃跑时又将浮桥拆掉，湘军将领毕金科差点丧命。毕金科返回之后，忍耐不住，找到耆龄，一顿痛打。耆龄屡吃败仗，只是他在朝中有人，又是满人，反而被提拔为江西藩台，专门管理粮草军饷。耆龄上任之后，卡住毕金科、朱洪章所领长胜营的钱粮，导致该军陷入绝境。

曾国藩出面调解，却无效果，毕金科、朱洪章最后摊牌，称不发钱粮，将自己解散军队，各自散去。耆龄开出条件，要发钱粮可以，但必须攻下景德镇。景德镇是太平军重兵驻防之地，让长胜营去攻打，无异于让其去送死。此时长胜营军心惶惶，毕金科没有选择，只好与朱洪章分兵，自己领了主力去攻打景德镇，朱洪章守卫老营。

分兵时，朱洪章再三劝告："何必性急？"但毕金科已拿定主意，不再更改。

咸丰七年正月初二，毕金科领兵出战，朱洪章请求同行，他不许可，只带走了朱洪章的亲兵十余人。

毕金科带领的湘军，因为缺乏粮草，人人面带饥色。正月初三晚间，毕金科抵达景德镇城外，天尚未明，即领军渡河。太平军不知清军杀到，被打了个措手不及。杀至街心时，却见到处是太平军旌旗，一片喊杀之声，各处街口，均被桌椅拦堵。清军被包围之后，各自败散，毕金科领了亲兵，一路冲杀，杀到苏湖会馆，只剩下亲兵十余人。

毕金科入城后，失去消息，朱洪章领兵进至景德镇外六十里，不敢再进，就派遣了本地人去打探消息。结果三四日过去，没有任何进展。又再雇一本地人，带了数十金，潜入景德镇，请人查访，方才刺探得下落。

正月初四，毕金科领了亲兵，准备突围出城，想放火作为掩护，不料景德镇的房子均是砖房，烧不起来。毕金科等人四处放火不成，反被太平军察觉，下令将各处街口封死，将毕金科包围在苏湖会馆。毕金科击杀了十余名太平军后，被乱刀砍死。过了两个月后，方才寻到尸体，运回毕金科原籍云南安葬。

对于江西官场的刁难，曾国藩牢牢记在心中。三年之后，曾国藩攻占景德镇，特意作《毕君殉难记》，诉说了当初的际遇。

此战之后，曾国藩命朱洪章统领余部，守卫饶州。饶州为安徽门户，督办皖南军务的张芾特意发放粮饷，长胜营由此方摆脱困境。到了咸丰七年三月，朱洪章率部进攻杨辅清，取得大胜，驻守刚刚夺取的景德镇。此时耆龄已经升任江西巡抚，派了游击林保严密监视朱洪章。此战中，林保兵败受伤，耆龄以此为由，弹劾朱洪章带兵不力，由千总降为把总。

耆龄对朱洪章是要赶尽杀绝，到了咸丰八年二月，又派出水师统领刘素养接防景德镇，同时稽查朱洪章所部。咸丰九年六月，曾国藩命朱洪章配合曾国荃攻打景德镇，此战之中，朱洪章表现出色，拿下景德镇。战后朱洪章主动请求，归于曾国荃属下，以躲避耆龄。经过曾国藩运作，朱洪章总算归入曾国荃麾下，再不用防耆龄的冷箭。

自咸丰六年独领一军后，曾国荃先后攻占吉安、景德镇、安庆三城，其中吉安之役，围城一年，安庆之役围城年余。因善于围城，曾国荃得外号"铁桶"。

天国的内讧

就在曾国藩困坐江西时，咸丰六年（1856）秋，太平天国内讧，发生天京事变，内讧之中，太平军损失惨重。太平天国内部之争，源于"奇理斯玛"人物权威的下降。

"奇理斯玛"（Charismatic）源于早期基督教的语汇，本义是"神圣的天赋"，即得有神助的人物，此种人物登高一呼，万众遵从。在各类神奇故事的渲染之下，洪秀全也演变成了韦伯所言的人神结合体——奇理斯玛人物。此时洪秀全威风凛凛，以上帝之子自居，众信徒对之也信之不疑。

经过苦心经营，洪秀全在广西地区发展了数万信徒，为金田起义积蓄了力量。到金田起义时，拜上帝会会员们纷纷抛离家园，扶老携幼去金田团营，"人人均信洪秀全为上帝特选，以为其领袖者也。无论老幼贫富，有势有才，秀才举人，一体挈眷而来"。在太平天国革命的发展期，洪秀全通过神化自我，塑造权威，吸引了大批信徒，凝聚了领导层，并促进了太平天国政权的诞生。

虽然早在 1836 年洪秀全就得赠《劝世良言》，但他一直未曾细看。后来翻阅时，《劝世良言》对洪秀全影响深远，它不仅提供了拜上帝教的基本教义，在起义后更被太平天国尊为圣经。书中所宣扬的一些主要内容，如一神论、废除偶像崇拜等，更被洪秀全作为基本政策推行，这必然与中国固有传统产生激烈冲突。

在中国历史上，虽然有过道教的兴起，佛教的隆盛，基督教、伊斯兰教的传入，但总体说来，它们都在不同程度上接受并融入了儒家学说的一些基本观念，也均承认儒学的"独尊"地位。各类宗教虽然在社会生活中发挥着重要的影响，但它们在政治上都不曾取得过支配地位，更谈不上一家"独尊"。

而在洪秀全所创建的宗教体系中，历来"独尊"的儒家被否定，其他学说也被打倒。洪秀全借天兄耶稣之口，对儒家圣人孔夫子这般评介道："尔升高天时，孔丘被天父发令捆绑鞭打。他从前下凡教导人之书，虽亦有合真道，但差错甚多。到太平时，一概要焚烧"，"推勘妖魔作怪之由，总追究孔丘教人之书多错。"故而金田起义之后，凡太平军所到之处，孔孟诸子百家的书全被烧毁，并且不准买卖藏读，否则就会被抓起来问罪。1853 年，太平军进入湖北，占领省会武昌后在全城封禁儒家书籍，"书卷抛掷满地，沟渠秽坑，无处不有"。

对儒家学说之外的佛、道等宗教信仰及各类民间风俗，太平军亦一并加以扫除。太平天国颁布的《太平圣书》中称"民间所祀，俱是邪神"，书中还将中国民间所祭拜的各类神灵都称为妖，如帝妖、阎罗妖、文昌妖等，并誓言要加以清扫。每攻占一地，太平军必定要铲除庙宇，砸毁神像，"遇寺观辄火之，目为妖庙"。西方传教士在前往苏州拜会李秀成的过程中，对于太平天国占领下的苏州印象就是，除庙宇之外，其他建筑均未遭到太平军的破坏。

作为"奇理斯玛"人物的洪秀全，在挑战清廷的过程中，也将传统当作了自己的对手，这虽然予中国传统中的某些糟粕部分以打击，并引入了一些新的元素，但却为当时社会中的主流精英所不容，并将他们推到了自己的对立面。

后人说起曾国藩时，有较大的争议就是，从民族立场出发，认为他以汉人杀汉人。可在当时，曾国藩这样的士人，民族观念还未形成，他所持有的乃是文化观念，即华夷之辨。以文化为中心的世界观，带来的一种认知便是，哪怕是文化圈外围的蛮夷，只要认同并归化于中国文化，则属于华夏文化圈，此即韩愈所言的"中国而夷狄也，则夷狄之；夷狄而中国也，则中国之"。满清入关之后，开始融入并推崇华夏文化。顺治帝祭孔，给孔子加上"至圣先师"等封号。康熙帝亲赴曲阜祭孔，并根据儒家学说，颁发《圣谕》十六条，作为民众的行为准则。至康雍时代，看起来国泰民安，四海升平。雍正认为，被士人阶层所圣化的"汤武革命"，汤武也是华夏周边的蛮族，他们能成为圣人，乃是由于他学习了先进的文化。满人入主中原，只要他继承发扬了中国文化，那么，这和汤武革命有何区别？雍正进而提出，一个皇朝的合法与否，在于它能否"怀保万民、恩加四海"，如果一个皇朝能做到这点，便是有德之君，"有德者可为天下君，何得有华夷而殊视？"进而雍正道："自我朝入主中原，君临天下，并蒙古及边周部落俱归版图，是中国之疆土开拓广远，乃中国臣民之大幸，何得尚有华夷之分哉？"在曾国藩看来，他所捍卫的，表层上是大清王朝，深层次则是华夏文化，到底，太平天国的理念是从西方基督教而来，不能被传统士人所接受，虽然太平天国的开创者洪秀全也是一名传统的士人。

在把精英分子排斥在同盟者之外，太平天国又干涉社会生活，废止传统的婚葬习俗，强迫民众信奉拜上帝教，又将作为社会底层的民众排斥于其系统之外。在中国传统文化中，婚丧嫁娶是头等大事，其中最为看重的便是葬礼。中国民间讲究"厚葬"，认为死后要"入土为安"。而太平天国把官兵阵亡或病故称为"升天"，认为这是到天堂享万年之福，宣布人死"是好事，不准哭泣"，这些均与中国传统"孝"的观念格格不入，不能为民众所认可，被视作忤逆不道之举。

在婚姻制度上，攻占南京后，太平天国在军中与民间推行男女分馆制度，取消家庭，即便是夫妻也不得同宿。此制度不得人心，招致怨声载道，1856 年秋就被迫取消。在所控制区域，太平天国推行拜上帝教，不准民众信佛拜神、祭奠祖宗，也不准民众按旧历过大年，"犯者斩首不留"。不管军内军外，社会上的一切活动都须遵循拜上帝教的教规，甚至规定民众"俱要熟读赞美天条，如过三个礼拜不能熟记者，斩首不留"，这些过激的政策都引起普通民众的强烈反感。正如陈恭禄所说：太平军"其破坏名教，焚毁庙宇。自当时民众观之，实为罪大恶极之行动"。洪秀全帝对传统的挑战与批判，不单激起了中国社会中精英阶层的强烈反抗，甚至连一般群众也被推到了对立面。

"奇理斯玛"人物的权威，最关键的是它能够产生秩序。由"奇理斯玛"的权威，将带来整个组织内部的秩序，而有秩序的组织方有力量。但"奇理斯玛"的权威也受各种因素的影响而渐失，并开始出现一个"秩序——失序——解序"的过程。在太平天国运动初期，作为中心人物，洪秀全以其权威统摄全军，有着强大的影响力。但在太平天国发展壮大并定都天京之后，其权威却渐渐失落并进入"失序"环节。

洪秀全权威的"失序"，源于 1848 年。此年，洪秀全为解救冯云山而奔走广州，暂离紫荆山区，拜上帝会众一时群龙无首，杨秀清假托天父上帝下凡附体，取得了代天父传言的权力，确立了自己在天父天兄体系中的特殊地位。同年九月，萧朝贵也假称"天兄下凡"，并取得了代"天兄"传言的资格。从宗教地位来看，洪秀全是拜上帝教的缔造者，享有仅次于天父皇上帝与天兄耶稣的最高宗教地位。杨秀清、萧朝贵的天父、天兄附体代言，使得以洪秀全为一尊的宗教秩序出现凌乱的可能性。但此种可能性，在定都天京之前尚未显现。

从广西到南京的征途中，面对着清军围剿，太平天国上下一心，齐心合力，共渡难关。此时杨秀清天父附体的身份，军政权力的把握，对太平天国事业起着积极作用。杨秀清频繁以"天父"的名义发布指示，要求全军将士做到忠诚勇敢，不畏强敌。同时，杨秀清也不忘烘托出洪秀全的中心地位，如在东乡"天父下凡"附体时，他特别指出全军要同心拥戴并忠于洪秀全。

但在定都天京、局势稍稳之后，杨秀清在军政事务上的成功，及天父附体的宗教意义，引发了他对洪秀全权威的全面挑战，并导致洪秀全权威的"失序"，此时杨秀清的"天父代言人"已不再是当初的军事斗争需要，而是夺权需要了，如罗尔纲先生所评："名为天父下凡，实为夺权。"面对杨秀清的权势的张扬，洪秀全甚至愤怒地喊出了："主是朕做，军师亦是朕做。"

欲图收回权力、恢复权威的洪秀全与杨秀清之间的矛盾，最终导致了"天京变乱"。"天京变乱"之后，太平天国的信仰系统开始渐渐瓦解，但作为"奇理斯玛"人物的洪秀全仍然延续着其统治地位。此时对洪秀全而言，其统治地位已不是源于权威而带来的发自内心的信仰，而是由其所掌握的权力而产生出的畏惧与服从。于是"奇理斯玛"的权威进入"解序"状态，在这个过程中，洪秀全"神"的一面丧失，"人"的一面毕露。

在世俗事务一片混乱，却无从下手收拾之时，洪秀全转而全心投入于宗教之中，试图借助宗教而重树权威，恢复秩序。洪秀全后期的宗教著述，满纸天父天兄、宣扬"君权神授"。在京城危难之际，他坚持"不肯失志，靠实于天，不肯信人"，认为"万事俱是由天"，沉溺于宗教中的洪秀全此时已不能自拔，屡次拒绝李秀成的正确建议，一再贻误战机。

此时的洪秀全，已是"奇理斯玛"人物的一种异化。在能够以其权威使全军信服，并建立秩序的时候，"奇理斯玛"人物洪秀全具有着马斯洛所言的"超理性"心理，他虽超越了业已发展的、健全的自我和理性，达到了所谓"人神合一"的境界，但这超越仍是建构在自我与现实之上。即便他以天父之子的身份出现，仍然能以理性去看待实际形势，并作出现实的判断。但是到其权威从"失序"到"解序"之后，洪秀全完全沉溺于宗教神话的神奇作用中而不能自拔。此时，他的心理状态同于马斯洛所言的"前理性"状态，像婴儿一般没有自我感和理性，他已不能把自己和所想象中的世界分开，已分不清现实与幻想，更无能力完成任何具有现实意义的事情。

"天京变乱"之后，太平天国的参与者从血泊中惊醒：上帝第四子、"天父"代言人杨秀清，居然被上帝第六子韦昌辉所杀，上帝第七子石达开又遭猜忌，并离京出走，而幕后密谋操作的决策者竟是上帝次子、皇上帝洪秀全。各类民谣也不胫而走："天父杀天兄，江山打不通，长毛非正主，依旧让咸丰。"天京变乱，使太平天国失去了在各条战线上的主动权。

在武昌城下，罗泽南被击伤去世后，胡林翼带了湘军继续围攻武昌，损失惨重。三月间，胡林翼曾向咸丰帝奏报，旬日之间可以收复武昌，不想拖延数月，苦战无功。咸丰帝大怒，限令其克期攻下。胡林翼无奈，只好继续拼命攻城，同时加大对太平军粮道的拦截力度。湘军先后肃清了武昌城外各处太平军营垒，摧毁运输辎重、军火的太平军船只，武昌的攻克，显出曙光。翼王石达开在攻破江南大营后，从天京回师，以救援武昌。胡林翼得知翼王来了后，手忙脚乱，布置防御，双方展开多轮交战。守卫武昌的韦俊也不断出城袭击，但韦俊与石达开始终未能会合。

就在战事正酣时，天京事变爆发。八月三日夜，天京城内，血雨腥风。八月六日，石达开从湖北前线后撤，返回天京。若无天京变乱，则石达开与韦俊内外夹击，定能打败胡林翼、李续宾，确保武汉，之后再图谋两湖。左宗棠后来也感叹不已，如果无金陵内变，事未可知。

得到天京事变的消息后，清廷令胡林翼乘此机会，于十一月二十二日攻下武昌、汉阳。胡林翼将天京变乱的消息，用箭射入城内。武昌、汉阳守军，多为韦昌辉部下，此时尚未肯投降。至韦昌辉被杀后，其弟韦俊有所动摇，但并未投降。胡林翼加强了攻势，韦俊放弃武昌后，同日汉阳失守。

攻下汉阳时，无数火光烛影，照耀江上，当时人以为，周郎赤壁纵横，不过此景。汉阳太平军守将中，有刘满者，本是塔齐布麾下骁将，攻打九江时被太平军俘获，遂投降了太平军，被授为检点。此番守卫汉阳，立下功劳颇多。清军将领张得胜猛攻汉阳时，刘满从墙内跳了出来高呼："不要猛攻，不日当遁去。"汉阳城破之后，刘满逃遁而去，不知所终。

胡林翼、李续宾攻占武汉后，挥师入江西，围攻九江。此后清军在各条战场上逐渐扭转了颓势，占据主动。

第 四 章
定 计 安 徽

曾国藩返乡守孝

咸丰七年（1857）二月十一日，四十七岁的曾国藩在瑞州湘军大营中，接到了父亲曾麟书于二月四日去世的消息，于是赶紧奏报朝廷，申请开缺。这次曾国藩不等谕旨送到，带了弟弟曾国华，径自从瑞州返回湘乡。

曾国藩擅自离开军营，本是要获罪的。对曾国藩此举，左宗棠也大为不满，在骆秉章府中大肆进行了一番攻击。骆秉章、胡林翼帮他说情，最终给了他三个月假期治丧，期满后仍回江西办理军务，擅自出走一事免于追究。

到了五月，假期满了之后，曾国藩却赖着不肯出山了，奏请在家守孝三年。曾国藩声泪俱下，声称自己在京十四年，从军五年，祖父母、父母先后去世，未能尽孝，死后若不能恪守三年守孝之制，实难心安。咸丰帝不理睬他的牢骚，命他继续返回江西，办理军务，待剿灭太平天国之后，自然会给他假期回乡营葬。

曾国藩乘机向皇帝开出条件，出山可以，但必须给实权。他陈述了自己的诸般难处：一没有兵权。湘军不是国家正式编制的士兵，打仗立功之后，要向巡抚、总兵求情，才能提拔有功人员。二没有地方实权。在地方上，曾国藩没有行政职务，无法干预地方，财政军事上受到掣肘。三没有钦差大臣的职衔。曾国藩出省作战，无关防、无任命书，地方督抚根本不把他放在眼里。故而他开出条件，若要他回江西，必须给他巡抚的职务，不然还是让他留在湘乡尽孝吧。

此一时，彼一时，若是去年曾国藩开出这个条件，咸丰帝也许会答应。可现在太平天国貌似已走下坡路，大清取胜，指日可待，曾国藩的利用价值不大。咸丰帝看曾国藩与自己讲条件，满心不快，大笔一挥，准许他留在湘乡守孝三年，又撤去他兵部职务。曾国藩哑巴吃黄连，只好闷声不响，闭门读书。

曾国藩一走，胡林翼成为湘军的关键人物。胡林翼承袭曾国藩的营制，大力任用曾国藩的亲信，筹集军饷，扩充湘军。对于湘军李续宾、李续宜等将领，继续加以笼络。在胡林翼的关照下，李氏兄弟不久即加官晋爵，也听起了胡林翼的号令。在湘军系统之中，胡林翼的地位已不下于曾国藩，众将领"皆亲附公，与曾公等"。

李续宜

去职之后，曾国藩也开始后悔初期的决定过于草率，以至于在家中夜不能寐。在家闲居无事，曾国藩偶尔出门，探望战死的罗泽南、刘腾鸿等湘军将领家人，与此时也在乡隐居的刘蓉长谈。闲居有的是时间，他最喜欢的《读礼通考》《五礼通考》被反复精读。

曾国藩山居一年，山外形势发生巨变。

此时李续宾等人名满天下，咸丰帝每召见两湖籍官员，必要询问李续宾等人情况。咸丰七年时，咸丰帝召见徐树铭，询问："汝与李续宾相识否？"对曰："不相识。"咸丰帝又道："朕闻其身长九尺，战功甚伟，俟军事稍松，当令来见。"对于能征善战的将军，皇帝也充满了崇敬之情。

天京事变之后，石达开不能见容于洪秀全，率领大军出走。利用此次机会，清军发动了几轮攻势。

咸丰七年（1857）八月，就在王鑫病逝于江西乐安时，李续宾领湘军攻打小池口。李续宾以大炮十九门，连轰八日后，在风雨之中，领将士攻下小池口。

战役开始后，彭玉麟统领的内湖水师出击配合。为阻止太平军内湖水师与外江水师汇合，太平军已做了准备，在石钟山安置巨炮。湘军内湖水师接连冲击，损失惨重，杨载福水师则临江发炮声援。危急关头，太平军的巨炮由于接连发射，相续炸裂，炮火之中，湘军内湖水师冲出，与外江水师会合，江上欢声雷动。曾国藩得知后也仰天大呼："三年积愤，雪于一朝。"

咸丰七年时，太平天国举办了科举考试。有被录取者，得意扬扬，着大红袍，头戴太平天国举人帽招摇过市。九月九日，湖口有潘得成之子中举，在家办酒请客时，突报石钟山已被湘军攻破，潘得成懊悔无比，自知投机失败。

九月，受到水师鼓励，湘军陆师全力攻击，拿下湖口县城与梅家洲。十三日，彭玉麟在小孤山大破太平军水师。战后彭玉麟书"十万貔貅齐奏凯，彭郎夺得小姑回"，刻于小孤山崖壁。

在天京事变之后，太平军全线收缩，九江驻军也被撤走一部分。湘军李续宾、杨载福，领水陆二路一万余人，直取九江。胡林翼进军广济、黄梅，声援李续宾。面对危局，林启荣从容布置，调度军队，兴建防御工事。湘军在炮火掩护下，向九江发动二十余次进攻，血战六天六夜，却未能攻克。九江城内太平军，主要是由天地会众编成的花旗营（杂牌部队）。花旗营一般战力较弱，但在林启荣的带领下，却发挥了最大战力，连挫湘军。

强攻九江不下，湘军围绕九江，深挖壕沟，将太平军困在城内。城外各处要塞被湘军拿下后，九江彻底成为孤城。林启荣在城中发动军民，种植菜粮，打井百余，解决食粮与水源的问题。

初入太平军时，林启荣不过是名普通"圣兵"。林启荣打仗悍猛，在攻永安州时被萧朝贵看中，提拔为牌刀手。萧朝贵战死后，林启荣改隶杨秀清统带，逐步提升。杨秀清死于天京事变之中，湘军遂利用此事大做文章，写信劝降，林启荣不为所动。

湘军围绕九江城开挖地道，均被巨石所阻，不能靠近墙根。城里有一名庠生洪炳奎，家中藏了一本书《浔阳跖蘸》，其中记载"九江地形如龟，四方多石，坚不可破，唯东门一带如腹肋，可通土道"。洪炳奎将书献给湘军，遂在城东挖掘地道，前后四十余日，挖通了五条地道，三条被水淹掉，两条挖通。地道挖通之后，埋设了大量火药，将城墙炸塌。林启荣边组织抵抗，边修补城墙，清军死伤惨重，却未能攻下。

李续宾失败之后，继续再挖地道，于四月初六挖至城墙根。湘军约定，次日发动总攻，陆师攻打东、西、南三面，水师攻打北门临江一带。次日五更时分，炸药引爆，城墙被炸塌百余丈，湘军涌入。林启荣领了太平军组成人墙，奋力抵抗，血战之后，太平军全数阵亡。林启荣死后，尸体被地方父老偷埋在东门城墙下。面对林启荣，曾国藩不得不发出钦佩之语："林启荣之坚忍，实不可及。"

攻下九江，也奠定了后日湘军作战的基本战略，即以水师辅助陆军，围攻坚城，在围城的过程中，陆师筑坚垒，打敌援，水师游戈江面，断绝城中的粮草。

九江失陷后，太平军在长江上游要隘，仅剩安庆一处。九江大胜后，杨载福、李续宾赏黄马褂，官文、胡林翼加太子太保衔。李续宾在军中，包巾草鞋，与士兵同甘共苦，未曾置办过什么衣服。克服九江后，咸丰帝赐下黄马褂，胡林翼则为他制作了一件袍子。袍子不合身，赐下的黄马褂也不合身，但是皇帝所赐，李续宾穿了黄马褂到营中亮相，将士欢声雷动。官文想拉拢李续宾，与他结为兄弟，制作了貂衣纱衣相赠，李续宾连续三次回绝。胡林翼就劝告他，这样做会让官文猜忌，李续宾默然接受，却不知已得罪了官文。

曾国藩对战局充满乐观，判断不出一年，就可以平息战事，并艳羡湘军大将立下功劳。曾国藩虽笃信理学，可争强好胜之心却不输常人，看着旧日的部属们在疆场建功立业，困在乡间的他醋意大发。曾国藩的满腔火气，对着弟弟、弟媳妇们发泄了出来。此年，不时可见曾国藩在家中作泼妇骂街状。

曾国藩闷在家里，大才不得用，胡林翼、骆秉章知道这不是个事儿，就上奏帮忙求情，说湘军水师将领杨载福和彭玉麟闹别扭，只有曾国藩出山才能处理。咸丰帝看了奏折，立刻回绝，云杨载福现在水师统领得很好，没必要让曾国藩出来，就让他继续在家守制吧。

李续宾

就在此时，战局的突变，为曾国藩出山提供了机会。此年石达开率领大兵突入浙江，势如破竹。胡林翼、骆秉章趁机上奏，请派曾国藩带兵援浙。曾国藩守制后，湘军诸将虽步步高升，但仍奉曾国藩为领袖，胡、骆二人已位居封疆大吏之列，却不可取而代之。

且胡、骆二人，知道只有曾国藩才能号令湘军，不可让他长期闲置，再次请求咸丰帝起用曾国藩。咸丰帝也知道不可闲置曾国藩，就将他起用。此次收到起用他的谕旨后，曾国藩不敢再与咸丰帝讨价还价，咸丰八年六月七日，他从湘乡出发，前往长沙。

对曾国藩此次出山，胡林翼给予了鼎力支持，他与湖广总督官文商定，湖北湖南每月各给他筹饷二万两。至于入浙作战的军队，则从湘军中拨出，总计万人。对于入浙作战，曾国藩是信心满满。多年之前，老父在南岳烧香抽签，签云"双珠齐入手，光彩耀杭州"，这不是预示着他将在浙江飞黄腾达么？

行军途中，八月份，走到江西河口镇时，军情突然发生变化。石达开从浙江撤军，转向福建。既然浙江已没有危险，也就没他曾国藩什么事了，于是命令他相机入江西、福建，围剿石达开。

不能入浙江实现光彩耀杭州的理想，曾国藩的脑子开始飞快旋转，他敏锐地觉察到，此时形同流寇的石达开构不成威胁，而主战场已是安徽。曾国藩不敢再与皇帝抗命，就将湘军主力派往安徽，自己带了一部分军力，摆出进军福建的样子。行至吴城时，回忆三年前在此星夜挑灯，观看水师操练，曾国藩不由感叹："一樽浊酒，重来此地看湖山。"

行至江西建昌府，曾国藩准备入闽时，石达开在福建已陷入绝境。此时作为主战场的安徽，却发生了巨大变化。七月，李秀成在安徽枞阳召开军事会议，集合精锐太平军在安徽，以求改变被动态势。七月中旬，陈玉成、李世贤联合攻占庐州。八月下旬，陈玉成又联合李秀成，在滁州击败清军，随后乘势攻下浦口，击破清军江北大营。此时战局已经明朗，全局的关键是安徽。

七月初三，曾国藩由武汉乘船而下。初四日，停泊巴河。彭玉麟、曾国华、李续宾、李续宜等湘军将领，先后前来拜谒。胡林翼见湘军在江西已占据主动，决定将李续宾部投入安徽，图谋收复庐州。李续宾、曾国华与曾国藩于巴河相见后，督军入皖，此一别却是永别了。此年六月，胡林翼宴请百官时，席上李续宾痛哭失声，胡林翼也失声痛哭，众人皆以为不祥之兆。

七月十一日，曾国藩行至九江，拜祭塔齐布专祠，杨载福也前来拜见主帅。曾国藩行至九江时，胡林翼老母去世，胡林翼回籍奔丧。对于胡林翼离开湖北，曾国藩很是忧虑，湘军数万人，依赖于胡林翼在后方筹集军饷粮草，时刻离不开他的鼎力支持。而后来战事的发展，也印证了曾国藩的推测。

八、九两个月，曾国藩一路巡视，一路指挥战事。行抵建昌后，设大营，预备下一步的战事，其间曾国荃、李翰章来营中效力。到了十月，曾国荃返回湖南，军中多有染疾者，曾国藩不忍进兵。咸丰帝可不管这些，催促他迅速进剿，不要误了军情。

三河镇大败

咸丰八年八月，有彗星划过天际，仰视如火，声彻天地，时人都以为不祥之兆。十月，李续宾在三河镇战死，曾国藩挽联之中有"八月妖星"语，即指此兆。

咸丰八年（1858）十月二十四日，曾国藩接到彭玉麟的来信，信中未谈及李续宾在安徽的最后战况。但曾国藩判断李续宾在前方将要受挫，"分军太多，胜仗太多，固宜不免一挫。"当夜，曾国藩与李续宾旧将朱品隆谈"李营事"，"睡不成寐"。

湘军李续宾受命收复庐州，咸丰帝特意鼓励他："奋勇过人，乘此声威，谅必能所向有功。"李续宾领兵快速突进，八月接连攻下太湖、潜山。九月，攻克桐城、舒城，兵师甚锐。九月底，李续宾到达庐州城南的三河镇，掀开了三河镇大战的序幕。

三河镇（今属安徽肥西）为水陆要冲，是庐州的门户，此处水陆纵横，交通便利，巢湖流域的稻米通过此地转运。三河镇原本没有城防，太平军占领之后，将此地作为屯粮之处，特意修筑了城墙，城外另筑有九座营垒，设有重兵防守。为了修筑城墙与营垒，太平天国动用了上万民工，拆掉了附近所有的寺庙、牌坊、墓碑和砖墙，征用了大量的石磙、石臼、石门槛等物。

李续宾所统领的湘军，战斗力强，是湘军中的头号劲旅。由江西一路入安徽时，途中连克多城，在九江、湖口、蕲州、黄州、桐城、舒城等地分兵把守。至三河镇时，李续宾所部战斗兵员已不满五千人。李续宾也知道兵力不足，在桐城时就已向湖广总督官文求援。官文拿了求援信后，出示左右，笑道："李公用兵如神，今军威大振，何攻不克，岂少我哉？"

对于湘军的战略意图，陈玉成早已洞彻于心，他约了李秀成、李世贤及捻军联合作战，将湘军围困于三河。

十月初二日，李续宾发起强攻，攻下三河镇外九座营垒，湘军损失千人。陈玉成、李秀成利用李续宾围攻三河镇的契机，日夜兼程，驰援三河镇，切断李续宾后路。捻军张乐行，率领大股部众，从庐州方向来援。太平军、捻军各军汇集后，拥众十余万，李续宾所部不过五千余人，其间经历了多次血战，锐卒损失颇多。

十月初九，陈玉成所率援军到达金牛镇，同日李秀成援军抵达白石山，一时之间，各路大军云集。

面对太平军的重重包围，幕僚劝他退往舒城、桐城，但李续宾坚持不退，认为"贼能战，我亦能战，退必为所蹑"。

李续宾也知道自己手中兵力不足，紧急向湖广总督官文求援。此时胡林翼回乡治丧，官文对李续宾心怀不满，也不发援兵。

被围困之后，李续宾以攻为守。初九夜间，李续宾派了七营的兵力，准备天亮后向驻守金牛镇的陈玉成部发起强攻。李续宾预备到黎明之后交战，部下则主张五更开战，但李续宾坚持己见。当日夜间四更时，湘军主力赶到陈玉成营边。到了天明时分，湘军与陈玉成军交战，一度占据上风。

湘军正要乘胜追击时，突然大雾弥漫，四处皆闻人声，不辨方向，湘军战线一片混乱。大雾之中，湘军一路猛追，越过了金牛镇，赶在了陈玉成部前方。陈玉成利用大雾，从后方杀出，将湘军围困。后来李秀成曾道，此战如果五更开战，在大雾前就能结束战斗，则湘军必胜。听闻军队被困后，李续宾从三河镇带队来援，与陈玉成部苦战良久，冲荡数十次，不能突入包围圈。只好带了残兵，逃回三河镇外大营，固守营垒。

三河镇之战中，太平军大规模使用了马队，马队来自淮北捻军。太平军在作战时，较少使用骑兵，捻军则一色骑兵冲锋。此番捻军骑兵突然出现，发动冲击，打了湘军一个措手不及。捻军以马队数千人发起冲锋，而三河镇一带地势则适于骑兵作战，使湘军一战胆寒。

驻扎在白石山的李秀成，听到金牛镇方向炮声隆隆，立刻挥军杀来，三河镇内的太平军守将吴定规，也冲出来厮杀。陈玉成部见两路援军来到，大喜过望，立即对李续宾大营发起猛攻，各处营垒相继被攻破。

陈玉成将湘军包围，接连攻破七座营垒。初十夜间，负责守卫后路的湘军李续焘、彭祥瑞带了士兵，放弃了营垒，拼命杀出包围。李续焘把后方营垒让出，使李续宾彻底被围，战后认为李续焘突围乃是大错，被革职查办。

当夜三更，李续宾见大势已去，自缢而死，曾国藩弟弟曾国华也死在军中。湘军残部一直战至十三日夜，冲开壕沟，浮水逃出。此役湘军虽然落败，但也显示了强悍的战斗力，李续宾部也不愧千军万马之中白旗所向披靡的称号。

此战中，太平天国所录用的文人，任命的官员，积极帮打探情报，一些人甚至潜入湘军军中搜集情报，刺探湘军部署。李续宾攻克桐城后，令一知府守城，命其不要杀太平天国任命的官员，以收买人心。其中，有一人名鄞谟，人人皆曰可杀，知府遂杀之。鄞谟之子逃亡庐江，见到太平天国官员陈维一，劝告其千万不要投降，投降必死。此战之中，陈维一伪降，至战事开始后配合太平军，导致李续宾全军覆没。

战后，三河镇附近绅民，将李续宾尸骸取出，于十五日送到黄州，在军中举行拜祭后，运回湘乡安葬。湘军中将士拜祭时，"解衣遍视全身，面上及手均有刀矛伤，胸有炮子伤。面色如常，但色稍黑"。拜祭完毕之后，将棺椁密封。

正在湖南益阳为老母守孝的胡林翼得悉李续宾死讯后，口吐鲜血，晕厥在地，他在祭文中写道："公岂死耶，我将何依。斯人不出，我将与谁同归。"李续宾一死，咸丰帝也是痛心疾首，改变了往昔打压湘军的做法。此前他一度曾考虑过，以非湘系人马放在湖北巡抚位置上。现在李续宾一死，他也明白，必须让胡林翼继续做湖北巡抚，如此方可全力支持湘军作战。

　　曾国藩在江西建昌，先是收到三河镇大败的消息，但没有收到李续宾死讯。又苦等了几日后，方才收到死讯，不由放声大哭，"悲恸填膺，减食数日"。曾国华于三河战死后，尸体不见，胡林翼派人秘密前去寻找了多日，只找到了一具无头尸体，判断是曾国华尸身。咸丰九年三月初十，棺椁运回湘乡，雕了木头人首，做了法事下葬。

　　在曾国藩的几个弟弟之中，曾国华可以说是最为桀骜，科举上没有突破，平日里吃喝嫖赌，样样精通。对于曾国藩也不放在眼里，不时嘲讽老大娶了个泼辣老婆，成了妻管严。这个弟弟虽然桀骜，从军后却是把好手，在各地征战，屡屡打开僵局。曾国藩平日里对这个弟弟，也不是特别喜欢。乃弟一死，他才知道了弟弟的好，悲痛欲绝，发出感叹："生也何雄，死也何苦。我实负弟，茹恨终古。"在湘乡隐居几年的幼弟曾国葆，悲愤于兄长曾国华战殁于三河镇，再次加入湘军作战，且改名为曾贞干，后来也在南京城外雨花台病死。

曾贞干

　　三河镇大败是湘军成军以来损失最为惨重的一战，不但损失众多精兵悍将，更迫使湘军在安徽处于守势。战后湖广总督官文提议，将曾国藩率领的湘军分出一部至湖北、安徽，以扭转局势。曾国藩这次是打死不愿意再分兵，要么全军回湖北，要么继续留在江西。经过骆秉章提议，最终决定曾国藩领兵从江西建昌返回湖北，与胡林翼会合，再图东征。

到三河镇战役发生前，在西线战场上，清军夺取了武昌、九江，试图围攻安庆，再顺江而下，攻打天京。在东线，清军江南大营攻占镇江、溧水、句容，进而在天京城下屯兵。在长江北岸，清军控制了江浦、浦口、瓜州、和州等要地。整体战局，对清军是一片大好。

三河镇之战的胜利，使太平天国改变了北王韦昌辉叛乱、翼王石达开出走后的被动局面，为太平军赢得了战略上的空间和时间。太平天国的政权建设，在此次战事中也显示了效果。在三河镇地方上的太平天国录用文人，积极出动，收集情报，使太平军掌握了湘军的部署情况。

此战之中，太平军、捻军联合，兵力十余万，围攻湘军，取得大胜。但此战也暴露了太平军战力低下的问题，太平军的兵力数倍于湘军，却苦战良久，更有部分湘军冲出重围。在此后的与湘军的历次战事中，太平军即便集中优势兵力，也鲜少能取得大捷。

三河镇战败后，湖广总督官文认为，在此多事之秋，只有防御才能等到战机出现，不主张再战。胡林翼也认为暂时不可再战，应恢复战力之后再图他举。在安徽，此前湘军攻占的潜山、太湖、桐城、舒城四城，再次丢失，安庆之围被解。在江西，太平军围攻景德镇，战略上处于攻势。官文、骆秉章奏请曾国藩领兵援助安徽，只是此时湘军之中疾病蔓延，死伤惨重，不能成行。

咸丰九年（1859），胡林翼返回武汉后，收拾残兵，扩充湘军军力。此时罗泽南、塔齐布、李续宾等湘军大将死去，多隆阿、鲍超、李续宜等人担当起了重振湘军的重任。三河之战后，胡林翼致力于整顿部队、集结兵力，太平军也无力进攻湖北。鄂东皖西一带近十个月无大规模战事，双方在安徽形成对峙局面。

就在曾国藩准备返回湖北时，太平军杨辅清部从福建进入江西，攻克景德镇。曾国藩一直在江西地方上坐吃饷粮，此时江西有难，自然不能坐视不管，就派了部分军队去收复景德镇，并以主力监视石达开。不久石达开转战他处，曾国藩移师江西抚州。九弟曾国荃，前两年在江西吉安打了胜仗，发了财后返回湘乡修建豪宅，过了一阵子土财主日子后，又闷不住，再次出山向老哥找事做。对于这个骄横老弟，曾国藩是满心欢喜，知道他能打仗，立刻将手下的精锐六千名湘军交给他。要知道，曾国藩在江西手中的全部兵力不过一万人。

曾国藩在江西又待了几个月，石达开此时准备从湖南进入四川。胡林翼得到消息后，计上心来，鼓动湖广总督官文上奏，保举曾国藩担任四川总督。曾国藩多年打拼，一直没有弄到地方督抚的实职，这是他的最大心病。如果能入川弄个四川总督，既可圆了他的心愿，也可保住四川，开拓湘军地盘。

咸丰帝对让曾国藩去四川围堵石达开毫无意见，立刻同意，至于让他当四川总督么，则毫无下文了。曾国藩不无沮丧地带了湘军出发，准备前往四川。走到湖北黄州时，曾国藩与胡林翼二人会晤，长谈九日。曾国藩坦陈了自己的尴尬处境，苦战几年，一直没有做到总督、巡抚之职，手中无实权，老被地方官员牵制，以致久战无功。胡林翼看着曾国藩入川，捞不到总督职务，也很是郁闷，又动员官文，建议咸丰帝将曾国藩留在湖北，图谋东征。

二人此次会晤，达成共识，安徽乃是整个战局的最关键所在，而安徽的关键则是安庆。如果拿下安庆，则可以把握整个战场的主动权，既可以威胁金陵，又可确保两湖的安全，军饷粮草也能得到解决。随后曾国藩上了个《遵旨会商大略折》，将当前局势详加剖析，认为须分路图皖。

要东征安徽，就要确保两湖，而曾国藩此前多被限制，主要原因是与地方官关系处不好。此次为了东征大略，他主动去拜访湖广总督官文。

官文是满洲正黄旗人，咸丰五年由荆州将军调任湖广总督，是湖南、湖北的最高军事长官。官文素来"贪鄙庸劣""因人乘事"，主持战事无能，搜刮地方却是功夫过人，甚至挪用军饷充家用，过着奢靡的生活。胡林翼刚担任湖北巡抚时，看官文不顺眼，曾欲弹劾官文。幕僚阎敬铭却劝告他，清朝二百年来，不让汉人掌握兵权，湖北为天下要冲，精兵良将聚集，朝廷怎么能不用满人亲信大臣来监视？官文虽然贪污无度，私费奢豪，但只要不在大事上与你为难，哪怕每年用十万金供养他也是划算的。"此等共事之人，正求之而不可得耳，公乃欲去之，何耶？"

胡林翼被一语点透，"击案大喜"，此后大拍官文马屁，馈赠无数，两家往来密切。胡林翼用银子填饱了官文的贪欲，官文深受感动，甚至要拜胡林翼老母为干妈。胡林翼摆平了官文，以巡抚之位，行总督之权，如此方能在两湖大展手脚，推行吏治、改革财税、筹集湘军饷银。官文给李续宾穿小鞋，导致湘军精华在三河镇一战全没。胡林翼虽恨得牙痒，但回到武汉后，大肆吹捧官文"心地公忠，能顾大局"。胡林翼的吹捧，反而让官文心中有愧，是故此前出力帮助曾国藩谋取四川总督。

现在曾国藩不想去四川，官文再上一奏。满人果然说话管用，不久咸丰帝改变主意，撤回先前命令。此时曾国藩明白官文的作用，这虽然是个无能的人，却能在湘军集团与皇帝之间沟通，不得不予以重视。

到了武昌之后，曾国藩去拜见官文，一番马屁之后，曾国藩便交代了四路入皖，合围安庆的计划。第一路，由曾国藩率军，从宿松、石牌，直指安庆。第二路，由安徽太湖、潜山，取桐城，以多隆阿、鲍超主持。第三路，由英山、霍山，取舒城，胡林翼指挥。第四路，由商城、固始，取庐州，李续宜负责。湘军水师则负责从水路围困安庆，同时担任湘军的后勤运输。安庆，则是四路合围计划的中心。会晤官文之后，曾国藩在日记中坦露了真实心声："吾过湖北晤官某（官文），自审万不能与此人共事，然后知润芝（胡林翼）所处之难。"

潜山大战

安庆合围战的前奏，是潜山之战。

咸丰九年（1859）八月二十八日夜，多隆阿突袭石牌城，城内太平军毫无防备，损失四千余人，主将石廷玉被擒获。石牌被胡林翼称为"安庆扼要之区"，咸丰八年（1858）十一月后，太平军一直在此筑城坚守，作为安庆的外围屏障。拿下石牌后，九月十二日，曾国藩将兵分四路，经略安徽的计划呈报上去，得到咸丰帝同意。

四路合围，攻取安徽的计划看上去很美，但指挥系统中存在问题。官文名义上是两湖的最高长官，也是此次计划的最高统帅，但他能力有限，又坐镇武汉。官文不在，湖北巡抚胡林翼应当是最高指挥了，可胡林翼又是曾国藩的部属，各路主将则是曾国藩的旧部，胡林翼事事得与曾国藩商议。所幸曾、胡二人，相互信任，配合默契，虽有分歧，却不致闹翻。

四路之中，第二路责任最重，情况也最为复杂。第二路将领中，多隆阿统兵四千余人，鲍超统兵三千三百人，蒋凝学统兵四千七八百人，唐训方领兵三四千人，各路将领实力相当，彼此不服。胡林翼主张以多隆阿为主将，统帅前方各军，遭到湘军主要将领的抵制。

多隆阿

多隆阿是满洲正白旗人，早年驻守黑龙江，调入关内后，追随过胜保、僧格林沁。咸丰八年调入荆州将军都兴阿麾下，都兴阿生病后，转隶官文、胡林翼。

此时李续宜家中母亲生病，请假回家。鲍超也跟风去找胡林翼请假，被责备"临大敌而退，人或笑之矣"。曾国荃则以"修理祖坟"为由，要返回湘乡。曾国藩听了愕然，修祖坟的事，我这大哥怎么不知道，再三劝说曾老九。可这弟弟是个犟脾气，也不给大哥面子，自己走了。

曾国藩担心多隆阿担任主将，导致诸将不服，影响前线军事行动，也反对此任命。曾国藩认为，"今年鲍之战功比多更伟"，如果让鲍超归于多隆阿部下，定会不服多隆阿。此外，曾国藩对于多隆阿也有成见，认为他"好理坟山争斗等讼事，又凌辱绅士，颇为官民所憾"。曾国藩认为，应当让多隆阿、鲍超二人彼此争斗，各自出力，而不能伸一抑一。

胡林翼则全力支持多隆阿，并表示如果鲍超要请假回家，就要把他的兵权全部交给多隆阿。胡林翼力挺多隆阿，原因较多。其一，多隆阿自身军事素质过硬。多隆阿为人处世一般，但"其临阵料贼，明决如神，骁果冠伦，实有可凭"。其二，从战术上看，四路分兵，若无统领，则前线战事必然难以统一。其三，多隆阿是满人，可以与官文、咸丰帝沟通，不致满人生出兵权旁落之感。其四，多隆阿所部，有从东北带来的精锐骑兵，而此时湘军最缺的就是骑兵。曾国藩是明智之人，思索再三后，转而支持多隆阿总统前敌各军。

十一月十日，清军得到消息，陈玉成将领兵增援太湖。

十二月十四日，多隆阿决定，将鲍超撤出太湖，驻屯小池驿，抵挡陈玉成援军。小池驿位于太湖城东北、潜山西南，处在太湖、潜山两座城市的中心，是陈玉成援救太湖城的必经之路。多隆阿军驻扎新仓，蒋凝学部四营居中策应，唐训方及蒋凝学余下所部继续围困太湖。此决策打乱了原先的部署，且未与曾国藩、胡林翼商量。

曾国藩、胡林翼的计划是，不放弃包围太湖，陈玉成大军来援后，坚守大营不出，待陈玉成军疲惫之后撤退，也不远追。

多隆阿的计划则是，在小池驿抵挡陈玉成军的进攻，如果将其击败，则太湖不攻自破。多隆阿的考虑是，太湖县地势较低，不利防守，小池驿则地势起伏，可以驻军。

多隆阿强令鲍超前往小池驿，打乱了原先的计划。胡林翼大为恼火，在给官文的信中指责多隆阿急不能待，与清军中声名狼藉的胜保是一类人物。曾国藩也对多隆阿的调度表示"殊为骇异"，"不知何以忽有此变"。当胡林翼明白多隆阿的计划的合理性后，转而表示支持，并请曾国藩拨兵来援。

十二月十六日，鲍超霆军拔营，太湖城内太平军得悉后，以三千兵力出击城外蒋凝学所部，被留守湘军全力击退。曾国藩见鲍超走后，恐兵力不足，又增派援军至太湖。曾国藩此举，使多隆阿后方兵力厚实，不必担忧太湖城内太平军的骚扰，也是顾全大局之举。胡林翼得悉曾国藩派出援军后，大喜过望，幕僚无不欢腾，如"龙马上山，舞蹈欢喜"。

十二月二十日，太平军抵达小池驿附近地灵港，选择泥泞地扎营，以迟缓清军马队攻势。此后几日，双方在地灵港激烈交战，湘军虽然获胜，不过多隆阿所统马队损失惨重。

地灵港之战越发激烈，陈玉成遂抽调大军，结成连营百余里，步步紧逼，以压迫鲍超，双方军营最近处，"声咳相闻"。太平军为了拿下鲍超军营，在附近山上架起炮台，日夜轰击，鲍超则不退一步，不弃一垒。

鲍超被困，多隆阿、蒋凝学也面临险境，未曾分出兵力援救，鲍超以"孤军力抗十倍之贼"。面对着陈玉成连营百余里，堡垒百余座，诸将惊惧，鲍超请将领聚餐。

饮罢，鲍超突然发问："现在我军如何？"

将领们回答："死矣。"

鲍超遂道："既死矣，那么如何死？"

众将恍然大悟，既已处于死地，唯有拼死作战才有活路。鲍超遂以三千余人，对抗陈玉成五万余人，丝毫不落下风。十二月三十日，曾国藩紧急调集人马，替换下鲍超霆字营，使鲍超部得以撤出休整。

至咸丰十年（1860）正月初三，胡林翼派出援军金国琛部，抵达潜山，占据制高点高横岭、仰天庵，切断太平军后路，"从万山深处俯视，平原均在目中，已可俯其背而扼其吭。"至十一日，太平军分四路来攻，太平军至山腰时，湘军居高临下猛扑，大获全胜。

正月十八日，清军金国琛占领太湖城东的天头山、红土山等制高点。陈玉成与城内太平军约定，以号炮为号，内外夹击，因雨雪过大，未能按时配合，均被湘军击退。

至正月二十五日，多隆阿、鲍超等部一起出动，与太平军交战。当日太平军涌动如蚁，骑兵纵横。多隆阿亲自领兵陷阵，大破太平军。二十六日，多隆阿又兵分三路，突击太平军。陈玉成尽出全军交战。当日驻扎在山上的金国琛等部，领了全军下山，猛击太平军后路，在总计四万清军的夹击下，太平军作战失利，损失七八千人。

陈玉成号为太平军中最勇者，每次交战，先以优势兵力缠斗，待敌手疲惫后，出动精锐靠近搏杀，清军屡屡为其所败。此次包围鲍超数日，鲍超岿然不动。金国琛驻扎潜山天堂，太平军窥探其旗帜，以为是战斗力一般的杂牌军，乃出兵突袭。至开战后，发现是精锐，逃跑坠崖者无数。

太湖城外，双方鏖战不休，围困太湖城的湘军也卖力攻城。城内太平军看到城外援军败退，无心恋战，于二十六日夜撤退。二十八日，潜山县城的太平军也放弃县城。

太湖—潜山之战，影响极大。此战中，清军投入了近五万马步兵勇，以惨重代价，夺取太湖、潜山。此战一举扭转了李续宾战死之后，清军在西线战场所处的被动态势，使清军转入攻势。三河战役获胜之后，安庆外围已经被扫除，清军对安庆的合围已展开。此战为安庆合围奠定了套路，即围城打援。

安庆之东有枞阳，是安庆城的侧卫。枞阳的攻克，却不是湘军的功劳，而是韦俊的出力。韦俊是太平天国北王韦昌辉的弟弟，年轻善战，在武昌城下曾击毙罗泽南。天京变乱后，虽然洪秀全重用韦俊，可韦俊存有心结。陈玉成杀其爱将钟廷生，韦俊乃投降清军。

对于太平军，湘军的政策是，凡是两广籍的"老长毛"，格杀勿论；对于两湖三江等地的参加者，则予以招降。在太平军降将中，韦俊是比较另类的，他是韦昌辉的弟弟，是沙场上的名将，陈玉成当年也不过是他的属下，他曾击杀过湘军主将罗泽南。对于这样的人物，清廷一律是予以格杀。但他投降的时机比较巧，曾国藩因为父丧在籍守制，杨载福收下了他。曾国藩回湘军之后，对他一直是心怀不满，再三劝告曾国荃，不可以重用此人，更不可让他独立领军。此次韦俊打枞阳，也是递交投名状，打下来后，方才得到了湘军的信任。

安庆之战，围城为次，打援为主，援军乃是陈玉成所部。清军的战略部署是，以曾国荃围攻安庆，多隆阿领兵打援，李续宜部作为游击接应。就在西线交战激烈时，在天京城外，战局也发生了急剧变化。

咸丰十年（1860），洪秀全在天京召开军事会议，陈玉成力主回师安徽，击退围攻安庆的湘军。李秀成主张向东发展，拿下苏南、上海，再救援安徽。

二、三月，太平军先奔袭杭州，再破江南大营，又连攻苏常。

江南大营再次被击溃，局势发生重大变化。湘军各路将帅，齐聚于宿松曾国藩大营，讨论对策。与坐者，均是叱咤风云的人物，胡林翼、左宗棠、曾国荃、李翰章、李鸿章等。此次会议上，湘军明确了战略，即以安庆为中心。

太平军稳定了东线之后，可以抽出手来，全力经营西线。八月，陈玉成带了大兵渡江，直扑桐城，联络捻军各部，部众扩充至十余万，声势浩大。

十月，陈玉成与多隆阿在桐城西南挂车河布阵，双方交战多次，湘军在得到骁将李续宜的增援后，击败陈玉成。陈玉成失败后，退回庐州修整，桐城太平军则闭城不出。此次挂车河战役，是陈玉成第一次援救安庆。多隆阿此期间生病，属下士兵也多伤残，所幸李续宜及时救援，二人共同击败陈玉成。对于多隆阿、李续宜的密切合作，曾国藩大加赞许，称"天下至乐，孰大于是"。

杨辅清、李世贤领兵进入皖南，以策应陈玉成。曾国藩让曾国荃继续围攻安庆，自己则抽调了鲍超等部，前往皖南，亲自坐镇祁门。祁门此地，处于群山包围之中，县城位于釜底，与外界只有一条联系通道。

坐镇祁门

咸丰十年，江浙两省，危机迭现，咸丰帝一度曾想抽调胡林翼担任两江总督。权臣肃顺建议，不可轻易挪动胡林翼，不妨以曾国藩督两江，上下游俱可得人。六月初，清廷赏曾国藩兵部尚书衔，署两江总督，令其领兵收复苏常。六月二十四，曾国藩实授两江总督，授钦差大臣，办理江南军务。胡林翼得知后大为振奋，认为天下士气为之一振，二三年后，当平定战乱。曾国藩在实授两江总督后，上了谢恩折，咸丰帝对他迟迟不肯出兵收复江南，很是不满。批复："不可师心自用，务期虚己用人。"江浙两省，频频求救，曾国藩置之不理，立足皖南，咬定安庆。

为了安庆之战，曾国藩表示"不能救援下游"，待安庆取胜后，有余力再兼谋下游。

刚得了两江总督的曾国藩决定将大营设在徽州祁门。设在此地，他自有考虑。祁门地处赣皖交界处，上达安庆，下通南昌，于此地坐镇，可以联系各方，牵制太平军。驻扎于此，可以向朝廷表姿态，他在图谋进军苏常。坐镇祁门，也可掩护安庆战场湘军的侧翼，使曾国荃可以全力攻打安庆。

曾国荃忧虑乃兄兵少，想撤兵入皖南，曾国藩坚决反对，并表示："安庆不宜撤围，此人人意中所有之事。普天下处处皆系贼占上风，独安庆一城系贼下风，岂肯轻易撤退？"曾国藩的战略意图很是清晰，即以上游制下游，取安庆，攻天京。

曾国藩领军一万余人，从宿松过江。六月十一日，曾国藩行抵祁门县。在祁门期间，儿子曾纪泽前来探望他，被他一顿批评，先说儿子文笔不劲挺，又怪儿子言语太浮躁。

在祁门，他公务繁忙，琐事缠身。驻扎祁门的湘军，军心浮动，负责行辕护卫的张运兰，未曾上战场，却谎报战功。皇帝赐下的物品，也被偷去大半。借在祁门驻军，曾国藩大力整顿部队。每日天未亮，他就起来亲自操练部队，黎明时巡视营垒。他不忘告诫部下，要做第一等人，就得吃第一等苦。

江浙两地，被李秀成攻城略地，纷纷向他求援。他一概回绝，声称他由皖南出兵，以救援宁国，急攻广德为要，力不能兼顾。不想李秀成部突然从江苏回师，进入皖南，逼近曾国藩大营祁门。

八月十一日，曾国藩以李元度守卫徽州。李元度是最早追随曾国藩的老人，曾救过他的性命。

八月十六日，李元度抵达徽州，恰逢地方上兵勇索要军饷，整个局面混乱不堪。李元度接手后，将城垒加高，限制徽州兵勇入城，自己领兵驻扎在城内。到了二十四夜间，太平军杀到城下，在城内的部分徽州兵勇发动兵变，出城四散逃去。

八月二十五日，太平军攻下徽州城，李元度败逃浙江，太平军兵锋直指祁门。

曾国藩大营中只有三千人，根本不是太平军的对手，幕僚们纷纷将行李搬上小船，准备逃命。曾国藩急命鲍超前来救援，同时写好遗书，准备赴死。

再说鲍超，此前他请假探亲，回来时延误了日期，曾国藩上奏请削去其勇号，以示惩戒。对此处罚，鲍超大为愤懑，觉得曾国藩实在是不把自己当自己人了。曾国藩也感觉到了鲍超的心理变化，"心窃忧之"。此时英法联军进攻北京，清廷以胜保为钦差大臣，统领一切援军。胜保挖起了湘军的墙脚，奏请抽调鲍超领军北上。

鲍超对曾国藩有意见，也想乘机离开，独自发展。胡林翼得悉后大怒，写信给鲍超："严词嘱弟，不得妄萌他念。"又再三告诫鲍超，胜保此人，贪婪奸诈，"专意磨折好人，收拾良将，弟若北援，必为磨死"。先吓唬一下，再给点甜头，是忽悠小孩子的良招。胡林翼也用出此招，再三告诫鲍超，曾国藩对你是天地父母之恩，你处事太愚，只有一心跟着曾国藩才有前途，窃不可再生妄念。被胡林翼一通敲打，鲍超也断了北上的念头。

曾国藩脑筋一转，又上奏给咸丰帝，请从曾国藩、胡林翼中，选一人入京。曾国藩判断，北京的战事不会拖延太久，很快就有结果。文书在路上的时间，足够他等到到变局的出现。果然他拖延一番后，英法联军很快打到北京城下，朝廷也不要他派兵来援了。

十月十九日，李秀成领了两万人，由羊栈岭窜入，黟县失守，此地距离曾国藩祁门大营不过六十里。二十日，鲍超及时来援，与李秀成大战一场，击败太平军，曾国藩方才逃过一劫。李秀成此行，并不是为了祁门曾国藩大营，而是准备进入江西招兵，被击退后，再未来袭。

祁门大战中，太平军五万之众，却无法击败湘军亲兵营二千人的防御。鲍超三千人回援，一夜就击溃太平军，太平军战力，可想而知了。鲍超战后到祁门大营时，曾国藩出门相迎，抱着鲍超道："不想仍能与老弟见面"，言罢泪流满面。

十月二十七日，左宗棠来到祁门大营，曾国藩亲自迎接。左宗棠出山以后，一直未曾获得施展拳脚的机会。此前经过曾国藩保举，左宗棠受命招募军旅，投身战阵。曾国藩对左宗棠寄予了厚望，希望他到四川开辟出一块根据地来。不想左宗棠表示，志在平吴，不在入蜀。曾国藩就奏请将左宗棠调往江西。在江西，左宗棠表现优异，为祁门提供了有力支援。此番他来祁门，曾国藩是相当重视，二人畅谈几日，左宗棠走时，曾国藩又亲自送他。

好景不长，十一月二十日，太平军黄文金、李世贤部，分别出动，从东、北两面，夹击祁门。他在家书中说："自十一月以来，奇险万状，风波迭起。文报不通者五日，饷道不通者二十余日。"所幸鲍超、左宗棠拼死血战，方才有惊无险。

到了此年年底时，曾国藩屡屡遇险，幕僚们纷纷劝他，移到水师船上，或是退入江西。曾国藩却不敢退，唯恐乱了军心。冬季寒冷，双方处于对峙状态，曾国藩也开始疲惫，哀叹精力衰竭。

到了咸丰十一年春，皖南太平军开始重视祁门大营，连续发起多次进攻，最近时已在祁门十八里外。曾国藩悲观不已，给儿子曾纪泽写好遗嘱，认为此间危局，已无可挽回。他在日记中描述了自己的心境："夜竟不能成寐，口枯舌燥，心如火炙，殊不知生之可乐，死之可悲矣。"

咸丰十一年年初，太平军接连发动攻势。此年二月初七，太平军从羊栈岭过来，攻打前、后、峰三营。此三营人马看到太平军扑来，有逃跑者，有投降带路者。初九日，湘军出动，发起反击，此时太平军驻扎在卢村宗祠内，喝酒作乐。湘军将宗祠包围后，太平军中的悍勇者，将宗祠打开一个洞，领了数百人逃出，留在宗祠内的七八百人被杀。在此后的战事中，湘军令此前逃跑的三营作为前锋出战，凡后退者即斩。

此番又是靠着鲍超、左宗棠在江西景德镇大败太平军，威胁太平军后路，方才解围。经历了祁门的奇险之后，曾国藩甚至告诫儿孙们，长大后千万不要从事军事，既容易造出孽障，又凶险万分。也正是祁门遇险的经历，使他意识到了替手的重要性，着手扶持起了左宗棠、李鸿章。

官文

再说左宗棠，他之所以跑来皖南带兵打仗，这还得从官文说起。

官文虽与胡林翼关系处得很好，却对一个人视若眼中钉，此人就是左宗棠。湖南巡抚骆秉章将左宗棠请来做幕僚后，对他信任无比，湖南一切大小事务，都交给他处理。幕僚帮办军政，本不为过，只是不能拿上台面，可左宗棠咄咄逼人，真把自己当巡抚了。

官文"不学有术"，既想报复骆秉章曾弹劾过自己，又看不惯左宗棠威福自擅，就上奏弹劾左宗棠，企图"杀左徼骆"。咸丰八年，钦差大臣湖广总督官文，指使下属参劾左宗棠。咸丰密谕官文，"如左宗棠果有不法情事，可即就地正法"。

肃顺得到消息后，双管齐下。一方面命令幕僚将消息泄露出去，传给左宗棠，让他加以收敛；另一方面则在咸丰面前陈述左宗棠的战绩，将他保全了下来。潘祖荫则在咸丰帝面前力保左宗棠，称"天下一日不可无湖南，湖南不可一日无左宗棠"。胡林翼也到官文处说情，云左宗棠是自己的私亲，自幼相处，只是近些年左宗棠脾气不好，我胡林翼也无可奈何，此次"惟有烧香拜佛，一意诚求，必望老兄俯允而已"。

与祁寯藻不同，肃顺对于汉人大臣极为看重。肃顺为人虽跋扈，却勤于任事，更善于选拔人才。肃顺认为在此危局之下，"非重用汉人，不能已乱"。肃顺重汉轻满，搜罗汉人人才，加以提拔任用。肃顺主持朝政后，力主使用湘军，曾国藩、胡林翼每有陈奏，多得到他的支持。

以祁寯藻、彭蕴章为首的汉人集团，一直大力扶持何桂清。咸丰五年，曾国藩在湖口、九江溃败后，困守南昌。江西与浙江、安徽交界，这两省是何桂清的地盘，曾国藩派人找何桂清借军饷，何桂清分文未给。曾国藩大怒，指责何桂清挥金如土。曾国藩在江西坐困时，何桂清不断写信给首席军机大臣彭蕴章告状，称浙江被江西牵连，江南军事误于曾国藩坐困南昌，一筹莫展。

咸丰七年，曾国藩丁忧返乡后，在彭蕴章推荐下，何桂清就任两江总督。咸丰八年，清廷任命胡兴仁为浙江总督，何桂清大为不满，痛骂胡兴仁居心鄙险。不到一年，就将他赶下台。之后胡林翼保举罗遵殿就任浙江巡抚，在杭州被太平军围攻时，何桂清阻碍救援，导致罗遵殿兵败自杀。湘系与何桂清之间，已是水火不容。

咸丰十年，太平军攻克苏南，连下多城，两江总督何桂清逃亡上海，一时不知所终。咸丰想调胡林翼前往两江。肃顺奏请任用曾国藩，认为胡林翼在湖北已有建树，不可立刻调离，若用曾国藩，则可出大力，曾国藩才一了心愿，位列封疆。

经过满人两百年统治，祁寯藻、彭蕴章这样的汉人大臣，已经认同了满人皇帝。他们是从王朝利益的角度出发考虑问题，而不是从汉人的角度出发。他们认为从长远来看，如果重用汉人，一旦他们坐大，拥兵自重，将会威胁到中央皇权，故而需要对汉人督抚加以限制打击。文庆、肃顺这样的满人大员，则着眼于当前，着眼于早日扑灭太平天国起义，认为需要重用汉人官员，而不是加以限制。从短期历史来看，由于汉人督抚持续的努力，太平天国被扑灭，清王朝被捍卫。从长期历史来看，地方督抚崛起，汉人大臣势力扩张，将在以后的历史中完成终结满人统治的使命。

肃顺集团崛起之后，开始打击以祁寯藻为中心的政治集团。祁寯藻虽然退居幕后，但在政坛上仍具有强大影响力，祁寯藻的政治盟友，有翁心存、周祖培、彭蕴章这样的政坛大佬。祁寯藻集团的影响力，对于肃顺集团来说是一个极大的阻碍。"凡肃顺所为掊克事，（祁寯藻等）皆力止之，肃顺大憾，每事相龃龉。"

肃顺崛起后，在政坛上的咄咄逼人，让翁心存、周祖培等老臣备受威胁。据翁同龢日记记载，咸丰九年，当肃顺出击，置翁心存于困境时，翁同龢紧急到祁寯藻处求救。祁寯藻给出的对策是暂时退让，避其锋芒。

再说左宗棠，经过胡林翼多方活动，救了他一命。左宗棠也是明白人，知道湖南巡抚衙门里不能再待了，可环顾天下，哪里有自己的栖身之地呢。咸丰十年（1860），恰逢咸丰帝三十大寿，开恩科考试，年近五十的他，想北上参加会试，再搏上一回。

行至襄樊，胡林翼来信告诉他，不要去北京了，京师那里对你成见颇深，此去是自找麻烦，建议他到曾国藩处看看。左宗棠虽曾骂过曾国藩，可他知道曾国藩不会和他真计较，就到安徽投奔。曾国藩果然够意思，出手帮忙，给左宗棠弄了个四品官衔，襄办军务。

左宗棠随即扛着湘军的大旗，返回湖南招兵，并将王鑫的老湘军旧部接收下来。忙了几个月，左宗棠的军队也算成了规模。看着自己的心血，左宗棠踌躇满志，准备轰轰烈烈大干一场，挥军东征，取道江西，进入皖南，才有了此番的拼死血战。

祁门大营不安全，接连遇险，到了咸丰十一年（1861）三月底，曾国藩方离开险地祁门，将大营设在江边的大船上。

咸丰十一年（1861）正月，陈玉成行围魏救赵计，突然进入湖北，占领汉口、汉阳，直逼武昌。武昌城中一片混乱，官员、富户纷纷逃走，散兵游勇趁乱打劫。胡林翼得悉武昌失守后，急得连连呕血，开始预备后事。曾国藩则认定，太平军猛扑武汉，目标仍是解安庆之围，哪怕武汉丢失，也决不能撤安庆之围。经过英国人巴夏礼斡旋，陈玉成最终从武汉撤退，功败垂成，只能回师安徽，救援安庆。

三月初二，曾国藩由祁门拔营，安庆大战，缓缓展开。

安庆大战

可以说，曾国藩身在祁门，心在安庆。曾国藩在祁门，不断给曾国荃写信，指导他如何用兵，如用兵切忌傲、惰之气。当祁门吃紧时，他连续多次写信给曾国荃，让他以安庆为重，不要考虑祁门。当皖南占据主动权之后，曾国藩派鲍超领兵六千，过江增援曾国荃。曾国藩的战略布局是高明的，在祁门守，在安庆攻，最终拿下了安庆。

太平军擅长构筑工事，守卫城池，从北伐军在双流镇的守卫，到九江、安庆的长期坚持，均让清军吃尽苦头。胡林翼曾说："贼之善战不如我，而其死守则过于我。"针对太平军擅长构筑工事的特点，湘军提出了"长堑围屯"的战术，每进攻据点，先筑高墙，开挖长壕，长期围困。在围困的同时，重点放在打援上，胡林翼称："故有兵一万围城，须另有兵二万五千备战。"

曾国荃在安庆城外，花费了一年多的时间，开挖了两道长壕。一道长壕用以抵挡城内太平军出击，一道长壕阻挡太平军的援军。

此年，英国人巴夏礼、白拉克斯顿上尉乘坐轮船，从镇江出发，向上游而去，得以目睹了安庆的战况。3月5日，他们抵达安庆，此城暂时处于太平军手中，但被湘军紧紧包围。一支数目可观的清军战船船队，停泊在安庆下游，另有一支停泊在上游，严密封锁着江面，太平军则没有任何水面部队。清军水师的一些炮弹，不时射向安庆城，表明战斗仍在继续。舰只驶过时，安庆城墙上挤满了围观者，此时的安庆已是岌岌可危。清军沿着安庆，用半圆形的壕沟作为防护，距离城墙的平均距离至少有两英里。

咸丰十一年二月初八，陈秀成入湖北，占领黄州，导致武汉惊恐。此时武昌城内，不过兵二千，战不能战，守不能守。胡林翼懊恼不已，大骂自己是笨人下棋，死不顾家。武汉告急，也加重了胡林翼的肺痨病气，连日咯血。武昌各粮台、军火总局，人员逃散一空，主官阎敬铭急得上吊自杀，被人救下。胡林翼老婆带了幼子胡子勋狼狈"下河"逃跑。总督官文带了人马，借口在城外驻守，随时准备逃跑。

英国参赞巴夏礼，此时正在长江中游巡视，调查开埠通商事宜，到了武汉后，听说太平军已攻占黄州。二月十二日，巴夏礼抵达黄州，与陈玉成会面，请不要攻打武汉，认为这会损害商业贸易。陈玉成则提议，由英国占领汉口、武昌，由他占领汉阳。巴夏礼则声称，根据条约，武汉三镇是一体通商，不许陈玉成进攻（条约所载仅为汉口）。陈玉成遂更改进军方向，从黄州北上。

咸丰十一年三月，曾国藩在家书中云："安庆之得失，关系吾家之气运，即关系天下之安危。"事实上，安庆的得失，乃是整场战事的关键，太平天国也知道安庆的重要，不遗余力地予以救助。

咸丰十一年三月十八日，陈玉成第二次援救安庆，攻入集贤关，在关外扎垒四座，在关内筑营十三座。

看着陈玉成大军扑来，曾国藩判断一直游击在江西、皖南的李秀成不会乘机进攻九江，斗胆派出鲍超，援助安庆湘军。曾国藩的判断正确，李秀成对于救援安庆，反应消极。自安庆大战以来，曾国藩却是咬住安庆不放松，屡次告诫曾国荃，无论武汉得失与否，决不能放弃围困安庆。

三月二十二日，太平天国干王洪仁玕、章王林绍璋、吴如孝领兵两万，进至桐城一带，悍将黄文金带了七八千人从芜湖渡江，增援安庆。此二路援军，被多隆阿先后击退。陈玉成则会同安庆城内太平军，内外夹击曾国荃。曾国荃紧急向曾国藩求救。三月三十日，鲍超渡江，援救安庆。四月四日，鲍超全军七千人抵达安庆城外围。

四月初七，曾国荃胆气上来，带了步队八十余人，马队百余人，至太平军营垒外查探地势。曾国荃一度靠近太平军营垒，陈玉成派兵来攻，只是担忧曾国荃设伏，未曾前行，致其得脱。

此时安庆城内缺粮，陈玉成军中也缺粮，胡林翼判断，太平军粮食难以支撑十五日。不想四月十六日，有洋船一艘开到，向安庆城内太平军售卖米盐。无奈之下，曾国藩指示水师杨载福，一方面要好好款待洋商，酒席宜丰厚，送礼时也不可菲薄。洋商卖到安庆城的米，如果太平军出五两购买，则也以五两买下。太平军出十两，同样以十两买下。另一方面，清廷也告诫各国，不可以米粮接济太平军。

粮食不足，陈玉成无奈撤退，但仍然不甘心放弃安庆。陈玉成安排将领刘玱琳，率领以两广老兄弟组成的精兵四千人，驻扎集贤关外赤岗岭，另在安庆城外菱湖以十三垒固守，自己则带了五千人至桐城，筹集人马，再来援救。

胡林翼敏锐地把握到了战机，陈玉成将精兵留在水源匮乏的赤岗岭，如果被围困上几日，必自行奔溃。鲍超却不想围困，迅速发起强攻。刘玱琳所部战斗力强悍，予鲍超部以重创，此时曾国荃围攻菱湖十三垒也战事不顺。突围到桐城的陈玉成集结了洪仁玕、黄文金各部三万余人，再次救援安庆，与多隆阿大战于桐城挂车河。

此时的局面是，曾国荃包围安庆，太平天国所派各路援军反包围了曾国荃，战局走向不明朗。

面对恶化的战局，曾国藩不无忧虑，开始动摇，考虑从安庆撤军。四月十二、十三日，曾国藩连续写了三封信给曾国荃，探讨是否要撤围。可此时曾国荃、胡林翼却坚持不能撤安庆之围，胡林翼表示，"今湖北、江西已吃大亏，忽又撤围，殊属不值。"

四月十五日，多隆阿在挂车河大破陈玉成部，打开局面，曾国藩方断了撤安庆之围的念头。战局紧张之时，曾国藩不忘与乃弟打趣，四月十六日，在与曾国荃的信中云："弟闻中空贼垒，哎哟之声，比萧七白眼声音如何？"

太平军精锐四千守卫赤岗岭四垒。湘军初期进攻时，垒中太平军枪炮如雨，使湘军遭到重创。鲍超等将领遂不强攻，修建炮台数十座，昼夜轰击。至四月二十九日，轰开垒墙，太平军仍然坚守。次日，湘军将营垒四面包围，然后劝降。此时营垒军火粮食断绝，已无法守卫，三垒守军三千余人投降。

此时尚存一垒，由刘玱琳守卫，抵抗不屈。五月二日夜，赤岗岭守将刘玱琳带了八百人突围，途中溪水暴涨，残部被大水所阻。鲍超马队追至，俘获六百余人，刘玱琳领了二百人沿河东下，被湘军捉获，以酷刑处死。此战后，曾国藩奏道："歼长发老贼四千余名，实为从来所未有。"不久之后，菱湖十三垒也被攻破。

战后太平军有万余人投降。曾国荃不知如何处置，将领朱洪章建议："惟有杀最妙，只半日即可杀完。"曾国荃虽然在战阵上表现得如同武夫，到底是读书人，不忍下手，交由朱洪章办理。朱洪章令降卒以十人为一批，进入营门，然后加以屠杀，将万余降卒全部杀尽。朱洪章杀俘决不留情，可当难民前来求救时，却不忍视，下令加以收容。

刘玱琳是太平军中的骁将，曾国藩称他为"第一悍党"，又尊称他为"先生""翁"。咸丰十年（1860），洪秀全新封王后，又封了四方主将，分别是靖东主将刘玱琳、平西主将吴定彩、定南主将黄文金和征北主将张乐行。他所统领的四千人由两广老兄弟组成，号为"百战精锐"。为了攻下刘玱琳不过千人的营垒，湘军集中了鲍超、成大吉、杨载福等部共计万人，最终全数歼灭太平军精锐。陈玉成将精锐四千，留在水源匮乏之处，实乃败笔。此战之后，陈玉成所部，再无往日所向披靡之势。

此时李秀成成为扭转安庆战局的一枚关键棋子。曾国藩在家信中云，李鸿章打探到消息，称"忠、侍、璋、玕诸王，皆与狗逆（陈玉成）不合。外畏子而中恨之，确否？"就太平天国忠王李秀成、辅王杨辅清，曾国藩发表了自己的看法："忠逆滑而无勇，杨辅清亦不强。"

李秀成忠王的封号，也有段故事。咸丰九年冬，李秀成在浦口，与已投降清军的李世忠有书信往来。天京之中，谣言四散，称李秀成将投降。洪秀全派了侍卫七八人，到浦口查看调查，确认李秀成并无叛变之心，洪秀全乃用黄缎，亲书"万古忠义"四字相赐，又封其为忠王。

安庆大战中，李秀成的表现，果然不在解围，而在扩充实力，他领军取道江西、进入湖北，迅速扩军。

四月份时，李秀成兵临鄂南，鄂北的太平军也纷纷出动，胡林翼唯恐太平军打通南北，连成一气。又听闻安庆守军得到了商人米粮接济。一直在太湖大营的胡林翼开始动摇，想要回师武昌，分兵坚守潜山、太湖。对胡林翼的撤围打算，曾国藩大力反对。就在曾国藩、胡林翼产生分歧的时候，一起突发事件，使胡林翼放弃了撤围的打算。

驻守安庆的太平军将领程学启，逃出安庆，至湘军营中，向曾贞干投降。程学启报告称，城内粮食已经断绝，难以坚守。程学启是安徽桐城人，本是清军将领，在庐州被太平军俘虏后加入太平军。在太平军中，程学启显示了出色的军事能力，被陈玉成派到安庆防守。安庆主将叶芸来对程学启很是看重，特意将妻妹许配给他，作为笼络。

曾国荃屡攻安庆北门不克，北门守将正是程学启。曾国荃幕僚，桐城人孙云锦献计，程学启幼年丧母，对奶妈极为孝顺，不妨由此下手。曾国荃就将其奶妈诱入湘军大营，威胁若程学启不降，就要杀掉她的亲儿子。程学启奶妈惊恐万分，为了救亲儿子，奶妈化妆成乞丐，至安庆城内找到程学启，哭求其投降。

程学启考虑到安庆之围难解，也想投降，可又忧虑太平军杀其全家，一直犹豫未决。就在程学启犹豫不决之时，此事被叶芸来知晓，程学启仓促带了三百亲兵投奔湘军。叶芸来大怒，将他全家杀掉。

随同程学启一起投降的，有一人后来成为中国海军主将，这就是丁汝昌。丁汝昌在咸丰三年参加太平军，隶属程学启。丁汝昌随程学启投降湘军，后转投李鸿章，成为淮军元老，主持北洋水师。

围困安庆时，湘军以两层长壕围困，内层主攻，外层防守。投降的程学启，被派到长壕外，负责打援。程学启领了自己的部众，驻在壕外，湘军以炮火监视，欲使其死战。每日由人背米，从长梯进入程学启防区，送米者返回后则撤掉长梯。程学启在壕外拼死血战，最终得到了曾国荃的欣赏信任。安庆攻克之后，曾国荃对程学启甚为器重，认为"破安庆多资其力"。

李秀成在湖北转悠了些日子后，转而杀回浙江，使胡林翼得以安心攻打安庆。陈玉成一直在策划第三次安庆解围之战，为此四处奔走，筹集兵力。为了动员杨辅清来援，陈玉成"亲往宁国求之，始允其请"。陈玉成在桐城与杨辅清所部会合之后，与多隆阿几番大战，都未能取得突破，带了主力退入湖北。

至七月，陈玉成再次于集贤关外扎营四十余座，散布山冈，旌旗蔽野，烟火腾空。安庆城内太平军也出城扎营，遥相呼应。

安庆围困战之前，城内太平军已储存了五万三千余石大米。五万三千余石大米，足敷一年之需。可安庆合围持续长达一年有余，而太平军虽几次调集重兵，想打破围困，却始终未能解围，外援也进不来。为了解决粮食危机，安庆守军一度通过外国轮船，高价采购粮食。面对外国轮船，曾国藩却是不敢动手，只能利用外国商人牟利心态，高价收购粮食，不让粒米流入安庆。安庆城中缺乏弹丸，将城内各处的铁器收集了融化。岳王庙中，有下跪的秦桧、王氏等铁像，也被取来熔化。陈玉成在集贤关扎营后，想用小船向城内运送米粮，均被湘军炮船击退，在城内彻底断粮后，安庆岌岌可危。

苦战了一年多，湘军未能拿下安庆，太平军也未能解围，陈玉成、曾国荃、湘军、太平军，所有人都开始着急。曾国荃开始挖地道，挖战壕，全力攻城。陈玉成督导所部援军，不顾伤亡，全力冲击湘军包围圈。安庆城内太平军也拼死反扑，想打开缺口。

七月二十日、二十一日，湘军攻东门外长壕。七月二十二日，太平军主力攻击西北长壕。为了突破湘军长壕，太平军援军"人持束草，蜂拥而至，掷草填壕，顷刻即满"。湘军每次开炮轰击，都在人堆中冲出一条血路，可冲锋者仍前仆后继。

湘军的旧式大炮不及燃放，增调了抬枪、鸟枪八百杆，轮番轰击。抬枪、鸟枪虽然落后，可八百杆聚集在一起就威力惊人了。太平军死者无数，仍只进不退，积尸如山。尸体堵塞了冲锋的道路后，就拖走尸体，继续冲击。看着士兵战死无数，却不能越过湘军壕沟，陈玉成何等不甘心，却又无奈。在二十二日的交战中，太平军伤亡惨重，英王麾下骁将多人，在冲击长壕时阵亡。

太平军连续进攻十二次，双方战至七月二十三日寅时，湘军投掷出的火药包，被太平军拾起扔回，湘军壕沟中密布的火药包顿时被引爆。湘军壕沟被炸开二处，守军溃退，太平军冲过七八人。曾国荃见势不妙，亲自持刀冲杀，砍死数人，溃散的湘军见曾国荃如此，也返回作战，抢修壕沟。

咸丰十一年（1861）八月一日，湘军炸开安庆北门城墙，冲入城内，守城太平军一万六千人基本战死。此战之中，程学启率先冲入。城内太平军已断粮多日，无法抵御。城墙的炮架上，以铁链将炮手锁在上面，以免逃跑。

陈玉成、洪仁玕、杨辅清、黄文金等各路援军，在安庆将陷之前，仍组织太平军猛攻两次，至城陷之后，方才撤往桐城。

就在攻克安庆的当日，天有异象，日月合璧，五星连珠，当时人以为是祥瑞之兴。

安庆攻下后，湘军四处劫掠，兵士中有一人得金七百两者。城中凡是可以劫掠之物，均被扫地而尽。

安庆被攻陷之前，城中断粮，太平军守城将士甚至无力举起刀矛抵抗。可湘军在进入安庆后却发现，太平天国任命的负责安徽民政事务的官员张朝爵，却在屋顶上私藏了五石大米。城破之后，张朝爵利用夜色，从湘军水师严密防守的水上突围而出，辗转到达天京，后被封为力王。安庆失陷后，一个大胖子被抓出来处死，这就是当年将江忠源诱至庐州，城破之后投降太平天国的胡元炜。胡元炜被太平天国封为地官丞相，在安庆帮忙处理事务。

安庆之战，湘军事先做了明确分工布置，指挥划一。曾国藩与胡林翼配合默契，虽有分歧，在面对大局时也能互相谅解，密切配合。以强大的水师，承担了通信、后勤运输、封锁等任务，同时集中兵力，一兵围城，三兵打援，面对任何变数，围城都雷打不动。调在安徽战场上的湘军水陆师精锐，全盛时达六万人，以至于有人嘲笑胡林翼不顾后院，将重兵押在皖北，导致湖北后院空虚，几使陈玉成轻易得手。

从武昌到九江再到安庆，从扬州再到镇江，在长江中下游，双方进行了激烈的争夺。夺取长江沿线城市，控制长江航道，则拥有了强大的机动能力，可较快地将人员物资投送到战场上。太平军方面，对于长江航道、对于水师的重视程度，却是不足。湘军方面则予以了水师高度重视，以名将统领，从各地抽调船只、火炮装备水师，在与太平军水师的争夺中，少有败绩。

攻下安庆后，曾国藩上奏称，围攻安庆两年，谋划布置，均出于胡林翼一人之手，推其为首功。只是此时胡林翼已经是日落西山，命不久矣。胡林翼曾经评价自己，生平自负，自幼即狂，由狂而傲。狂傲之气，在经久的战事之中，在提心吊胆之中，被磨去了七八。他甚至期待早日结束战事，一丝不挂，长揖而去，可他没有等到这一天。

胡林翼一直有肺痨病，咸丰十一年四月，当李秀成进军至鄂南时，他回到武昌。八月一日，攻陷安庆的消息传到武昌，此时胡林翼瘦骨嶙峋，"笑仅见齿"。咸丰帝去世后，他知道后面将有大变，忧心忡忡。八月二十六日，胡林翼病死于武昌，时年五十。胡林翼死后，追赠总督，加太子太保衔，谥号"文忠"。

王闿运云："中兴之业，实基自胡"，湘军初创时，曾国藩挖掘出了胡林翼，胡林翼则处处维护曾国藩。当胡林翼担任湖北巡抚后，他仍以曾国藩为湘军核心，大事必征求其意见，从后勤、军饷、兵源各方面予以支持。在安庆争夺战中，曾国藩与胡林翼彼此配合，一坐镇祁门，拦住了太平军过江的洪流；一于太湖运筹，历两年苦功攻下安庆。

攻陷安庆后，曾国藩快马加鞭，向在热河的咸丰帝报喜，可咸丰帝已在七月十七日去世。对如此战功，作为顾命大臣的肃顺，大度地给予了赏赐，曾家兄弟包括已经战死的曾国华，全部被封赏，湘军大小将领都被加官晋爵。胡林翼被赏给了太子太保衔，当封赏的谕旨抵达武昌时，胡林翼刚刚去世。

咸丰帝去世后，以肃顺为首的八大臣辅政。肃顺历来支持曾国藩，故而曾国藩在家书中云："八君子辅政，枪法尚不甚错，为从古之所难，卜中兴之有日。"可不久之后发生的政变，让他觉得压力太大，虚望太隆，可悚可畏。

肃顺等八名顾命大臣，被恭亲王奕䜣、慈禧发动政变给斗倒。辛酉政变之后，十月二十九日，肃顺府内被查抄的账目、书信等文件，被送到军机处，由军机大臣共同监视着焚毁，以示不将此案蔓延扩大。此次焚烧书信，主要是给曾国藩等地方大员吃定心丸。

在辛酉政变后执掌政权的恭亲王奕䜣，继续重用湘系人马，在给予死去的胡林翼以无上殊荣时，又给了曾国藩一件大礼。政变之后十八天，恭亲王奏请，授曾国藩太子太保衔，负责江苏、安徽、江西、浙江四省军务，节制辖区内的所有绿营和团练，这表明新政权将继续借重湘系集团。看着新的任命，曾国藩不敢相信自己的眼睛，"钦差大臣曾国藩统辖江苏、安徽、江西三省并浙江全省军务，所有四省巡抚、提督以下各官，悉归结制。"对此任命，曾国藩却表现得极为惶恐，一再推辞，他心里还是有所顾虑。

此时祁寯藻、翁心存、彭蕴章等人陆续被召回，这些老臣在任时，一直给曾国藩穿小鞋。但此次恭亲王召回老臣，只是一个政治姿态，而没有赋予他们实权，祁寯藻、彭蕴章等人没有一个回军机处。在恭亲王的再三安慰之下，曾国藩接受了任命。

曾国藩此时不但控制了地方上的军事、人事、财政、外交等，甚至连奏折也开始懈怠。清代对督抚们的责权有着严格规定，凡地方要务，督抚们必须以奏折向皇帝请示报告，得到许可之后方可执行。咸丰一朝，随着督抚的渐渐坐大，奏折制度也开始发生变化，因为军情繁重，督抚们也懒得每事必奏了。辛酉政变之后，军机处让曾国藩多上点奏折，将军务及时禀报，曾国藩却开始讨价还价，称拟十日奏事一次。看着曾国藩上奏的积极性不高，奕䜣无奈只好发出廷寄，让他"视军情之缓急，随时陆续入告"，实际上就是随他自定了。

安庆之战后，湘军继续进攻天京的最后一道屏障庐州。安庆失守后，安徽的桐城、舒城、宿松、庐江，湖北的黄梅、广济、黄州、随州相继失守，陈玉成困守庐州。

庐州即今日合肥，陈玉成准备了充足的粮草，决意死守庐州。同治元年，多隆阿清除掉庐州城外的太平军营垒，又联合坐镇江淮的袁甲三，将庐州团团围困。陈玉成被困庐州，四处求援，却无兵来救。至四月，多隆阿强攻庐州，陈玉成突围逃亡寿州，投奔皖北军阀苗沛霖。苗沛霖出卖了陈玉成，将他解往胜保军营，不久处死。

皖北地区，包括安庆府、庐州府、六安州、凤阳府、和州、泗州、滁州、颍川等地。太平天国时期，皖北地区局面复杂，既有太平军，又有捻军，还有清军、苗沛霖割据势力各种团练等。在咸丰朝的持续战事之中，有书生投笔从戎，坐镇江淮，在皖北纵横捭阖，挡住了山洪一般的捻军南下，为曾国藩在长江下游的经营创造了机会，此人就是袁甲三。

湘军助力袁甲三

明初，袁氏从汝阳迁至项城，初期生活艰辛，历经磨难。几代人的不懈努力，让这个家族最终出人头地，在历史上留下了璀璨夺目的光芒。至袁耀东这代人时，袁氏家境殷富，且袁耀东也考中了秀才。但袁耀东不满四十岁就去世，留下了四个儿子，即袁树三、袁甲三、袁凤三、袁重三。

袁树三考中秀才后，就在乡间教书，同时教导三个年少的弟弟。二弟袁甲三多年之后回忆道："吾辈少孤，赖吾兄教养成立。"袁树三不到三十岁即去世，留下两个儿子袁保中、袁保庆，都由叔父袁甲三抚养成人。

道光十五年，三十岁的袁甲三考中进士，此后在礼部担任主事。至道光二十三年，袁甲三考中军机章京。在军机章京任上，袁甲三锋芒毕露。道光三十年，袁甲三接连上疏，弹劾广西巡抚郑祖琛软弱无力，导致太平天国蔓延，又弹劾江西巡抚陈阡贿赂官员。两名巡抚因为袁甲三的弹劾而去职，让袁甲三名噪一时。

袁甲三的火力如此之猛，以至当时人将他与其他四名御史金应麟、陈庆镛、苏廷魁、朱琦并称"四虎一袁"。袁甲三以猛虎之势，频频出击。京内的官员看着袁甲三也是头大，这家伙是什么都敢说，什么都敢做，留他在京师，对整个官场都是个祸害。

咸丰三年，首席军机大臣祁寯藻上奏，请让袁甲三与吕贤基一起到安徽办理团练。吕贤基也是个刺儿头，在京内因为弹劾官员惹出了不少是非，祁寯藻让他俩去安徽办理团练，等于让二人送死。吕贤基出发前去安徽时，还调了一个翰林过来帮忙，此人叫李鸿章。

对于前往安徽办理军事，袁甲三有点忐忑不安，深恐到了安徽"呼应不灵"，白白送了生家性命，但皇命难违，只能硬着头皮去了安徽。袁甲三本是去庐凤道做道台，因漕运总督周天爵手下缺人，将他要了过去帮忙，并让他等军情稍微缓解之后再去上任。

太平军起义后，八旬高龄的周天爵在前方镇压失败，被革职后侨居宿州。太平军发展到安徽地区之后，老迈的周天爵重新出山，在安徽办理团练，与太平军作战。周天爵在颍州王市集病死之后，袁甲三代领其军，开始了领兵生涯。

咸丰三年十月，太平军攻占桐城、舒城等地，吕贤基战败后跳水自杀。祁寯藻等大臣在京师冷眼旁观，看袁甲三能活到几时。桐城、舒城一失，清廷急调袁甲三前去收复。在前线的袁甲三头脑却是分外清晰，此时淮北地方上捻军云集，应当以守住蒙城、亳州为要，而不能盯住桐城。此年十二月，安徽巡抚江忠源又在庐州战死，清军在安徽的局势更加被动。

至咸丰四年二月，太平军攻下六安，并进攻蒙城，被袁甲三击退。此后袁甲三移师要地临淮。在多次战乱之后，临淮一带民间凋敝，袁甲三到了后招抚流散人员，安抚地方，将临淮当作了自己的根据地。

在安徽，作为客将，袁甲三与安徽巡抚福济、江南提督和春不和，琢磨着将这两人换掉。福济、和春也不满于袁甲三，在咸丰五年上奏，弹劾袁甲三固执己见，坐守临淮，并私截军饷，将捞来的银子装在油篓子里运回老家。为此袁甲三被免去官职，召回京师质询。袁甲三一走，捻军领袖张乐行乘势而起，联络河南、安徽两省捻军，声势大振。

安徽怀远地方上的胡文忠，家人多死于战火，愤懑交集，将仅存的女儿卖掉，徒步到京师，请求让袁甲三回安徽镇压捻军，却没有结果。胡文忠就将状纸揣在怀里上吊自杀，一时震动京师。此时文庆主持军机处，对汉人官员予以大力援助。袁甲三得到了文庆的支持，再次出山。咸丰六年二月，袁甲三受命到河南镇压捻军，随即收集旧部，组建马队三千人。三战三捷，大败捻军，一直杀到捻军大本营雉河集。

再次出山后，袁甲三将临淮军扩大，形成了自己的势力集团。

咸丰时代，投笔从戎成了发达的捷径。袁甲三将自己的家族都带了出来，子侄袁保恒、袁保庆、袁保龄都参加了临淮军。但例外的是袁保中，他是袁氏家族的长门长孙，所以让他在乡下经营家业，照顾老幼。袁保中虽然没有跟着叔父投身戎机，可在家也没闲着，在村里修筑寨垒，办理团练，并编修了袁氏搬至项城后的第一部族谱。

袁甲三的成功，也吸引了一批士人追随他投笔从戎，这批人中有臧纡青、何桂珍、李文安、戴钧衡、马新贻、吴棠等。袁甲三带出来的这批人，做到封疆大吏的很多，官至总督、巡抚者有五人，升至提督、总兵者有十人，升至按察使者有二人。其中马新贻官至两江总督。同治九年七月，马新贻被刺杀于任内，此即清末著名的"刺马案"。

此后袁甲三配合钦差大臣胜保剿灭捻军。两人与捻军先后在三河尖、正阳关、固始、六安大战多回。但两人在前方分歧极多，最终造成矛盾激化。对安徽地方上坐大的苗沛霖团练势力，胜保主抚，袁甲三主剿。

袁甲三与胜保好似天生的对头。在官场之上，只有提着关公大刀、威风赫赫的僧格林沁，能压住气焰嚣张的胜保。在京师之中，袁甲三可以笔为刀，展开凌厉攻击。可在前方，他不能如僧格林沁一般，提着关公大刀去教训胜保。面对咄咄逼人的胜保，他满腹牢骚，无限委屈，只能将苦水埋在心里。

咸丰八年五月，乘着胜保、袁甲三围攻六安之机，捻军出击，占领了怀远、临淮、凤阳等地，清军"剿捻"战略失败。得闻老巢临淮被端掉后，袁甲三星夜回师救援，奔到寿州时，淮河中游已尽入捻军掌中。袁甲三对此时捻军的声势描述道："贼旗朝张，万众云集。三省皆平原狂野，万马可以并驰，此贼势之可虑也。"

此后清军连战连败，为了推卸责任，胜保赶紧上奏，称袁甲三防堵不力，久战无功。咸丰九年正月，袁甲三再次被冷箭射落，第二次被下令进京述职。

胜保在安徽的战功，基本上都是靠着袁甲三帮忙打下来的，现在却将他赶走。对胜保此举，胡林翼在给左宗棠的信中说："胜保不自求才而劾人，如斗者自砍其指，岂非大愚乎！袁公毕竟忠心，亦殊不可多得。"对胜保其人，胡林翼有过一段毒舌的评论："其志欲统天下之人，而实不能统一人。在皖中每战必败，败必以捷闻。其人本不知兵，尤不晓事，自降于贼而美其名曰贼降。"

对于胜保的刁难，袁甲三怀着满腔怨恨写信给老友曾国藩诉苦。曾国藩回信安慰他："弟亦早知胜保处处与阁下为难，不谓其险狠一至于此，令人眦裂。"

袁甲三与胜保关系不好，曾国藩、胡林翼与胜保更是如同仇敌。湘系出身的山东巡抚张亮基，就是由于胜保弹劾而落职。湘系在各处战场上的胜利，也让胜保眼红，想要挖湘军的墙脚。咸丰八年时，固始、商城告急，胜保想抽调湘军救援，借机加以控制，被胡林翼给驳回。此年年中，胜保被任命为钦差大臣督办安徽军务，曾国藩、胡林翼无不忧心忡忡。湘系主动出击，上奏咸丰帝，湘军各统兵大将不受胜保节制，获得咸丰帝同意。

到了咸丰九年，胜保上奏，请调湘军到安徽作战，试图加以控制。胜保号为"败保"，在他的统兵生涯中，所带领的基本上是乌合之众，从来未曾有精锐之师。对于湘军中的精锐，他是何其艳羡，想弄一支部队到自己手中。

胡林翼立即否决，并表示，湘军无论入安徽，或是入江南，军饷、军火调度，均由胡林翼一手办理，不许胜保染指。到了咸丰十年，英法联军入寇北京，胜保又请调湘军鲍超部勤王，以加以控制，又被胡林翼全力否决。胡林翼对于胜保是恨之入骨，认为"此君不去，皖难不已"。

曾国藩、胡林翼痛恨胜保，除了他老是图谋湘军外，还因为他们正在长江下游与太平军进行激烈争锋，坐镇临淮的袁甲三是一座岿然不动的铁壁，牢牢地堵住了皖北的捻军，使其不能南下。袁甲三一走，无能的胜保哪是捻军的对手？一旦捻军进入长江下游，与太平军会合，将扭转整个战局。

袁甲三一走，胜保在安徽屡战屡败，纵兵骚扰地方。此年九月，临淮地区民众到京师上访，帮袁甲三鸣冤，同时控告胜保。咸丰连续召见袁甲三十四次，比较切实地了解了皖北形势和袁甲三的才干，决定让他复出，暂任漕运总督。

袁甲三再次复出后，得继续和老对头、钦差大臣胜保打交道。袁甲三自然不甘居于胜保之下，就上奏请老友曾国藩出任钦差大臣，自己帮曾国藩办军务，这将了咸丰一军，即到底是要我还是要胜保。

就在皇帝为了两员大将闹别扭而头痛时，胜保母亲恰好去世，照例要丁忧。咸丰九年十月，胜保丁母忧回京，袁甲三接替胜保担任钦差大臣，并实授漕运总督。祁寯藻当年想借太平军除掉这个多嘴的家伙，不想袁甲三命硬，在前方竟然挺了过来，还步步高升。

咸丰十年年初，袁甲三全力攻下临淮，击杀捻军头领顾大龙，打通粮道。攻占临淮后，袁甲三下令将七十以下、十五岁以上的男性全数诛杀。随后又占领凤阳，将淮北捻军与太平军隔断，有力地支持了湘军沿着长江的推进。当袁甲三攻陷临淮的捷报传到河南项城时，一个族孙刚好出生。袁家子弟的名字依照"保、世、克、家"的顺序排列，这一代人为"世"字辈，此时正逢叔父凯旋，袁保中就将这个儿子取名为"世凯"。

守卫凤阳的捻军将领张龙，是个不折不扣的墙头草。他被太平天国封为"钟天福"，地位仅次于张乐行。他又投靠胜保，被收编为"淮胜营"，清廷赏给他三品顶戴，老婆也得了个四品封典。在凤阳，张龙一会儿穿太平天国的绣龙袍，一会儿穿清廷的官服，一会儿蓄发自称太平军，一会儿扎辫子自称清军。凤阳城头上，更是清军旗帜与太平天国旗帜变幻不定。

看到袁甲三大兵出现，张龙立刻又换上了清廷的官服顶戴出城投降，但袁甲三不是胜保那么好忽悠的。张龙投降后，"绑赴县城外，凌迟处死，传首枭示"。张龙部下之中，被袁甲三"择尤悍者三百余人诛之"。袁甲三也不忘安抚苗沛霖，将张龙的妻子赏给苗沛霖做妾。

咸丰十一年，苗沛霖叛变。

苗沛霖势力的扩张，肇事者是胜保。胜保自赴安徽办理军事后，每战必败，兵员缺乏。为了扩充兵员，胜保先是想吞并部分湘军，却没有成功。看着袁甲三日益壮大，他就采取了招降纳叛之计。胜保先后招抚了李昭寿、宋景诗等武装，对拥兵数万的苗沛霖团练，更是频频抛出秋波，"欲养沛霖固兵权"。苗沛霖也投怀送抱，拜胜保为师。在胜保主持下，对苗沛霖，清廷由"暂示羁縻"改为"一意羁縻"。

苗沛霖曾与袁甲三一起作战，攻取临淮、凤阳等要地。但战后袁甲三抢夺战功，弄到了漕运总督的实职，而苗沛霖仅得了个虚衔。袁甲三赏给的一名小妾，并不能打动苗沛霖的心。恩师胜保丁忧离开安徽之后，哪里肯罢休，一直写信给苗沛霖煽风点火。在胜保的煽动下，苗沛霖对袁甲三日益不满，视为仇敌，截断淮河水路，抢走袁甲三军饷粮秣。

此时恰逢英法联军兵临北京城下，京师内一片混乱。袁甲三反对迁都，主张全力备战，更反对"借夷剿贼"，奏请北上勤王。此时安徽的格局是，太平军、捻军、清军、苗沛霖四方割据，实力强劲的苗沛霖认为此次京师巨变是良机，决定起兵反清。苗沛霖先礼后兵，致函袁甲三、翁同书、傅振邦等人，要求他们退出淮河流域。

一片紧张气氛之中，咸丰十一年年初，发生了"寿州绅练仇杀案"。

自省会安庆落入太平军手中，庐州（合肥）被太平军掌握后，寿州已是安徽的政治中心，安徽巡抚翁同书即驻寿州。寿州地方上的士绅孙家泰、蒙时中等人，组织团练多年，实力强劲，苗沛霖也想加以笼络。咸丰九年，孙家泰的弟弟孙家鼐考中状元，苗沛霖亲到寿州城下，准备向孙家致贺。不想"州城闭，不得入"，"满腔忌克"的苗沛霖从此对孙家泰恨之入骨。

咸丰十年年底，苗沛霖修书命寿州团练"听其调度"。孙家泰等士绅对此置之不理，加强城防。翁同书得知双方要发生冲突后，想居中调和。此时节外生枝，苗沛霖安插在城内的七名干将，被孙家泰手下抓捕后诛杀。十一月十三日，苗沛霖以报仇为名起兵，围攻寿州，同时夺取袁甲三在淮河上运送饷银的炮船。

翁同书在寿州布置防守之策，同时修书袁甲三，请配合镇压苗沛霖。翁同书至寿州时，发现守城兵员五花八门，既有清军，也有地方团练，更要命的是，还有被邀请前来守城的捻军。这部分捻军看到袁甲三部队的运粮船经过，就出动抢劫，与袁甲三部展开恶斗。守城清军也带了炮船加入混战，帮忙打击袁甲三部，前线是一片混乱。

混乱之中，袁甲三却有自己的算盘，他看到苗沛霖集团已经壮大，不能硬碰，转而力主招抚。袁甲三否认了自己的炮船被抢，说是纯属谣言，又劝告翁同书杀掉孙家泰等人，"杀一逆而群逆悉归于我，此妙计也。"在给清廷的奏报中，袁甲三也力主招抚，认为不可操之过急，使苗沛霖投靠太平军。对袁甲三此举，翁同书大为不满，在家书中抱怨道："午公（袁甲三）曲意周旋，虚与委蛇，其患在日后。"

寿州被苗沛霖团练围困了半年，翁同书无法脱身，请求免去安徽巡抚一职，得到清廷同意。寿州民众得悉翁同书去职后，大为惊惧，生怕他一走，苗沛霖要屠城。城内民众苦苦哀求翁同书留下，翁同书遂答应暂时留在城内。

至五月，迫于形势，翁同书上奏，请求给寿州被杀的七名苗沛霖党羽"议恤"。七人被抚恤后，苗沛霖并未撤兵，继续围城。袁甲三派人至寿州，给翁同书施加压力，"设法除孙，以释苗怨，而为解围之计"。

在袁甲三再三督促之下，五月初六，翁同书令兵勇捕杀苗沛霖的死对头、寿州团练头目徐立壮，又将孙家泰、蒙时中关押。孙家泰知道局势不妙，在狱中服毒自杀，蒙时中被交给了苗沛霖，以酷刑处死。虽然翁同书、袁甲三满足了苗沛霖的条件，但苗沛霖却不肯撤兵。

至九月二十六日，苗沛霖攻占寿州，孙家泰全族被杀光，寿州城内的很多望族因为参与守城，也被灭族，翁同书则被软禁。

翁同书被软禁期间，见苗沛霖表态"仍愿剿贼立功"，遂上奏帮他开脱，转而攻击寿州团练长期守城之举。翁同书此奏递上后，咸丰帝与军机大臣都感到大惑不解，一直坚守寿州的翁同书怎么会突然变卦，自己抽自己耳光呢，遂让前线将领调查。前方将领对翁同书此举大为不满，曾国藩就认为翁同书"颠倒是非，荧惑圣听"。一时之间，舆论不利于翁同书。同治元年年初，翁同书回到北京后被处以斩监候，算是额外开恩了，因为他的父亲翁心存、弟弟翁同龢，此时正红得发紫。

同治元年，清廷再派胜保南下安徽。胜保再来，与袁甲三是仇人相见，分外眼红，时时为难，处处作对。在胜保的招抚下，苗沛霖与太平天国决裂，反攻太平军，导致安徽战局发生巨大变化，太平军退守庐州，捻军退回皖北。同治元年四月，清军攻克庐州，陈玉成败走寿州，被苗沛霖诱擒。袁甲三向苗沛霖索要陈玉成，不想苗沛霖却将陈玉成当作礼物送给了胜保。

此时袁甲三也受到翁同书的牵连，因为他在寿州围城中力主招抚苗沛霖。老对头胜保甚至一字不漏地将袁甲三力主招抚的内容抄录上奏，虽然他主张招抚更为卖力。清廷先是对袁甲三处以交部议处，经过曾国藩说情，得以加恩宽免。袁甲三这时半身麻痹，行走困难，就奏请开缺返乡，此后由李续宜接替了袁甲三的钦差大臣职位。同治二年，返乡途中，袁甲三病死在河南陈州，只活了五十七岁。袁甲三死时，他的族孙袁世凯已经五岁。他怎么也不会料到，他的后人袁世凯，将会埋葬这个他誓死捍卫的王朝。而奠定袁世凯从政基础的，正是他袁甲三。

袁甲三坐镇江淮，切断捻军与太平军的联系，使曾国藩可以全力经营长江流域，功劳极巨。"当是时，粤寇在南，皖寇在北，苗逆盘踞于西。公以孤军措其间，腹背受敌。卒能转弱为强，制贼不得合并，为东南一大转关。"

袁甲三锋芒毕露的个性，使得他多次被政敌打击，几度沉浮。在围剿太平军、捻军的长期战事中，袁甲三集团未能如曾国藩的湘军、李鸿章的淮军那样坐大，原因诸多。

袁甲三虽然握有军权，却始终未能担任安徽巡抚，也就不能控制地方行政。李鸿章认为胜保、僧格林沁和袁甲三等人在安徽之所以"久劳无成"，因为他们只执掌兵权，而未能控制地方行政。曾国藩、左宗棠及李鸿章等人之所以能获得成功，在于他们"治兵本省，权无旁挠"。由于未能控制地方，临淮军的军饷也受到限制。清廷曾指定山东、河南、山西、陕西、江西等省以及闽海关、两淮盐运使署拨款作为军饷。虽然清廷再三严旨催促，但"各省置若罔闻"，"迄无一应"。由于军饷缺乏，袁甲三本人长期领不到薪俸，积欠达七千余两。在前线，袁甲三看到自己士兵，"衣不蔽体，食不充饥，旗帜号衣，均不全备，不禁怆然泪下，自愧无能"。

曾国藩则以江西、湖南、广东等省的厘金作为军饷，胡林翼控制湖北，作为军饷供给地，左宗棠控制了浙江，李鸿章控制江苏、上海，各自主政一方，广进财源，发展力量。与他们相比，临淮军杂乱无章，八旗兵、团练、绿营、土匪，充斥其中。袁甲三多次被排挤离职，军队被其他统帅接收，未能得到持续稳定的发展。袁甲三主持军事时，在军中也受到各种限制，而其他军事集团，则由曾国藩、李鸿章、左宗棠一手操控。

自从天京变乱后，遭到重创的太平天国能支撑不倒，"首要是由于江北有强大的军队抗击敌人，和江北物资的源源接济"，而主持江北大局的正是陈玉成。陈玉成一死，江北太平军主力也被瓦解，天京门户洞开。湘军进逼天京城下，主战场也从安徽转移到了江浙，此时一支新的军队登上历史舞台，这就是淮军。

第 五 章
合 围 天 京

曾国藩与李鸿章

　　政治上一个好的助手，也即曾国藩所云的"替手"，起着无与伦比的作用。曾国藩曾道："办大事者以多选替手为第一义。"他选择的"替手"如李鸿章、左宗棠，在太平天国战争中均打开了局面，有力地支持了曾国藩。

　　道光三年（1823）正月初五，安徽庐州合肥县东乡，一个新生儿呱呱坠地，此儿即李鸿章。李鸿章八世祖许迎溪与同庄李心庄是好友，李心庄无子，遂以许迎溪次子为嗣，此后许李二姓，互不通婚。李鸿章祖上经过多年耕耘，也稍有产业，但不过是名乡间土地主，屡被豪强欺凌，遂想在科举上有所突破，光宗耀祖，为门庭增辉。

　　李鸿章祖父李殿华，两次乡试失败后，退居乡间，教导子弟。李殿华生有四子，对四个儿子都亲自督导，以期学有所成。第四子李文安，虽然资质中下，却心无旁骛，全心读书。怀抱着改变家族命运的梦想，李文安多次至南京参加乡试，却榜上无名，心中凄切之时，作诗长叹："年来落魄多贪酒，老去猖狂半在诗。"

　　经过多年拼搏，李文安终在道光十四年（1834）考中举人。四年之后，又考中进士，为李氏宗族中第一人，此后李氏家族扬眉吐气，成为肥西望族。

　　李文安生有六个儿子，分别为瀚章、鸿章、鹤章、蕴章、凤章和昭庆。李文安常年在京为官，长子李瀚章在家服侍祖父，照顾弟妹，同时准备科举。道光二十九年（1849），李瀚章拔贡，朝考第一等，外放至湖南担任知县。李鸿章少时，受到父兄关注，在学业上付出较多努力，加上天资聪颖，道光二十年（1840），十八岁时考中秀才。

年少时的李鸿章已是意气风发，壮志豪情，二十岁时曾作诗云："丈夫事业正当时，一误流光悔后迟。壮志不消三尺剑，奇才欲试万言诗。"二十一岁时，在京担任京官的父亲催促李鸿章入京，准备来年的顺天府乡试。入京途中，李鸿章豪迈万千，作诗云："丈夫只手把吴钩，义气高于百尺楼。一万年来谁著史，三千里外欲封侯。"

身材高大、相貌清奇的李鸿章，到了北京后拜谒了老父的同年曾国藩。此时在京准备考试的文人，在九条胡同三号组织文社，请曾国藩担任社长，每月交文三篇，诗三首。李鸿章参加了文社，交接了一批同学，同时也向曾国藩请教诗文。

道光二十五年（1845），李鸿章在恩科会试中落败，曾国藩担任此科会试同考官。虽然李鸿章落第，却得到曾国藩青睐，李鸿章在《禀母》函中云："初次会试，男以诗文受知于曾夫子，因师事之，而朝夕过从，求义理经世之学。"

道光二十七年（1847），李鸿章再次参加会试。此科李鸿章高中，列为二甲第十三名，朝考后入翰林院。入翰林院后，李鸿章一直忙于经史文章之中。如果没有震撼清廷的太平天国大起义，李鸿章的命运可能是在京师长期沉沦，或是攀附权贵扶摇直上，而不会是在东南叱咤风云，手握重兵，称雄于大江南北。

咸丰三年（1853），太平军攻占安庆，安徽巡抚蒋文庆自杀。却说安庆被攻克后，蒋文庆先是吞金自杀，却未死成，又吃毒药，结果半死不死。家人抬他上轿子，跑到大门口碰上太平军被杀。

安徽战局紧急，皇帝震动，就让群臣上奏议论。正在翰林院混日子的李鸿章，一日逛琉璃厂，碰到父亲的同年进士、安徽老乡吕贤基，就鼓动他上奏陈述安徽问题。吕贤基看着李鸿章这么积极，就让他代笔。李鸿章当夜挑灯，洋洋洒洒，写好奏折递上。

太平天国声势浩大，初起是无坚不克，所向披靡。看着军费开支日益高涨，咸丰帝想省钱，就选派了一批京官至各地办理团练。此时吕贤基声情并茂，为国为民的奏折递上，皇帝看了无比感动，当即决定派吕贤基回老家安徽办理团练。

书生带兵，除了撞大运者，基本是自找死路。吕贤基全家听到这个消息后，闭门痛哭。哭罢，吕贤基想起是李鸿章这小子怂恿自己上奏，心道"君祸我，我亦祸君"，就奏请让李鸿章一起返回安徽，同去安徽的还有一名多嘴的御史袁甲三。

吕贤基、袁甲三、李鸿章到了安徽，此时负责安徽军事的是八十老翁周天爵。李鸿章追随周天爵，参与了几次战事，得到了些军事经验。安庆失守后，安徽省会迁至庐州，新任安徽巡抚李嘉端手中缺人，看着安徽"遍地皆贼"，将李鸿章要过去办团练。

李嘉端在安徽的日子不好过，先是太平军北伐，如猛虎入皖，后有西征军狂扫而过，如狂蟒卷地。靠着运气好，李嘉端、李鸿章才保住性命，每日里却是风声鹤唳，惊弓之鸟，日子极不好过。四月，李鸿章带了团练坐镇漕粮运输要道东关。数月辛劳，侥幸无事，也得了军功，被赏了六品顶戴花翎。不过时人却揭了李鸿章的老底，上游有放河灯漂流于水上，李鸿章疑为太平军杀至，带了兵退守山上。李嘉端却运气不佳，因为十六万石运河漕粮被太平军抢走而被革职。

不久石达开亲赴皖北指挥，集合重兵攻击，吕贤基守卫舒城兵败，投水自杀，死后谥号文节。

新任安徽巡抚江忠源至庐州后，曾国藩居中联系，希望二人合作，并夸奖李鸿章是大有用之才，"阁下若有征伐之事，可携之同往。"又转告李鸿章、袁甲三，在安徽要帮助江忠源作战。

江忠源到庐州后，困守孤城，李鸿章带了六百团练，奔赴舒兴阿军中，想会同官兵一起前去解救。只是清军各路主将彼此牵制，救援不力，庐州城破，十二月十七日江忠源跳水自杀。

接下来上任的安徽巡抚福济是李鸿章的座师，到安徽后对李鸿章自然要加以栽培。李鸿章也格外卖力，带了兵勇与太平军厮杀。咸丰五年（1855），李鸿章领兵进攻巢湖，双方对峙。

李鸿章的老爹李文安，也在咸丰四年回到安徽帮办团练，先后转战于庐州、巢县一带。李文安老先生年迈体胖，多年安稳京官做下来，哪里吃得消军旅劳顿，不久一命呜呼。李鸿章离开军营回去奔丧，前脚刚走，后脚太平军就猛击清军大营，全军覆没，李鸿章因为奔丧而保住了性命。

此后清军与太平军在庐州城外交战，惊恐万分的李鸿章未战先逃，导致营垒被攻破，仅存一营被太平军包围。和春得悉后带了精兵星夜驰援，才解了围困。次日李鸿章去拜见和春，吹捧他"声威大震，以军门为最"。和春则回以"畏葸溃逃，以阁下为先"。李鸿章赧颜而退，大江南北，传为笑谈。

除初期跟着周天爵打打起义的农民，获得了些胜绩外，此后几年李鸿章在安徽屡屡被挫，侥幸得存，已是万幸。李鸿章屡遭败绩，由于福济袒护，反而得了个记名道实衔，招致官场忌恨。咸丰六年（1856）夏天，李鸿章感叹道："四年牛马走风尘，浩劫茫茫剩此身。"

咸丰七年（1857），陈玉成、李秀成联合在皖北发动攻势，连克桐城、舒城等地，李鸿章所部团练被打得大败，仓皇逃命。恩师福济看他如此狼狈，留在安徽早晚必有一劫，就帮忙奏称李鸿章丁父忧期限已满，待经手事情办理完毕后，可以回京供职。

福济因为在安徽未能打开局面，处处被动，咸丰八年（1858）被免去职务，以翁同书接任。福济一走，李鸿章回京之事成为泡影。不久陈玉成攻克庐州，将李鸿章祖宅焚烧一空，李鸿章带了家人一路狂奔，逃到江苏盱眙明光镇。

在安徽折腾了五年，李鸿章功业未建，"昨梦封侯今已非"，反而落了个"好猛进""浪战"的恶名。手中无兵又无钱，办理团练，又四处逼捐筹钱，更得了"翰林变绿林"的骂名。

一名身材高大的团练头目，带了一群饥肠辘辘、衣衫褴褛的团练，闯入民居中，掀开锅盖用手抓饭吃，边吃边骂"弄妈，快来扫（吃），扫了好跑路"。这就是诗书文章浸染多年的李鸿章李翰林在安徽的形象。不过几年辛苦折腾也不是没有收获，李鸿章与庐州地方的大小团练头目建立了密切联系，为他以后组建淮军奠定了基础。

李鸿章自知在安徽无法发展，就跑到镇江，"图再举，皆落落无所合"。

直到咸丰八年，李鸿章投奔曾国藩，方获得了出头之日。

咸丰八年，进退维谷、彷徨无措的李鸿章到南昌省亲。此时李鸿章的母亲在长兄李瀚章处，李瀚章则依附于曾国藩，并不时吹捧二弟的道德与才华。

借助此次省亲的机会，李鸿章至江西建昌谒见曾国藩。此前，曾国藩的弟弟曾国华在三河战死，正自悲切，李鸿章的到来让他感到欣喜，老天赐他一替手。曾国藩用所学的相面术，对李鸿章进行了分析，得出结论是此人口方鼻正，目深有神光，天庭饱满，是可用之大才。

十二月十日，二人见面，连日畅谈时事，相谈甚欢。曾国藩邀请李鸿章留下，李鸿章欣然答应，遂入了曾国藩幕府，帮助处理稿件，批阅公文。

刚入曾国藩幕府，年轻气盛，言大志高的李鸿章还是安徽办团练时的习气，每天睡到太阳晒屁股才起床。曾国藩及幕僚们的习惯是一早起床，所有人一起吃早饭，李鸿章就推托头痛不去，赖在床上睡觉。一日李鸿章在床上鼾声如雷时，有人过来请他，云"必待幕僚到齐乃食"。李鸿章无奈，披了衣服，睡眼蒙眬，踉跄前去。曾国藩看了他这个样子，吃完早饭后发下筷子告诫他道："少荃，既入我幕，我有言相告，此处所尚惟一诚字而已。"此后李鸿章稍微收敛骄横之气。李鸿章一生对曾国藩充满敬意，言必称"老师"。到了晚年，李鸿章对吴永回忆此事道："我老师文正公，那真是大人先生。现在这些大人先生，简直都是秕糠，我一扫而空之。"

李鸿章入幕府后，很受曾国藩器重，想培养他带兵打仗。鉴于太平军马队的威力，曾国藩派李鸿章到安徽颍州、亳州一带，招募马勇，组建马队。李鸿章对组建马队一事却没有兴趣，畏首畏尾，称要与哥哥李瀚章商量之后再定夺。

在给胡林翼的信中，曾国藩道："鸿章其才与气，似可统一军，拟令其招淮南之勇，操练马队。"但李鸿章在安徽地方上厮混日久，"阅事过多，不敢轻于任事，刻尚未相许也"。

李鸿章特意跑回南昌，与哥哥李瀚章商量，哥哥也不支持他去办马队，为此特意写信给曾国藩推辞。曾国藩坚持己见,不停给李鸿章打气,举出湘军水师杨载福、彭玉麟的例子来鼓励他。李鸿章见没法推脱,只好派人到颍州,准备招募马勇五百,结果却是空手而归。

咸丰九年(1859),曾国藩移师抚州,李鸿章一起跟着效力。在英才济济的曾国藩幕僚之中,广有恶名的他颇有寂寞之感,感叹"千秋之名身后事,且寻高阳旧酒徒"。

此年五月十日,曾国荃领兵前往景德镇,李鸿章也跟在曾老九后面帮办军务。心高气傲的李鸿章,在专横跋扈的曾国荃手下"从参军事",总是有牢骚的。曾国藩不得不一再写信鼓励、告诫他,"阁下闳才远志,自是匡济令器","作字则筋胜于肉,似非长处玉堂,鸣佩优游者。倘为四方诸侯,按图求索,不南之粤,则东之吴,北之齐豫耳"。

五月二十六日,曾国藩正式奏报朝廷,留李鸿章在军营帮办军务,因为李鸿章的人事关系还在翰林院,所以必须要有此举。曾国藩对李鸿章的评价颇高,认为他"久历戎行,文武兼资"。待江西归来后,曾国藩继续栽培李鸿章,重要事务都与他商量,在给郭嵩焘的信中他写道:"此间一切,取办于国藩与少荃二人之手。"

咸丰十年(1860),太平天国在苏南战场上取得突破,攻破江南大营,拿下常州,苏州眼看着也是指日可下。四月二十二日,在得到苏州失陷的消息后,曾国藩与军中三李(李元度、李瀚章、李鸿章)商谈,认为苏州失陷,关系天下全局。

为了挽回东南危局,咸丰帝不得不让步,给了曾国藩几年来梦寐以求的两江总督一职,虽还是暂署。

四月二十九日,任命发下,曾国藩署两江总督,领兵前往苏州。对此曾国藩早有准备,一旦江南危急,朝廷必然要让湘军分兵去救。此时曾国藩已定计攻打安庆,自然不会轻易动摇,遂亲自带了万人,渡江在皖南祁门驻扎,摆出救援江浙的姿态。

对于曾国藩前往祁门,李鸿章大力反对,认为祁门地形如在釜底,是兵法上的绝地。曾国藩则坚持己见，对李鸿章道："如胆怯，可各散去。"后来曾国藩在祁门屡屡遇险，几次在鬼门关上打转，足证李鸿章的先见之明。就是否撤围安庆，曾国藩倒听从了李鸿章的建议，"得少荃数言而决。定围安庆、桐城二军皆不撤动。"

六月二十四日，曾国藩实授两江总督，督办江南江北行政军事事务。此时曾国藩掌控两江行政、军事、财政大权，也开始派出替手，经略各地，他接连保举沈葆桢、李鸿章、黄翼升等人掌握实权，李鸿章更被举荐担任两淮盐运使。虽然曾国藩吹捧李鸿章劲气内敛，才大心细，咸丰帝却没有同意李鸿章担任两淮盐运使。

此间祁门大营吃紧，李鸿章继续留在曾国藩身边运筹帷幄，不想这师徒二人却突然闹僵，导火索则是李元度。李元度是湖南平江人，最早追随曾国藩办理湘军。就是否用李元度守徽州，曾国藩纠结再三，曾请精通《易经》的幕僚为他卜卦，最终决定派他守卫徽州。

八月二十五日，负责防守徽州的李元度战败，逃往浙江。清军已坚守六年的徽州，在李元度到任后仅九天即告失守，一时矛头都指向李元度。曾国藩初时不知李元度下落，只当他战死前方了，痛哭流涕，凄咽不已。不想消息传来，李元度竟然没死，还在徽州失陷前逃出。

随后李元度来信解释，信中颇有抱怨之意，而李元度战败后不回祁门，转走浙江，更让曾国藩骇异。曾国藩看了来信后大怒，认为"此人殆不足与为善"。

浙江巡抚王有龄盘踞在丰饶之地，手中有钱无人，一直想挖湘军墙脚。此次李元度战败逃奔浙江，亲近王有龄。王有龄也帮李元度开脱战败之罪，"复奏请李元度募八千人入浙，免论徽州罪，且擢为按察使"。

十月，曾国藩得悉李元度投靠王有龄后大怒，让李鸿章写奏稿弹劾李元度。李鸿章帮李元度说情，认为他以三千新招募的士兵，对抗太平军一万精锐，战败情有可原，且多年患难与共，不该如此绝情。不想曾国藩却不给李鸿章面子，见他帮说情更加恼火，在日记中写道"而又见同人多不明大义，不达事理"。

曾国藩催促李鸿章写弹劾奏稿，李鸿章则云："门生不敢拟稿。"

曾国藩就道："我自属稿。"

李鸿章针尖对麦芒："若此则门生亦将告辞，不能留侍矣。"

曾国藩则道："听君之便。"

因为曾国藩的弹劾，导致李元度去职，曾国荃、胡林翼都认为曾国藩做得太过了。当年曾国藩领湘军作战，在靖港兵败时准备投江自杀，李元度"宛转护持，入则欢愉相对，出则雪涕鸣愤"，可谓是休戚与共，忠心耿耿。

后来曾国藩自己也反省，在给曾国荃的信中道："次青之事（李元度字次青），弟所进箴规，极是，极是。吾过矣，吾过矣。余生平于朋友中，负人甚少，惟负次青实甚。"李元度虽屡被曾国藩弹劾，却依然推崇曾国藩。曾国藩去世后，李元度撰文云："生我者父，知我者公。公之于我，地拓海容。"李元度在曾国藩众幕僚之中，地位最高，关系最深，本可成就一番事业，最后却不及李鸿章、左宗棠，在仕途上也是几上几下，历经坎坷，缘起于此。

李鸿章牛脾气一上来，拍拍屁股走人，跑去南昌，闲住了一年。以李鸿章现在的资历，跑到哪里都能谋份好差事。李鸿章也不是没有动过心思，他写信给同年沈葆桢，想到福建谋个差事，被沈葆桢劝阻。另一位同年郭嵩焘则劝他要先立功名，还是得投奔曾国藩，李鸿章看了信后"怦然有动于心"。此后李鸿章一直赋闲，等着再回到曾国藩身边，他明白跟着曾国藩混才有大前程。

咸丰十一年（1861），曾国藩首先抛出橄榄枝。五月十八日，曾国藩写信请李鸿章回来帮忙，称"阁下久不来营，颇不可解"。

李鸿章看了信后大乐，顿时释然，再入曾国藩幕府。六月六日，李鸿章到达湘军东流大营，曾国藩兴奋异常，"夜与少荃夜谈至二更末"。此次李鸿章归来后，曾国藩对他愈加青睐，"礼貌有加于前，军国要务，皆与筹商"。

安庆攻克后，曾、李二人在安庆长谈多日，策划下一步战局。八月十五日，李鸿章夫人去世，返回江西料理后事，至九月下旬才忙毕。九月二十四日，李鸿章返回安庆。月底，京师政局突发政变，顾命八大臣被拘禁，奕䜣出任议政王，主持军机处。原先的"祺祥"年号，也被改为"同治"。

替手淮扬建军

自1843年上海开埠，英、美、法在上海建立租界，西方各国商人纷至沓来，上海很快发展起来。咸丰十年太平天国经略江浙之后，大批江浙士绅携带家财躲至上海。据估计，为逃避战乱，逃奔上海租界的华人多达三十万。由于大量富人的涌入，导致上海地价激增。租界地价原先每英亩四十六至七十四英镑，至江南战乱后，激增至每英亩八千至一万二英镑。

咸丰十一年（1861）冬，在浙江大部及上海的川沙、奉贤、南汇失守后，上海四面被困，贸易受到影响。沪上中国士绅与洋商感受到了太平军的威胁，遂组织了中外会防局，联防上海。

同治元年（1862）二月，太平军第二次攻打上海，攻陷太仓、松江等县，上海岌岌可危。当时沪上有三官三绅，共同维持局面，"三官"即吴煦、吴云、应宝时，"三绅"即冯桂芬、顾文彬、潘曾玮。

这些士绅的活动能力很大，背景更深，能左右沪上局面。如潘曾玮出自苏州世家潘家，其父亲是长期主持军机处的潘世恩。顾文彬是苏州人，后世可能对他比较陌生。可说起过云楼藏书，天下皆知，顾文彬号过云楼主，过云楼藏书皆是他所珍藏。至于冯桂芬更是大名鼎鼎了，一部《校邠庐抗议》足以流芳千古。

以冯桂芬为首的士绅，运动苏松太道吴煦，请曾国藩派兵入沪助战。此时江苏巡抚薛焕也逃到上海，收容了大量溃兵，手上也有五六万人。薛焕担忧湘军入沪，会影响到自己的权势，拒绝所请。

之后太平军发动强攻，薛焕手下的兵"皆市井无赖，或窃盗"，哪里是太平军的对手？无奈之下，薛焕只好同意请湘军入沪。此时事态紧急，遂由冯桂芬起草文稿，由户部主事钱鼎铭代表沪上士绅，由厉学潮、张瑛代表上海官场，出发前往安庆。一行人从水路搭乘外国轮船，二月二十八日至安庆。钱鼎铭见到曾国藩时，陈述上海局势吃紧，声泪俱下，频频磕头求救。

钱鼎铭等人也不是空手前来，随身带了二十万两白银。钱鼎铭的二十万两银子，曾国藩还瞧不上眼，可钱鼎铭带来的冯桂芬的一封信却吸引了他的注意力。冯桂芬介绍了上海的商业发达，并说在上海每个月可以筹集到六十万两饷银，这可是巨大的诱惑。曾国藩对上海这块肥肉垂涎三尺，可手中却无兵可分，又担忧上海"地僻远，即有急，声援不相达"，不敢答允。

钱鼎铭转而找到李鸿章，请他运动曾国藩，派兵前往上海。曾国藩在日记中记道："少荃商救援江苏之法，因钱莒甫鼎铭来此请兵，情词深痛，不得不思有以应之也。"曾、李二人考虑再三之后，决定出兵上海。此时湘军占据安庆，沿长江东进，直扑天京。如果再在上海开辟战场，由下捣上，可以东西两线合围天京。

曾国藩最初考虑以曾国荃为主帅前往上海，曾国荃却不想去，认为不合时宜。曾国荃内心自有小算盘，拿下安庆后，天京就在眼前，何必舍近求远，去什么上海？

环顾四周，最佳的人选就是李鸿章了，再说，本来曾国藩就打算让他以曾国荃副手身份去上海。

李鸿章援沪，湘军之中人手紧张，分不出太多兵。解决的办法就是让李鸿章在安徽招兵，而庐州一带经过多年战事之后，已有相当数量的团练。李鸿章在安徽办了几年团练，与地方上各路团练头目相熟，就一一修书加以笼络。

庐州一带最大的团练头目张树声本是李鸿章父亲旧部，第一个响应李鸿章，带了团练来投。经过张树声动员，重要的团练头目潘鼎新、吴长庆、张遇春、周盛波、周盛传兄弟等人也来投奔。这些团练头目与太平天国有着刻骨仇恨，又在地方上厮杀多年，但一直是民团，而不是官团，给他们个转正机会，自然不肯放过。

张树声是合肥人，太平军进入皖北后，他带领团练与清军作战，被曾国藩赞为祖逖一般的人物。潘鼎新、吴长庆二人都是李鸿章父亲的门生。潘鼎新的父亲潘璂在三河镇之战中被杀，潘鼎新与子侄亲自赶赴三河，将父亲的遗骸寻回。吴长庆是安徽庐江人，其父吴廷香办理团练，在庐江战死。吴长庆"仓卒弃诗书，攫锋刃"，要为父报仇，与太平军作战时格外骁勇，曾国藩称他"忠义坚定，不可挠折"。至于周氏兄弟，也是办团练起家，其兄周盛华被太平军打死，二人更加拼命，要为兄长报仇。

未来淮军中大名鼎鼎的刘铭传也投奔淮军。刘铭传外号"刘六麻子"，年轻时杀过人，贩过私盐，可谓是绿林巨枭。虽然他和李鸿章是同乡，并在乡间办理团练多年，可他所办的是民团，没有官方身份，说难听点就是等待招安的土匪。此次刘铭传跟着张树声一起投军，想博个富贵功名，不想后日成为台湾的首任巡抚，名垂青史。

曾国藩初次召见未来淮军诸将时，躲在屏风后两个小时不出，观察"野气未除"的淮军诸将如何反应。结果张树声面无表情，刘铭传则跳脚大骂，嚷嚷不见就不见，有啥了不起。随后曾国藩出来请诸将吃元宵，吃完之后问众人元宵有几个，结果只有外表粗犷的刘铭传刘麻子答了出来。观察下来后，曾国藩对张树声、刘铭传二人评价最高，认为是大将之才。

淮北地方上众多子弟，在乱世之中本无出路，突然天上掉下个大馅饼，投军打仗，能拿厚饷，还能去花花世界上海开眼界。淮北子弟带着升官发财的梦想，纷纷加入淮军。淮军初具规模后，李鸿章忧虑远征异地，没有精兵宿将，会一战即溃，请曾国藩再拨出精锐湘军，加强战斗力。

曾国藩给了淮军一笔丰厚的"嫁妆"，拨出精锐湘军八营，归其节制。淮军组建之初，湘军调出的兵力有八营，淮军中只有春字、铭字、鼎字、树字、庆字五营是两淮子弟。

划归李鸿章手下的将领之中，以程学启最具传奇色彩。此次抽调他前往淮军，初时程学启并不愿意，想继续跟着湘军吃肉喝酒。又是孙云锦提醒他，你一个安徽人，在湘军中有什么前途？此前湘军攻占三河镇后，曾国荃为了报哥哥曾国华在此丧命之仇，想将俘获的太平军屠戮。程学启出面劝阻，二人产生摩擦，心存芥蒂。思来想去，程学启决意投奔李鸿章，"吾辈皖人，于湘军终难自立。大丈夫当别成一队，岂可俯仰因人。"

不过程学启后来的发展，让曾国藩、曾国荃刮目相看。曾国藩对曾国荃道："余年来愧对老弟之事，惟拨去程学启一名将，有损于阿弟。"

淮军之组建，虽得到了曾国藩的鼎力支持，仍面临诸多困难。庐州一带团练，在地方上厮混多年，打仗功夫不见如何，逃命功夫却锻炼成了第一流。此次看着要去上海真刀真枪地玩命，一些团练打起退堂鼓，择机逃跑。淮军所组织的各营，都是临时拼凑而成，各将领彼此不相能，军中更缺乏如湘军塔齐布、鲍超、杨载福这样能让全军敬畏的核心将领。虽然上海地方开出重金，邀请淮军迅速入沪，可所开的却是空头支票。仓促之间无军饷可发，李鸿章不得不让上海把钱粮筹好，安抚军心，可早日出发。

至于如何将淮军运往上海，也是较多周折。曾国藩最初考虑水陆并进，在上海的吴煦、顾文彬等人则力主租用外国轮船运兵，并与洋行谈妥，租用火轮船，运兵九千人，包括骡马军械等，共计运费十八万。江苏巡抚薛焕看了运费报价单后，以价格过贵为由拒绝。

巡抚不同意，吴煦犹豫不决，考虑是否采用其他行军方式。顾文彬坚持由水路运输，说服吴煦去找薛焕再谈。薛焕就问吴煦："资将安出？"

吴煦回道："顾某任之。"

薛焕追问："顾某有此力耶？"

吴煦回复道："贷之洋商得之矣。"

看着顾文彬要找洋人贷款运兵，薛焕也不能阻止，只好答应。

上海这边搞定了运费，谈好了洋行，淮军这边却闹起了别扭。很多人对于乘坐洋人的轮船，穿过太平军控制水域是否安全存在怀疑。有人鼓噪还是从陆地进军，相对比较安全，曾国藩、李鸿章一度考虑过从陆路行军。钱鼎铭紧急从上海赶到安庆，告知已订好了英国轮船，运淮军到上海没有任何问题，打消了二人的疑虑。

最终淮军决定从水路前往上海。第一批出发的淮军，是李鸿章的亲兵营与程学启的开字营。三月初八，第一批两千余人从安庆登船。曾国藩亲自为程学启送行，并鼓励他道："江南人誉张国梁不绝口，汝好自为之，亦一国梁也。"

第一批淮军乘船路过南京时，南岸的下关，北岸的九洑洲，太平军立在营垒中虎视眈眈。看着太平军寒气森森的炮口，淮军闷在船舱中，头也不敢抬。当日所乘虽是新式火轮船，可安庆到上海也要三日。李鸿章三月初十到达上海，在城西扎营。第二批淮军在三月十三日动身，主要是张树声的树字营，刘铭传的铭字营。刘铭传临行前不忘赋诗，云："从军气壮晨趋马，破晓云开鸟出山。""中兴将士堪平寇，我待功成定早还。"

同治元年（1862）三月初十，挂着英国国旗的火轮船停靠在上海十六铺码头。码头上人头攒动，人群中涌动兴奋的气息，救兵终于来了。不想救兵走下轮船时，所有围观的人都目瞪口呆，这支军队"帕首，勇字短上衣，长裤扎绑腿，足着草鞋"。说着一口上海人所瞧不起的皖北土话，头上用土布包头，身上穿着邋遢的号褂，前胸和后背有五寸左右的圆形，写着某营某兵字样。

穿得差就算了，可这群兵看起来都无精打采，手里拿的武器更是千奇百怪。"来了群叫花子兵""来了群大裤脚兵"之类的议论很快在市井之间风传，而迎接这群大兵的却是无数充满疑惑与忧虑的双眼。乘坐"千岁丸"抵挡上海的日本使节团看了淮军后，有成员嗤笑道："我一人可敌五人。"

"弄妈，都讲大爷们是土老，你们给我好好搞，别丢面子。"李鸿章口沫横飞地和江淮子弟们训斥道。淮军刚到上海，开始训练将士，提高作战能力，同时整顿军纪，严禁吸食鸦片，骚扰民众。为此李鸿章特意将曾国藩写的《爱民歌》照搬过来，教给淮军传唱。不过曾国藩对弟子在上海的这套做法，还是有点忧虑，写信叮嘱他："少一分播扬标榜"。

初到上海时，淮军使用的还是旧式抬枪、鸟枪，至于如何使用，观看淮军操练的日本人对此有生动记载："放铳时需要用三个人，一个人把铳头扛在肩上，一个人把住铳尾，一个人用火绳点火。装火药由铳头的人干，持铳尾者负责瞄准。"

此时李秀成十余万大兵杀奔上海，被华尔带领的几百人洋枪队给硬生生地挡了下来。洋枪队出征嘉定，又大获全胜，这吸引了李鸿章的注意力。

　　洋枪队由美国人华尔在 1860 年创办，初期只有一百余人，军饷开支均由地方官绅筹集，后改由江海关支付。1861 年增加到四百五十余人，装备有火炮、最新式的来复枪和左轮手枪。洋枪队成员主要由西方各国的水手、逃兵、冒险家、海盗及各路流氓组成，都是不怕死的冒险家。

　　李鸿章派人去洋枪队暗访，得悉洋人新式枪炮的威力后，大为惊羡，立刻派人去找他正在广州办理捐厘的大哥李瀚章，花重金从香港买了三千支新式洋枪。洋枪不同于昔日的旧式火绳枪，采用铜帽击发，射程远，精度高，装填速度快。

　　土老换洋枪，立刻上战场。李鸿章将自己的亲兵营改为洋枪队，随后与太平军展开激战，装备新式洋枪的淮军大获全胜。李鸿章按捺不住激动，得意扬扬地告诉曾国藩："亲兵营枪炮队伍竟为上海诸军之冠。"装备的改善，大幅提高了淮军战斗力，以致李鸿章认为一营可抵两营之用。

　　此后淮军各部开始换装洋枪，换装后的淮军，一营有二十八个洋枪队，十个劈山炮队。每营洋枪最少三百，最多四百，并有老式劈山炮四十门。作战时，淮军用老式劈山炮掩护洋枪队作战，能奏奇效。不过李鸿章对洋炮的犀利更为羡慕，但由于英法的限制，一时难以买到新式火炮。

　　通过常胜军华尔帮忙，淮军逐渐装备上了西式大炮。在给曾国藩的信中，李鸿章也描述了英法军舰大炮的犀利："鸿章尝往英法提督兵船，见其大炮之精纯，子药之细巧，器械之鲜明，队伍之雄整，实非中国所能及。"经过李鸿章的不断努力，同治二年淮军第一支新式大炮组成的炮队成立。

　　李鸿章在采购新式武器上不惜工本，采购到新式武器后，更重要的则是训练。但李鸿章不肯将自己的嫡系淮军交给洋人训练，怕沾染上洋人自由散漫的习气，难以统带，所以请老外教练可以，但不能雇用太多，"莫专靠洋人做生活"。李鸿章嫡系部队不可以交给洋人，扩编的部队则可交给洋人训练。同治元年（1862），李鸿章将薛焕旧部千余人交给英国军官在松江训练，之后改为"会字营"。此后又将当地练勇六百人交给法国军官在徐家汇训练，成为"庞字营"。

　　三月二十七日，李鸿章奉命署江苏巡抚，跻身封疆大吏。刘铭传写诗作贺：

"半壁皆烽火，江南不见春。离家三四月，航海八千人。才系苍生望，身承宠命新。英雄有抱负，举止自天真。"诗写得一般，可李鸿章看了却很是受用，上马能杀人，下马能写诗，我淮军中也不乏杨载福、彭玉麟这样的将才啊。

李鸿章一就任江苏巡抚，就将湘系的死敌何桂清抓捕送京。同治元年五月，何桂清被关入刑部监狱，最终沦为刀下鬼。

以淮军十三营军力而言，区区六千五百人要应对太平军仍有不足。到了上海后，李鸿章大力扩充步兵，两年之间，淮军扩建到三十个营。前江苏巡抚薛焕的六万余散兵游勇，被李鸿章裁减了三万余人，余下的军队重新编组训练后加以使用。对战斗力较强的太平军，淮军更是大力招降。至同治三年（1864），羽翼丰满的李鸿章吹嘘道："蔽部水陆七万人，忙时有益，闲时多愁。"愁的是兵越多，所需要的银子也就越多。

采购洋枪及弹药耗费颇多，李鸿章就动起脑筋，请了一名英国人来制造武器，办了个军工厂。这名英国人马格里是个医生，却自吹精于武器制造，武器造出来后，事故不断，工人伤亡连连。李鸿章炒了马格里的鱿鱼，又再请人来制作枪炮。

江浙一带，水网密布，利于水师行动，李鸿章早先就是淮扬水师名义上的堂官。六月初八，淮扬水师统领黄翼升带了水师三营，战船八十赶赴上海，另有六营水师，计一百二十船留在浦口、扬州。水师到上海后，李鸿章又增添了十余艘战船，并扩充水师，先后收编了郑国魁、郑国榜枪船队伍。枪船是活跃在太湖、运河一带的土匪，有万余只，只能用来侦探带路，不能冲锋陷阵。黄翼升及水师诸将都瞧不上枪船，不过李鸿章还是收编了一批枪船为己所用。

江苏巡抚虽然名义上管辖江苏，但两江总督也驻于江苏，且凌驾于巡抚之上，已被分去大权，此外还有漕运总督驻扎淮安，地位只在江苏巡抚之上。故而江苏官场局面复杂，实际上省内一分为三。江苏巡抚所管辖的，只有苏州、松江、常州、镇江、太仓五个府、州。

李鸿章担任江苏巡抚后，苏南已被太平军控制，江北淮、扬、通、海各地的盐税厘金收入，被漕运总督吴棠把持，用来供应驻屯扬州的江宁将军都兴阿。李鸿章所能控制的地域，只有上海一隅。说起来，驻防扬州的江宁将军都兴阿也看中了上海这块肥肉，上奏请调驻防镇江的冯子材到上海，得到了皇帝许可。只是因为镇江、扬州战事吃紧，都兴阿、冯子材无法动弹，仍留在原地驻防，才没将上海吃到嘴里。

上海是近代中国最大的通商口岸，各种收入可观。上海所提供的军饷主要来于两项收入，一是海关收入，但海关收入中要拨出四成给英法两国，作为中国战败的赔偿。余下六成，本来应解送户部，咸丰年间，此笔款项下放给江苏筹饷局，用作地方上军饷。另外一项收入则是厘金。厘金是按照商品价格百分之一收取，值百抽一，百分之一为一厘，厘金初期有两种，即活厘和坐厘。活厘是对运输中的货物征收通行税，抽之于行商；坐厘为交易税，在产地或销售地征收，抽之于坐商。

上海每月为镇江驻军提供军饷三万两，为湘军提供军饷四万两。此外上海还有各路杂牌军及洋枪队要供养，留给淮军的油水相对较少。要独占上海财源，就要控制肥水衙门如海关、厘金等部门，而这些部门均被薛焕、吴煦等人操控。

初到上海时，李鸿章要面对的就是江苏巡抚薛焕。薛焕此时还兼任五口通商大臣，手中有五六万人的军队。这些军队"竞相奢靡""习气太坏"，作战能力低下。李鸿章到上海不过十七天，就取代薛焕，由自己署江苏巡抚。两个月后，薛焕被调往北京，再由李鸿章署通商大臣，把握江苏地方大权。薛焕一走，上海官场被重新洗牌，盘踞上海多年的吴煦势力被连锅端掉。

吴煦是杭州人，利用太平天国攻占江南之后的大变局，他抓住机会，从一个候补知县崛起，手握上海道、江苏布政使、江海关监督、常胜军督带、会防处总理五颗官印，主持上海，呼啸一方。上海官吏，十有八九是浙江人，都拜在其门下，结成一党。苏松粮道杨坊，则与吴煦沆瀣一气。吴煦还有一帮手下，以俞斌为首，控制了上海的财政、行政。李鸿章到上海后无处插手，牢骚道："沪中十年来发公家财，惟吴、杨、俞三人，远近皆知。"虽然是吴煦邀请他来上海的，可不除掉吴煦，李鸿章就无法掌握财政，就无法扩军，无法提升淮军战力。

　　李鸿章先剪除吴煦党羽，去其羽翼，然后与吴煦明定章程，以厘金济军饷，同时派出亲信薛书常管理厘捐总局。此后又将吴煦苏松太道一职夺去，由黄芳接替。面对李鸿章的攻势，苏松粮道杨坊主动请辞，以求平安退场。李鸿章顺水推舟，一方面吹捧杨坊"志行坚卓"，另一方面将郭嵩焘请来担任此职。

　　李鸿章将关税、厘金分开，关税收入用来偿付给英法的赔款、常胜军军饷、镇江驻军军饷、采购洋枪火药等固定开支，此项收入仍由吴煦负责。此项收入中，支付英法两国赔款占了四成，余下六成之中，相当部分被用来采购洋枪火药，实际上是淮军的开销。而厘金则被用作淮军及本地防军的军饷，由李鸿章亲信薛书常办理。关厘分开之后，淮军获得了稳定军饷，迅速得到发展。李鸿章又增加厘金项目，征收房地产、豆饼、糖油等税收，同时增加厘卡，广进财源。

　　上海海关六成税收加上厘金，每月收入在四十五万两以上。如果再加上其他收入，如薛福成所言："当是时，每月税、厘收入，不下五六十万金。"李鸿章这个大滑头，却不肯说实话，先说每月收入只有二十万两，没人信。李鸿章又说每月只有三十万两，没人信。再说每月收入四十万两，话一出口，李鸿章就后悔了，不承认有这么多收入。

　　到上海半年之后，李鸿章两次给了湘军九万两。但曾国藩不满足，要求必须每月给四万两，一两都不可减少。对此要求李鸿章大为不平，在给曾国藩的信中"牢骚满纸"，又抱怨自己左耳聋鸣了一个月，外人都以为自己有钱，可军饷实在难筹，自己日夜焦躁不安，"情急出走，四路奔突，野性频发"。虽然"野性频发"的李鸿章一直哭穷，可还是以在上海收取的九江茶捐，充作曾国荃围攻金陵的军饷。

　　至于吴煦、杨坊二人的彻底下野，则在同治二年（1863）常胜军白齐文劫饷事件之后。常胜军由吴煦、杨坊等人创办，以美国人华尔为统领。华尔曾在美国西点军校学习过，手下有两名美国人作为助手，即法尔思德、白齐文。李鸿章到上海后，华尔却不来拜见这个新上司。对于华尔，李鸿章认为他不过是"蠢然一物"，可又要借重常胜军的军事力量。

　　因为有华尔及常胜军撑腰，吴煦、杨坊"挟华自重"，有资本与李鸿章叫板。华尔虽不给李鸿章的面子，打起仗来却卖力，战功卓著。随着战事的发展，常胜军扩充到四千五百多人，"人数过重，犷悍难制。其带兵弁目百数十人，皆系外国人"。而常胜军每月军费开支需要银七八万两，李鸿章忧虑尾大不掉，一直想寻机加以裁抑。

　　常胜军名目众多，初成立时叫洋枪队，且地位比较尴尬。咸丰帝对洋人是恨之入骨，哪里肯借师助剿？吴煦等人只能瞒住皇帝偷偷搞起洋枪队。在上海的英国人，对美国人华尔主持的洋枪队也很是不满。英军曾将洋枪队抓了三十多人，罪名是勾引英军参加洋枪队。华尔三次被英国人抓捕，因为吴煦的帮忙才得以逃脱。

　　咸丰十一年，咸丰帝去世。慈禧联合恭亲王，发动辛酉政变之后，掌握大权的恭亲王奕訢采取"借师助剿"政策，洋枪队方才获得合法地位，名字也被定为"常胜军"，华尔被授予武将职，杨坊则会同华尔统领常胜军，掌握常胜军经费。华尔在宁波慈溪战死后，由白齐文接掌洋枪队。性格散漫的白齐文接任后，只求钱财，不顾其他。

　　同治元年年底，清军与常胜军约定，由常胜军支持湘军攻打南京，为此清政府购置了大批军械，做了充分准备，此事搞得举国皆知。不想到了出发日期，白齐文却不愿出发，并勒索巨额军饷。杨坊则以白齐文迟迟不出行为由，要求寻找一名保人，才准白齐文领取军饷。

　　白齐文闻讯后狂性大发，次日带了数十名常胜军赶到杨坊寓所，不由分说，见面即将杨坊一通痛打。杨坊鼻额胸膛受伤，颈项流血，存在寓所内的洋银四万余元被抢走。李鸿章以此事为契机，弹劾吴煦、杨坊办理不善，将二人暂行革职。此后李鸿章又与英国签订《统带常胜军协议》，裁汰常胜军冗员一千五百人，节省了军费，同时派中国军官会同管带常胜军。不过一纸协议，并不表明李鸿章已掌握了常胜军兵权，协议规定常胜军统领由江苏巡抚任命。但常胜军调动和人事任命，必须通过英国军方，这也为后来苏州杀降事件中双方的矛盾埋下了伏笔。

用沪平吴

同治元年（1862）三月二十一日，淮军刚到上海没多久，英军就约淮军进攻嘉定。李鸿章以军队没有到齐，路径未熟为由加以推托。

此间太平军全力出击，常胜军增援嘉定，导致金山空虚。李鸿章派了淮军大队前往金山，接手常胜军留下的阵线。此时南汇已被太平军占领，淮军留下刘铭传与潘鼎新监视南汇动静。太平军南汇守将吴建瀛是安徽人，被李秀成养子忠二殿下凌辱。此番看到安徽同乡带兵过来，就想投降淮军。潘鼎新、刘铭传认为南汇城防坚固，积粮尚多，防守的太平军近万，强攻未必能攻下，就接受了投降。

五月初一，吴建瀛开城投降，刘铭传带了淮军进入南汇。不久忠二殿下派兵反攻南汇，被刘铭传、吴建瀛击退。

五月六日，太平军进逼上海，程学启带兵驻扎虹桥。时太平军五千余人与程学启部相遇，淮军小有斩获，李鸿章大喜："此无意中小胜仗，沪人谓官军向来少有之事。"

五月二十一日（6月17日），听王陈炳文，纳王郜永宽出动五六万人，猛攻虹桥淮军大营，李秀成所部装备洋枪大炮较多，一时弹飞如雨，血肉横飞。李鸿章淮军到上海两个月，未打大仗，唯恐被人轻视，是故此战全力以赴。程学启带了手下先以枪炮抵抗，来不及装弹击发则投掷砖石反击。太平军反复冲击八九次，最终被击退，程学启身负轻伤。曾国藩一看程学启这么能打，后悔放他来上海了，就向李鸿章要人。李鸿章将程学启视为淮军第一战将，怎肯放人？打打痞子腔将曾国藩忽悠过去。

此番李鸿章亲至前线指挥，搬了条板凳坐在虹桥桥头。有人劝他不必亲冒锋镝，他则道，若不亲自督阵，士卒必不肯卖命。李鸿章以翰林院编修从军，每战亲自出动，军中称之为"武翰林"。经过虹桥之战，原先被嘲笑为叫花子的淮军，让人刮目相看，洋人看到淮军时，"皆以拇指示之"。

五月二十三日，淮军进攻泗泾。此前曾国荃带领湘军，已至天京城外雨花台，彭玉麟水师也到了下关，李秀成受命回援天京，带了大部队退到苏州。虹桥、泗泾二役，淮军独立作战，未有洋兵协助，却占尽上风。对此李鸿章颇是得意，写信给曾国藩道："有此胜仗，我军可以自立，洋人可以慑威，吾师可稍放心，鸿章亦敢于学战。"

就在五月下旬，曾国荃手下一名得力干将郭松林突然来沪。郭松林虽贪财好色，却骁勇善战，此次与曾国荃闹翻，就到上海投奔淮军。李鸿章手中缺将领，向曾国荃、李续宜多次要人没要到，看到骁将郭松林来投，就拨了五百人给郭松林带领。李鸿章又厚着脸皮向曾国荃打招呼，说只是暂借郭松林，请"赏脸相借，勿予苛责"。后日郭松林也成为淮军之中一员中坚将领。

六月二十一日，淮军潘鼎新、刘铭传会同常胜军华尔，攻克金山，浦东全境肃清。六月二十五日，李鸿章奏请将翰林院编修刘秉璋调来上海帮忙。刘秉璋是安徽庐江人，在京师求学时拜在李鸿章门下，考中进士后也入了翰林院。李鸿章到上海后，"治军筹饷均需得人襄助"，就将时任翰林院编修的刘秉璋要过来帮忙。

七月，淮军会同常胜军攻克青浦，李鸿章亲率亲兵督战。十二日，华尔用大炮轰击县城。至十五日，轰开南城，常胜军猛扑而上，太平军被俘获四百余人，战死三四千人。

九月二日，淮军会同常胜军、英法军再克嘉定。英法军队撤回上海后，此后不再积极参与作战。慕王谭绍光率众十余万发起反击，在四江口与淮军大战。淮军两营被围困十余日，程学启、李鹤章苦战数日，不能解围。

李鸿章在九月二十日亲自前往指挥，调集淮军各部，于二十二日一起发动攻击，并下令有功必赏，退后必杀。各军卖命攻击，大获全胜。此战太平军损失惨重，死者有一万四千人，洋枪损失数千。因此战有功，李鸿章被实授江苏巡抚。刘铭传到上海后大放光彩，战功显赫，让李鸿章很是满意，夸奖他有应变之才，有血性，有狠劲，对刘铭传所部也是大力扶持。

四江口大战后，驻守常熟、昭文的太平军守将骆国忠想投降淮军。李鸿章派人前往查看，看到骆国忠军中多数是安徽一带民众，念及乡情，就同意投降。拿下常熟、昭文，使李鸿章多了丰腴之地，可以供给粮饷。

李秀成不肯丢掉这块丰腴地方，就调兵来攻，淮军此时兵力吃紧，以常胜军五百七十人运往福山，协助防守常熟，但被太平军逼回。为救援常熟，李鸿章在十二月调集淮军人马，会合常胜军围攻太仓，行围魏救赵计，不想竟大败而归。

同治二年（1863）正月，李鸿章再派人马，进攻福山。福山在常熟之北，是沿江要隘，拿下福山，援军可以从上海直接运至常熟。经过苦战之后，淮军攻下福山，击退太平军援军，被围困了七十余日的常熟、昭文解围。

拿下常熟后，淮军以为苏南各城是指日可下。同治二年春，好消息传来，太仓守将王蔡元求降，李鹤章、程学启领兵前去受降。王蔡元大开城门，欢迎李鹤章、程学启。程学启见太平军严阵以待，怀疑其中有诈，就在城外等待。李鹤章入城后，伏兵四起，腿部被击中，所部被歼灭一千余人。程学启在城外看到是诈降，立即发起攻击，掩护李鹤章逃脱。

李鹤章是李鸿章的三弟，虽然不会读书，屡试不第，却很会打仗。当年在安徽办理团练，打了不少恶仗。淮军入沪后，李鹤章屡建功勋，这次吃了大亏，哪肯罢休？撤出城后，裹伤再战。太仓之战，是淮军、常胜军最为激烈的遭遇战之一。常胜军以炮火轰击了四个半小时后，在太仓城上轰开了缺口，此后连续几次冲锋都被击退。太仓守军中的男女老少都上阵，用一堆堆的石块来击退敌人。致攻下太仓被攻克后，淮军血洗全城。

攻下太仓后，程学启于六月一日攻下昆山。随后程学启、刘铭传、李鹤章、戈登常胜军出动，兵临苏州城下。原先的常胜军头目白齐文，在与李鸿章闹僵之后，转而带了些人马投奔太平军，帮助太平军作战。不过白齐文所统带的外籍太平军，军纪败坏。一次作战后夺取了常胜军的炮艇，结果返程途中炮艇爆炸，在场的六七十名欧洲人中有十七人身负重创，祸事由官兵酗酒所致。白齐文本人就是酒鬼，他借口身体受伤，须时时饮酒止痛，故而上行下效。

李秀成一度亲临苏州，建议苏州守将放弃苏州。慕王谭绍光坚决反对，力主坚守，纳王郜永宽则自有打算，也不同意撤退。纳王郜永宽与慕王谭绍光不和，郜永宽决意投降淮军。而淮军中的郑国魁与郜云宽相识，居中联系。

几轮秘密谈判之后，郜永宽到苏州城外阳澄湖与戈登、程学启亲自会谈。郜永宽答应杀谭绍光作为投名状，淮军则保证郜永宽及部下的安全，并给予副将以上官职，戈登作为担保人。为了加深双方信任，郜永宽还将自己的侄女，嫁给了常胜军军医马格里。

四天后也即十月二十四日，郜永宽利用会议之机，将谭绍光刺杀，并将头颅献给程学启，打开城门，迎接淮军入城。苏州守军中有五千广东人不愿投降，他们将自己的妻儿编在队伍的中央，准备从苏州西门突围而出。结果却被淮军和叛兵内外夹击，他们只好先杀死自己的女眷和儿童，再拼命杀出重围。突围而出者不到三分之一，带着满身的鲜血赶到无锡投奔李秀成。

十月二十五日，作为担保人的戈登，向李鸿章索取额外两个月军饷，以赐给常胜军伤病兵及退役军官。李鸿章没有给出答复，戈登以辞职威胁。随后戈登入苏州城，拜访投降的太平军诸王。程学启则在下午拜会戈登，转告李鸿章只同意多支付一个月军饷，并称李鸿章正上奏请求宽恕投降的太平军将士。戈登则拒绝参加归降大典，以示不满。

十月二十六日上午，戈登命令常胜军开回苏州，同时派人保护李鸿章官船，以防不满李鸿章只肯多发一个月军饷的常胜军来寻衅滋事。到了中午，戈登和郜永宽见面时，对降军的安全表示忧虑，并要将郜永宽置于自己保护之下。郜永宽却很乐观，表示自己的安全毫无问题。

此时李鸿章却对太平军降军生出杀意，主要原因在于八王坚持"添立二十营和奏保副将以上官职"。投降之后，八王向程学启提出兑现投降条件的要求。李鸿章认为这是非分之要求，淮军许多百战之将，此时还没有得到实缺官职呢。可如果不满足八王的要求，将要生出变乱。李鸿章生出杀意时，程学启也建议他尽早下手，铲除八王及降兵。

中午十二时，八王前往娄门参加李鸿章设置的酒宴，被事先埋伏的淮军击杀。半个时辰后，大队淮军进城屠杀太平军。八王被杀后，程学启突然在路上碰到了戈登，顿时面色惨白，请戈登绕道而行。此时戈登并不知道郜永宽等人已被杀，反而派马格里去加以抚慰。

至五时，戈登带了翻译进城，看到淮军在城内抢劫，郜永宽王府被洗劫一空。此时马格里已知道郜永宽被杀，但却找不到戈登，无法告知消息。戈登不知郜永宽已被杀，跑去郜永宽王府后，反而被郜永宽家眷当作人质扣押。当夜，被拘禁的戈登想调集卫队保卫郜永宽家眷，并逮捕李鸿章。深夜二时，戈登派翻译、马夫携带军令出门调兵，不想翻译途中被杀，军令被毁。戈登获取郜永宽家眷信任后被释放，想亲自去调兵，又被淮军扣留了一个小时。

十月二十七日清晨，戈登跑到苏州东门，调了卫队去保护郜永宽家眷，此时郜永宽家眷钱财已被抢劫一空。戈登找程学启算账，程学启则推脱是李鸿章的命令。郜永宽义子被释放后，才将八王被杀一事告知戈登。

戈登赶到现场，看着八王的无头尸体，不禁勃然大怒，当即搭上火轮船，直冲大营，想抓捕李鸿章。李鸿章早就躲了起来，声称八王被杀是因为他们开出了过分条件。戈登作为担保人，自认为有义务替八王鸣冤，就集合常胜军，将杀降事件告知。黄昏时分，戈登携郜永宽义子抵达昆山。次日，戈登集合士兵，要至苏州找李鸿章算账。

英国驻华陆军司令伯朗担心事情闹大，就暂由自己统帅常胜军。此后在谈判中，伯朗要求李鸿章备文认错，李鸿章则坚持这是中国内政，外人无权干涉。经过马格里、赫德劝解，李鸿章拨付七万饷银给常胜军，戈登才重新领兵卖命。

拿下苏州后一周，淮军再攻下无锡。拿下苏州、无锡后，李鸿章并不满足，认为要巩固上海，就得分兵入浙江，攻占嘉兴。可此时曾国藩已派出左宗棠经营浙江，淮军突然入浙，让左宗棠大为不满，大骂："金丹将成，必有魔扰之。"这魔自然是李鸿章了，二人之怨，由此而结。

同治三年（1864）三月十三日，淮军入浙攻占嘉兴，可李鸿章手下的头号悍将程学启也在此战中被洋枪击中身亡，让李鸿章哀叹"左臂顿折"。同治三年（1864）四月，在常胜军配合下，淮军占领常州。鉴于苏州杀降的教训，常州守军拼死抵抗，给常胜军、淮军造成了巨大损失，守城的护王陈坤书被俘后身死。接连拿下苏南诸城，曾国藩大为满意，吹捧李鸿章："壮哉，儒生事业，近古未尝有之。"

拿下常州后，李鸿章琢磨如何遣散常胜军。虽然两年以来，靠着常胜军的帮忙，他接连获胜。可常胜军桀骜不驯的苗头、咄咄逼人的气势、不断滋生的事端，让他恼火不已，更让他不爽的是，养这支常胜军太耗钱了。

经历了多次战役之后，常胜军死伤累累，常州一战，阵亡达千人，外籍军官阵亡四十八人。戈登既不想与李鸿章合作，也不想卖命，就主动提出遣散常胜军，于是双方谈妥条件。李鸿章给出十九万的遣散费后，常胜军只用了三天就遣散。不过常胜军的精华炮队六百人、枪队三百人及外国军官十二人，继续留下帮助淮军。对李鸿章此举，在上海的英国领事巴夏礼大为不满，大骂李鸿章是中国最无耻的阴谋家。

淮军以十三营到上海，三年之间，平定苏南，发展壮大，战力凌驾于湘军之上。淮军的快速发展，在于它前往上海后，得到了稳定、充沛的军饷供给，也目睹了新式武器的威力。在常胜军的示范下，借助于上海、苏南等地的财力支持，淮军快速更换装备，采用西方操练法，大幅提高了战斗力，攻城略地，无坚不摧。相比较起来，曾国藩办湘军，耗费多年时光，军饷受限，武器落后，一路摸爬滚打，才带着一身伤痕站到了天京城下。

攻克苏州、常州后，曾国荃正在天京城下拼死血战，而天京却屹立不动。朝廷看着淮军连克多城，就催促李鸿章早日出兵援助，可曾国荃却不希望任何人来动他的蛋糕。刘铭传的部队到了句容，被湘军鲍超拦住，差点打成一团。

派兵，抢了曾国荃的功劳；不派兵，朝廷那里没法交代。李鸿章困扰良久，最终想出一计，他写信给曾国荃，称将派出淮军精锐二十七营及炮队会攻天京。曾国荃收到李鸿章来信后，气得眼珠子都要掉了出来，将此信出示给湘军众将，问道："他人至矣，艰苦二年以与人耶？"众将愤然曰："愿尽死力。"次日，湘军全军出动，拼死攻城。

这却是李鸿章所施的激将计，天京攻下之后，为此曾国藩还特意感谢李鸿章。

左宗棠入浙

咸丰九年，樊燮控告左宗棠以幕僚身份，把持湖南军政事务。

此中恩怨颇为复杂，当年左宗棠被湖南巡抚张亮基看中，请他出山担任幕僚。张良基去山东后，又改在骆秉章身边担任幕僚。从咸丰二年至九年，左宗棠在湖南可谓是一言九鼎，很多官场大员对此很是不满。

他脾气极大，目中无人，举止张扬。在骆秉章处做幕僚时，二品总兵樊燮没向他请安，被左宗棠一通大骂。樊燮也急了，怒道："武官虽轻，我也朝廷二品官也。"不想左宗棠飞起一脚踢来，边踢边骂："王八蛋，滚出去。"樊燮后来在家中弄了个牌位，上面刻有"王八蛋滚出去"六个字，并告诫儿子，左宗棠视武人为犬马，你一定要考中举人、进士，雪我耻辱。儿子樊增祥奋发图强，果然考中进士，入了翰林，才将牌位撤去。

樊燮在拜访骆秉章时，与身为幕僚的左宗棠爆发冲突，被左宗棠大骂之后，结了仇怨。咸丰八年八月，樊燮投靠到湖广总督官文门下，被保举为永州镇总兵。左宗棠则从中搞鬼，以骆秉章的名义上了个奏折，弹劾湖南永州镇总兵樊燮声名恶劣，私用银两。咸丰帝遂下令将樊燮严加议处，即行开缺。到了咸丰九年，左宗棠更进一步，上奏请将樊燮抓捕，到湖南审判。

樊燮的背后，另有靠山，如湖广总督官文、湖南布政使文格等人。左宗棠一直指责官文无能，认为张良基去后，"湖北无好督"，又不时刁难官文。湖北一直遭到太平军的压力，官文不得不借助骆秉章、左宗棠。到了咸丰九年，太平军基本上退出了两湖，此时碰上樊燮控告左宗棠弄权，官文乘机打击左宗棠。

骆秉章

　　咸丰帝遂令官文与钱宝琛在武昌审判，甚至密令官文，如果查实左宗棠有不法事，可以就地正法。案发之后，曾国藩、胡林翼等纷纷出动，帮助左宗棠说情。潘祖荫更直接在咸丰帝面前帮左宗棠说了好话，使其得脱。

　　经过此番打击，左宗棠不好再在骆秉章身边，就在咸丰九年十二月请辞，另荐刘蓉代替自己。咸丰十年正月，左宗棠从长沙出发，带了女婿陶桄，准备入京参加会试。左宗棠自以为，凭借他现在的名气，弄个进士已是毫无难度。三月初三，左宗棠跑到湖北襄阳时，襄阳道毛鸿宾来找他。

　　毛鸿宾给他带来了胡林翼的密函，密函中告诉他，官文已在京师之中有所安排，各种不利于他的流言蜚语满京师。左宗棠发现天下虽大，但能容他的，只有曾国藩了，于是沿江而下，先去找了胡林翼，然后投奔正在安徽宿松大营的曾国藩。曾、左二人，每天胡吹，左宗棠声称宁肯战死沙场，也不愿死于小人之手。

曾国藩怕他又生出是非，建议他暂时避居舟中，著书立说。左宗棠碰了壁，又跑去安庆城下找曾国荃，出出主意，弄点功劳。此时有家书到，云其子患病，左宗棠遂离开宿松，返回长沙。左宗棠不知道的是，京师之中，权臣肃顺帮助他在咸丰帝面前说了好话："骆秉章之功皆其功也。"咸丰帝特意下旨给曾国藩，认为左宗棠熟悉湖南情况，可在湖南办团练，或在军中帮办军务。

曾国藩、胡林翼，一看风头过去了，就上奏咸丰帝，请让左宗棠在湖南募集乡勇六千，以救江西、浙江、皖南。五月初八，左宗棠从宿松回到长沙后，收到了四品京堂候补，随曾国藩襄办军务的谕旨。官文看皇帝表态，要重用左宗棠，立刻将这场"波浪掀天"的大案了结，一场风波过去。

左宗棠得意扬扬，召集了一干将领，募集了三千五百人，又收留了王鑫旧部一千四百人，命王鑫之弟统领。王鑫的女儿，嫁给了左宗棠的儿子，这层姻亲关系，也使他能接掌王鑫留下的精锐。仅用一个月时间，就凑足了五千人，以王鑫堂弟王开化统领全军营务，以刘典、杨昌浚作为副手。左宗棠一贯喜欢别出心裁，此番也是如此，这支部队明明是湘军的分支，他却弄了个楚军的名目。在部队营官上，曾国藩喜欢用文人，左宗棠则用武人。

此时石达开在贵州活动，有进入四川的企图，清廷打算让左宗棠入川，左宗棠则不愿意去，表示"志在平吴，不在入蜀"。清廷只好抽调湖南巡抚骆秉章入川，督办军务。咸丰十年八月，左宗棠领军从长沙出发，杀气腾腾，开进江西。左宗棠期待着轰轰烈烈，大干一场。

曾国藩已将大营移往祁门，以截断太平军从江西、浙江救援安庆。湘军在江西南昌设有总粮台，祁门附近的景德镇，是湘军粮道的重要枢纽。左宗棠来了后，曾国藩命他前往江西，守卫祁门大营的后方。曾国藩在祁门大营，接连遇险，不得不抽调左宗棠前来救援。九月二十日，左宗棠抵达景德镇。二十七日，曾、左在祁门会商，之后左宗棠回景德镇驻防。在景德镇，左宗棠挫败了太平军的多次攻势，稳定了粮道，保护了祁门大营后方。

到了咸丰十一年二月，太平军发动猛攻，占领景德镇，左宗棠狼狈逃往乐平。曾国藩则带领湘军去攻徽州，也被打得大败，逃回祁门。就在曾国藩写好遗书时，左宗棠在乐平获胜，扭转了局面。三月十日，左宗棠以六七千之众，击退李世贤十万大军，逼迫其后撤。左宗棠趁机收复景德镇，打通了湘军粮道，稳定了祁门大营。曾国藩大喜过望，帮左宗棠请功，授予正三品官衔。

安庆失守后，李秀成、李世贤挥师东进，于此年十月初围困杭州，十一月二十八日攻破杭州，掌握浙江大部分地区。杭州被困后，清廷命曾国藩保举能干之员，取代浙江巡抚王有龄。王有龄自己举荐左宗棠，曾国藩自然也是力保左季高。十二月二十四日，左宗棠被任命为浙江巡抚。左宗棠做梦也想不到，自从长沙出师之后，不到二年，即官居封疆大吏了。

同治元年元宵节当日，左宗棠带领楚军，经赣北、皖南，入浙江开化，开辟浙江战场。李秀成攻取杭州后，回师攻打上海，浙江交给了李世贤主持。李世贤与左宗棠在衢州一带交战了半年。

在战场上，左宗棠亲眼看到了太平军头领李世贤。三月二十一日，他在给曾国藩的信中，描绘了李世贤："十八日我军进攻时，亲见侍逆（李世贤）带数贼，亲带洋炮巡行垒中，须短矮肥，年四十余，面白，前有蜈蚣龙旗数面绕之。"此年李世贤不过二十余岁，却已成为看起来似四十余岁油腻矮胖大叔。

至七月，左宗棠将目标放在了金华。在浙江战场上，除左宗棠的楚军外，英法组织的安定军、定胜军也向宁波发起进攻。英法表示，这支雇佣军将交给浙江巡抚节制。

左宗棠在浙江打仗，手中缺钱、缺兵，可他对于洋人组织的军队并不热心，他认为要限制常胜军的规模，不要导致客强主弱，在战场上应以中国军队为主。此年九月，李秀成率军援救天京，李世贤从浙江带领主力返回江苏。主力一走，浙江兵力空虚，左宗棠加紧进攻。十一月十四日，攻下严州，金华失去北面屏障。驻绍兴、湖州等地的太平军十余万，驰援金华。同治二年正月，驻汤溪的太平军将领彭禹兰开城投降。十二日，龙游、兰溪的太平军守军主动撤离，太平军援军与金华守军放弃金华撤走。拿下金华后，左宗棠判断，浙江战事已呈现重大转机。

金华一撤，周边六县太平军也纷纷撤走。同治二年正月二十六日，在常捷军配合下，清军费尽周折，付出巨大代价后，方才攻下绍兴。此战之中，清军请了英国人、法国人组织的洋枪队，帮助攻打绍兴，结果被打得落花流水。法国人勒伯勒东带领洋枪队进攻绍兴，被当场击毙。改日，达耳第福率法国洋枪队、定龄率英国洋枪队会攻绍兴城。洋枪队奋勇登城，太平军中突然冲出外籍黑种人五六十人，群放洋枪，将副将法国人达耳第福当场击毙，英国人定龄受重伤。

三月十八日，左宗棠被授闽浙总督，署浙江巡抚。在富阳，左宗棠遭到了太平军的有力阻击，攻了五个月不克。无奈之下，他请了法国人德克碑带领洋炮、洋枪队到富阳助战。八月八日，在洋炮助战下，富阳被克。

洋人枪炮的威力，让左宗棠改变了态度，开始交好常捷军。对于常捷军，他时常要予以重赏，为其请功。他定下的原则是，常捷军必须掌握在自己手中。对于不听他指挥的洋人，左宗棠的态度是："听他另寻生意，不必荐他。"在和常捷军的接触中，他见识到了新式枪炮的威力，后来西征时大力引进新式武器，并支持洋务运动，设局造船，以富国强兵。攻下富阳后，左宗棠全力攻打杭州。常捷军也继续助战，"法国参将德克碑，此次助攻杭城，每次攻剿，极肯出力，杭城克复，实着劳绩。"德克碑初期很是骄横，可碰上眼里更无一人的左宗棠，被收拾得服服帖帖，改穿华服，以示归顺，后来一路追随左宗棠西征。

李鸿章在十月二十四日攻下苏州，也想到浙江分一杯羹。淮军程学启部进入浙北，于同治三年二月二十八日攻下嘉兴，让左宗棠满心不爽，唯恐影响到他攻下杭州的功劳，就全力攻打杭州。杭州太平军守将陈炳文放弃了杭州，汪海洋放弃余杭，至湖州与李世贤、杨辅清会合。后李世贤、陈炳文、汪海洋进入安徽，转战江西，湖州由黄文金、杨辅清坚守。六月十六日，天京失陷后，李秀成带领幼天王逃出天京，试图进入湖州。黄文金等人，决定放弃湖州，七月二十七日，湖州被拿下，浙江全境克复。

曾国藩一度曾想挥师入浙，实现光彩耀杭州的梦想。可陷于时局，他未能入浙江作战。作为曾国藩的重要替手，左宗棠领兵入浙，收复浙江，有力地支援了曾国荃，配合了湘军主力围攻天京。

李秀成来援

为了应对安庆失守后的不利局面，太平军转而进入浙江，连续攻克多城，威胁江西、安徽。面对太平天国的反扑，曾国藩泰然自若，他派出左右手出击，以李鸿经营江苏，以左宗棠稳住浙江，如此形成了东、西、南三面战场，对天京形成合围态势。

在西线战场，湘军的攻击目标指向了天京。同治元年（1862）二月，曾国藩策划了五路会攻天京的计划。此时曾国藩踌躇满志，长江上下，何处不是他曾国藩的兵？哪里不是他湘军的旗？帐中更是虎将入云，可由谁担任攻打天京的主将，让他费了番心思。

多隆阿是满人，能战，威名赫赫，以他攻打天京，也可以安抚京师内的满人亲贵们。鲍超，如山中之虎，所向披靡，李秀成望之即遁，以他打天京，可以克制住李秀成。曾国藩最终选择了自己的弟弟曾国荃，而曾国荃此时已从曾老九变成了"九帅"。这个弟弟历来头角峥嵘，曾国藩对他是费尽心思，想磨去他的棱角。可曾老九带兵打仗后，原先的一把利剑，经历了多年战事磨砺后，益发显得锋芒毕露，咄咄逼人。

安庆一战，曾国荃坐镇城外，以长壕围城，对内强攻，对外拒敌，如同铁桶，风雨不浸。陈玉成三次统军来救安庆，却不能迈过长壕一步。安庆围城战，锻炼了曾国荃攻坚的能力，此后曾国藩让他去上海经营，可已将眼光盯死在天京的曾国荃，哪里肯去？此次不让曾国荃主攻天京，恐怕这个毛躁的弟弟，又要招惹出许多麻烦。

同治元年（1862）二月底，曾国荃挥军沿江而下，一路势如破竹，连克多城。四月二十日，曾国荃带军渡过长江。五月初四，曾国荃麾下人马出现在天京城外雨花台。

曾国荃到了天京城外后，自知强行攻城，实力尚有不足。到了雨花台后，曾国荃使出当年在安庆的老套路，疯狂挖壕筑垒，数日之间壕沟挖成，而城内太平军的进攻也被击退。开局虽比较顺利，曾国荃判断太平军援军将在七、八月到来，决意养精蓄锐，以备后面的恶战。

安庆之战，曾国荃围城，多隆阿打援，二人搭档，方才奏效。曾国荃此番孤军深入，也不等他的老搭档多隆阿，让曾国藩深为忧虑，一再嘱咐他等多隆阿领军配合，可曾国荃已冲到天京城外。曾国荃贪功冒进，不等多隆阿，而多隆阿也是自有打算。

攻克庐州后，多隆阿瞒住曾国藩，与湖广总督官文商议，准备领兵入关中，平息回民起义。当曾国藩看到多隆阿入陕西的调令后大惊，请多隆阿务必留守庐州，以江南为重。此时多隆阿已下定决心入陕，曾国藩多次函商均无果。五月十三日，多隆阿留下十营人马驻防庐州，自己带军前往湖北，准备进入陕西。

多隆阿早先与曾国藩定计，沿江而下，逐鹿金陵，之所以突然改变主意，要去陕西，原因诸多。多隆阿在湘军之中终究是外人，一直与湘军各将不和。胡林翼在世时，对多隆阿多有关照，帮助调和各方关系。胡林翼一死，再无人关照多隆阿，而多隆阿自觉"文官不可亲"，主动请缨，转战西北。

见多隆阿决心已下，曾国藩知道无法强扭，看着曾国荃在雨花台开局较顺，就同意放他去陕西。八月二十一日曾国藩上奏，称不需多隆阿救援金陵。不想此时战局急剧恶化，金陵城下的湘军发生瘟疫，全军处境不妙。

自天京城被围后，城内太平军出动多次，均被曾国荃击退。洪秀全忧虑万分，一日三次派人至松江，急令李秀成从上海、苏州调兵回援。李秀成从松江撤退后，也不急着回援，在苏州待了三个月。到了七月，李秀成在苏州召集各王，商议回救天京，最终议定江浙一带太平军十三王，分三路救援天京。辅王杨辅清进攻皖南宁国，拦阻鲍超援军；护王陈坤书进攻金柱关，切断曾国荃军饷粮草；李秀成主攻雨花台湘军大营。

李秀成亲自领兵回援，全军至天京城外列阵，声势浩大，军容壮观，"排列队伍，东自方山，西至板桥，横亘六七十里"。此战之中，湘军记载了太平军中大量装备了洋枪，射击之后，惊天动地。太平军中装备的洋枪洋炮来源多样，部分来自于战争缴获，但缴获的问题是，弹药补给困难，且相当部分已经损坏。至后期，通过与西方商人接触，采购到了大批的洋枪洋炮。太平军装备的枪炮，在后续保养维护上存在很大的问题。1860年访问天京的英国吴士礼船长曾检查过太平军装备的一些洋枪，认为质量堪忧，有些"给使用者制造的危险要比给敌人的更大"。太平军有很多的土法，能制作火药，存在的问题是"有硝无磺"。火药"磺少力缓"，在发射时威力不足，导致弹丸的射速、射程都降低。太平军将领吉文元和敌将比枪法，两人同时开火，对方弹丸却先击中吉文元。李世忠投靠清廷后，曾请胜保奏报清廷，断绝太平军走私硫黄的途径。此后清廷下令，严禁山西等处产磺之地出售私磺，极大影响了太平军的火药供给。

与声势浩大、数量惊人的太平军援军相比，曾国荃湘军陷入困境之中。由于湘军不耐金陵夏季酷热，五月开始就已有传染病流行。至六月底，军中染病者已有六七成，每日死亡三四十人。为了鼓舞军心，曾国荃不得不搞一些祛邪典礼。曾国荃也有清晰判断，李秀成所部虽众，但多为乌合之众，缺乏纪律，且久居江南，已习惯于骄奢生活。曾国荃将军队分为三路，两路围城，一路打击援军。至闰八月，曾国荃湘军中已是伤病累累，一再请求老哥曾国藩派兵援救，并请多隆阿"渡江而东"。闰八月十六日，曾国藩给曾国荃去信："多帅回顾金陵之说，万办不到。陕西大乱，死者已四五十万人，较三江两湖之劫更巨。"

对于李秀成来援，曾国荃做了充分准备。曾国荃自率万余人驻扎雨花台，"深沟高垒，先为自固之计"。曾贞干领四千人扎江东桥，滨江护卫粮道。曾国荃希望如同安庆之战一样，能得到多隆阿的配合，多次去函，请他来助战。多隆阿此时已决定领兵进入陕西，哪里肯来？曾国藩、曾国荃判断，太平军主力将在七、八月之间发动攻势，以打破包围。在南京城外，曾国荃所部拼命挖掘壕沟，构造堡垒。

对于湘军，曾国藩总结了作战特点，即"结硬寨，打呆仗"。"结硬寨"，即湘军不论攻守，都要立刻扎营，营造壕沟壁垒。湘军的硬寨，有壕沟，专门对付步兵；有篱笆，专门对付马队。营建营垒时，常选背山面水之处，以占地利。营垒内部还建有子墙，士兵可以躲藏在其后，躲避子弹。"打呆仗"，则是通过坚硬堡垒，通过湘军控制的水路运输系统保障后勤，长期坚守。在长期消耗战中，磨损对方战力，最终获得胜利。从九江到安庆，再到天京，湘军都是靠这种方式获得胜利。也正因为此，很多议论认为，湘军只有防守力，野战机动能力严重不足。

雨花台之战紧急，曾国藩紧急抽调湘军左右营、芜湖王可升三营赴援。此外，又预备向李鸿章借调程学启增援，再以皖南鲍超军增援，另调江北李世忠军渡江增援。

闰八月二十日，来援的太平军发起进攻，拉开了雨花台之战的序幕。雨花台之战前后四十六天，曾国荃以两万伤病累累之师，抵挡了近二十万太平军进攻。太平军全军出动，围攻曾国荃军。此时曾国荃军中兵力单薄，将士多有伤病，经过苦撑，总算坚持了下来。

曾国荃被围后，曾国藩在安庆坐立不安，肝火上升，牙疼殊甚，自称"心绪之恶，甚于坐困祁门"。太平军援军日夜攻击，片刻不休。开战时，湘军将劈山炮排成三排，填满弹药，待太平军靠近后开炮，威力惊人。战至闰八月二十九日时，太平军冲近长壕，以草捆填充壕沟，全力冲杀，曾国荃左颊被枪弹击中，裹伤再战，"血流至足，犹巡墙不止"。

素来自负，不肯求人的曾国荃也吃不消太平军的攻势，写信向哥哥求援，哭称："弟与兄虽系骨肉之私，然设法拨兵来救犹是天理人情也。"为了救援老弟，"心已用烂，胆已惊碎"的曾国藩派人去上海找李鸿章，向他索要悍将程学启所部，回救南京。李鸿章哪里肯放人？只肯派些二流部队来救援。

撑下来后，曾国荃狂性再发，甚至扬言，只要太平军的地道不轰开大口子，则一切无忧。湘军将内壕内墙修成，曾国荃更加放心了，扬言哪怕地道轰开，也丝毫不惧。九月初九、十一日，在王可升及都兴阿所派的援军赶到后，曾国荃认为兵力已够，不需抽调程学启过来。九月十二日的交战中，太平军所挖地道，一度轰开外墙，反被湘军包抄，太平军大败。曾国荃自信万分，让乃兄不要抽调臭名昭著的李世忠来援。

李世忠，原名李昭寿，河南固始县人。李昭寿少时就显示出了无赖的天分，在乡间有各种恶行，也在牢狱之中尝到过苦头。咸丰年间，在大变革的浪潮中，他与死党薛之元一起聚众起事，与地方上团练对战。咸丰四年时，李昭寿投奔捻军头目张乐行，纵横于河南、安徽交接处。此年李昭寿领了七千人，与清军徽宁池太广兵备道道员何桂珍所领六百人对战，却被打得落荒而逃，不得已之下，只好投降清军。

安徽巡抚福济知道李昭寿不会安心归附，密令何桂珍处死李昭寿。何桂珍是曾国藩的密友，此年十一月，曾国藩预备将他从霍山调往太湖，归入湘军麾下，只是因为战事频繁，未能调走。十一月初三，李昭寿得到消息后，借请客之机，将何桂珍等四十七人，在英山小南门击杀。李昭寿杀何桂珍后，将其头颅悬挂在树枝上，以火枪、箭射入水中，随后投靠太平天国，被授为七十二检点。咸丰六年，经过他居中联系，李秀成与捻军建立了联系，共同合作对抗清军。太平军对他评价极低，谭绍光就认为李昭寿"性极诈悍"，"反复无常"，将来必然是大害。

咸丰八年时，在河南尉氏县，清军擒获李昭寿的老母、妻及儿子，胜保如获至宝，下令好生招待，作为招降的筹码。李昭寿本来就是三心二意之人，于是就约定投降，并将六安、舒城献出。李昭寿投降后，更名为李世忠，赏给三品顶戴。李世忠为了向清廷表功，大肆出卖旧友，咸丰十年，老友薛之元所部哗变，被清军击溃。

薛之元投降清军之后，并没有得到多少实惠，清廷只是赏给他三品顶戴，派他镇守浦口以南十多里的九洑洲。咸丰十年（1860年）三月，太平军第二次攻破江南大营，薛之元见势不妙，弃九洑洲而东逃。六月，薛之元因清廷不拨军饷，在高邮一带率部哗变，劫持地方官吏，四处劫掠，朝野震动。清廷调兵将其部击溃，薛之元脱逃后，逃至李世忠防地来安城内躲藏。李世忠害怕清廷发觉，偷偷将他送到滁州暂避。

薛之元走投无路，就想再投奔太平军，却没被接纳。清廷得到薛之元的踪迹后，严令李世忠将人交出，李世忠杀尽薛之元全家，将头颅送到袁甲三营中请功。李世忠投降之后，清廷命其帮办袁甲三军务。曾国藩大为不满，认为袁甲三保举李世忠忠勇奋发，是颠倒是非，大拂人心。又认为清军之中，有胜保、李昭寿这样的人物存在，天下安得平？

同治元年，曾国荃领兵东进，兵临天京城下。此时袁甲三生病，即将离任，李世忠想投奔曾国荃。曾国藩则对曾国荃道，李世忠此人狡诈异常，相处时必须十分谨慎。又告诫曾国荃，"此辈暴戾险诈，最难驯驭"。袁甲三离开淮北战场之后，清廷正式将李世忠拨到曾国藩手下，此时战事紧张，曾国藩只好虚与委蛇，大力安抚李世忠，又拨给弹药粮草。曾国荃在雨花台战事吃紧时，曾国藩惊慌之下，一度想调李世忠援救。至曾国荃稳定局面后，曾国藩立刻停止调动，又写信给弟弟，承认自己调李世忠助战是昏招，"一时心绪过忙，枪法遂乱"。

李世忠拥兵五六万，盘踞淮北，设卡抽厘，与各路清军争夺利益，大打出手，争斗不休。曾国藩则警惕地看着他，随时想找机会除掉他，好为老友何桂珍报仇。李世忠也知道曾国藩不放心他，就利用一次战败之机，主动请辞，以求平安。同治二年三月十二日，曾国藩奏称李世忠"悚惶引咎，深明大义，应如该提督所陈，请旨将李世忠即行革职，撤去勇号，不准留营"。此年六月，李世忠写信给曾国藩，主动请求解甲归田。曾国藩安慰他，要回去也可以，先选择好养老之地，再选择好接任之人，一步步走，不要着急。李世忠请回原籍养老，得到了清廷的许可。曾国藩心中是深恨此人，在八月十三日的奏折中，他哀叹了不能为友报仇的无奈："古之征伐，为匹夫匹妇复仇，臣反不能为良臣良友复仇，何以对何桂珍于地下，此又臣之一疚也。"

九月上旬湘军援军陆续到达雨花台。此后，连日苦战的太平军攻势放缓，曾国荃抓住战机，转守为攻，派出精锐，攻克大小垒十三座。十月初二日，王可升率留驻守芜湖的二营军队赶到雨花台增援。曾国荃判断太平军苦战多日，军力疲惫，可一战而破之。十月初三，湘军出战，连破十余卡。十月初四夜，湘军再次出击，战至天明，击溃太平军援军，雨花台之战至此结束。曾国荃军以惨痛代价，才在雨花台稳住阵脚，湘军"伤亡五千，将士皮肉几尽"。

雨花台之战，太平军人多势众，且装备有洋枪两万余杆。湘军人数处于下风，武器也不占优势，且军中传染病流行，实力相差悬殊。李秀成军占绝对优势，却不能解围，后来李秀成自己分析，是湘军防卫得力，"节节严营，壕深垒坚，木桥叠叠层层"。此外，李秀成军八月而来，未带冬衣，九十月天冷，兵无粮缺衣。李秀成军人数虽多，但多系招降纳叛，战斗力一般。援军中大股均系投降的清军，如收纳的江南大营降卒数万人，攻克苏州时收纳的清兵五六万人，此外还有各路江南地方武装。

太平军"在苏城号称二十万，其实真长毛不过数百"。开战后，万千洋枪一起击发，枪声响彻天地，声势虽大，效果一般。曾国藩认为，李秀成一股军队"并不凶悍"，除洋枪甚多外，似无他奇技。湘军能击败李秀成，除湘军上下一心，及时得到援军外，更在于有充分的补给。曾国藩弟弟曾贞干专一防守三汊河，通过此处将弹药粮草源源不断地运至雨花台营垒。雨花台大战后不久，曾贞干染上伤寒，不治而死。老弟去世后，曾国荃"万念俱灰，殊不知何以自处"。

天京之战

雨花台解围后，曾国藩认为孤军围城，冒险突进，实在是凶险万分，让曾国荃退兵。曾国荃却执拗起来，不肯听老哥的意见。他给出的理由是，湘军遭受瘟疫，还有很多人未曾痊愈，"若遽然移动，贼必从而乘之"。李秀成虽然撤退，仍留有重兵在天京城外监视，一旦撤退，则天京解围，前功尽弃。左宗棠、杨载福等人也认为不可退兵。此后数月，鲍超在皖南获胜，稳住了曾国荃后路，曾国藩方才稍微安心。

曾国荃老婆在后方忧虑老公，找了八字先生算命，结果预言曾国荃"明年断不可打仗亲自带队"。在乡的弟弟曾国潢将此事告知曾国藩，请曾国藩换将领兵。曾国藩没有信八字先生的预言，只是嘱咐曾国荃不可亲自带兵上阵，只须坚守金陵老营即可，有余力时再派兵清理金陵外围。

同治二年二月，曾国藩从安庆到雨花台大营住了十天，看到湘军各军稳如泰山，将士一心，方才放心，认为弟弟已转危为安，摆脱了不利的局面。为了增加包围的力量，曾国藩持续给老弟增兵，曾国荃手下的部队增至三万五千人。李续宜部下萧庆衍及太平军叛将韦俊两支部队一万五千人，也被调到南京城下参加围困。

韦俊是韦昌辉的弟弟，在武昌之战中，曾轰杀罗泽南，以凶悍闻名。韦昌辉死后，韦俊与清军又打了三年，咸丰九年十月，在池州向清军投降。

韦俊当时是个香饽饽，负责皖南军事的张芾也想将他招纳到麾下，派了部下，带了粮草前来招降他。此时韦俊刚刚被太平军将领从池州驱逐出来，收下了粮食，却投奔了湘军杨载福。张芾怒火攻心，大骂韦俊愚蠢天下无双。

天京事变后，洪秀全设五军主将，陈玉成、李秀成、李世贤、蒙得恩、韦俊五人并立。但韦俊心中很是不满，原先陈玉成是他的部下，现在却成了他的上司。此外，韦俊与杨秀清弟弟杨辅清、杨义清等人矛盾重重，最终选择了投降。韦俊投降后，其部被改编后，协助湘军作战，在皖南、安庆等地，韦俊多番血战，被胡林翼称赞功劳极大，战绩良苦。咸丰十一年，曾国荃写信对曾国藩道："韦俊于用兵内行，心地又好，推荐为统领，独当一路。"曾国藩看了恼火无比，大骂了弟弟一通，认为不可让韦俊独自统兵。虽然对韦俊有心结，可到底是员骁将，也将他抽调过来增援。

太平天国方面，自雨花台战败后，洪秀全大怒，命李秀成渡江北上，收复江北。李秀成北上，主要目标是联络纵横于江淮的捻军，重新打开局面。行抵六安时，李秀成得到捻军张乐行兵败，被清军擒获处死的消息。李秀成想召回正在陕西的陈得才、张宗禹回援，只是路途遥远，不得已之下，转而挥师攻击淮扬，进而打通泰州、南通，连接苏杭。

李秀成主力过江后，老巢苏南空虚。同治二年四月，昆山被淮军攻克，李秀成必然要从江北领军返回救援。李鸿章请曾国荃帮忙，乘李秀成渡江后，喘息未定时加以截杀。曾国荃则决定"攻其必救"，全力攻打雨花台太平军石城，以吸引太平军主力，使其不能回师苏南。石城在南京聚宝门（今中华门）外，据险雄峙，屏蔽城垣。二十七日夜，湘军发起攻击，至天明时攻占雨花台石城。

洪秀全大惊，急召正在天长的李秀成返回天京，李秀成于五月初五冒雨渡江。得悉李秀成回师的消息后，曾国荃会同湘军水师彭玉麟、杨载福等一起围攻九洑洲炮台及过江的太平军。

彭玉麟

就李秀成部队渡江时，湘军发动攻击的景象，英国人吟唎有详细记载。每日清晨，湘军照例开始袭击九洑洲炮台和直王防地的几座小炮台。他们的作战组织良好，军容甚盛。炮艇舰队鱼贯驶进，向着炮台开火，然后乘风鼓帆而退。船上旌旗招展，光彩夺目，两边船桨一起滑动。整个战场构成了一幅令人难忘的景象。无数湘军水师炮艇抢风下驶，一艘接着一艘，依次开炮射击。有些船只纵横交织，有些船只停滞不前，船两边伸出三角船帆，有如雪白的翅膀。庄严备战的城垛，矗出在数英里远处的平原之上。四周环绕着奇形的高山，近处的山峰临空高悬，气势雄伟。远传的山峦，笼罩着白云，笼罩于迷雾之中。战场上的呐喊声、欢呼声、大炮声，混成宏伟壮丽的景象。

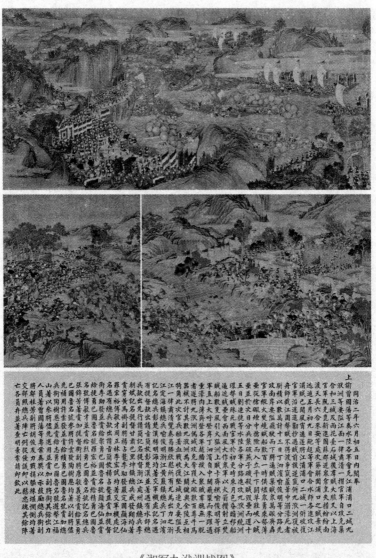

《湘军九洑洲战图》

李秀成一走，尚有三万余太平军留在江北，未能渡江。此时长江大水，将道路淹没，太平军缺乏粮草，四散溃逃。大批太平军前去九洑洲，请求接纳，此时江水上涨，九洑洲已是一片汪洋，守军不肯接纳。太平军无路可去，四散奔入芦苇深处，人马乱奔。江水上涨，处处淤泥，被淹死者无数，而湘军水师乘机以密集炮火轰击，未及过江的太平军基本被消灭。

此后湘军先攻下南岸下关，再打下燕子矶，水陆并进，围攻要塞九洑洲。九洑洲位于浦口之南，与隔江的下关遥相呼应。九洑洲江面狭窄，太平军在此筑城，设置炮台，保卫天京。湘军水陆两路联合进攻，攻下了九洑洲。英国人吟唎在此战中受伤，妻子也被打死，参与太平军的西方人，战后逃回上海者甚多，以至于李鸿章写信给曾国荃时也提到："受伤之洋匪逃回沪上者，惊诧将军自天而下，谓用兵神速，不可思议。"

九洑洲失陷之后，长江江面尽归湘军所有，天京城内只剩天堡城一条小路与外界联系。长江运粮之路被切断后，秦淮河、东坝等水路粮运不久也被截断。太平军只能从丹阳、句容运粮到孝陵卫以东四十里，再由小河运进天京。湘军设伏数次，"无一空回，共获米约四万石"，至此天京城的粮道被完全切断。

粮道被切断之后，天京城内的士兵与平民无以充饥，可洪秀全却不惊慌，他认为上帝将会解救自己，他说："朕铁桶江山，尔不扶，有人扶。尔说无兵，朕的天兵多过于水，何惧曾妖者乎！"没有食物，洪秀全下令食用"甜露"，此物乃地上所生百草，揉为一团，煮熟后作为食物。

可甜露终不能填肚，万千饥饿民众去找李秀成哀哭，李秀成动了恻隐之心，下令偷偷放民众出城。此后天京城内留下的民众不多，也算李秀成的一大功德。李秀成又张贴告示，称出城只是为了就粮，太平军不必惊慌。在城内之人，贫民可以到其府内领钱领米，限期一年归还，以安抚人心。李秀成日夜上城巡视防务，鼓励将士，留在城内的太平军都存了必死之心，与湘军死战不休。

同治二年六月初四，湘军运到一万四千斤大炮至雨花台，搞了盛大的祭祀仪式后，放炮攻击。六月初八，天气炎热，此日有英国人从城内逃出求降。在太平天国战争中，参加太平军的各国洋人为数不少，多有军事技术，负责燃放大炮，操作火轮。此名英国人称，因为在城内与长毛冲突，故而逃出，又称城内米很少，靠吃羊、马、狗肉支撑。此名洋人表示，擅长放炮，愿意在湘军中效力。曾国荃本来想将这名洋人杀掉，幕僚劝告他，可令洋人到城下放炮，以离间城内洋人。

早在同治二年四月，擅长工程的振字营即在聚宝门西挖地道，挖到十月，才挖到城下。城内也知道城外在开挖，就于城内开挖地道相迎，双方在地下对战数日。湘军用辣椒焚烟，用风箱鼓入，将太平军驱逐。太平军则用粪汁和水，由地道口灌入，湘军以棉被数千床堵塞无效，只好从主地道旁再开挖一条地道。至十一月初六挖通，填满炸药，炸开城墙。城墙被炸后，时方四鼓，湘军判断未曾炸开，故而未曾攻击，错过了战机。湘军利用这条地道，继续开挖。

至同治三年（1864），天京之围已逾两年。围攻天京之所以费时日久，主要是天京城城池庞大，城防坚固。太平军在城外又设立了几十座石城、石垒，清除这些外围据点，就耗去了湘军半年时间。面对天京的坚固城防，湘军的攻城方式仍是传统的挖地道、竖云梯，以血肉之躯冲锋，所掌握的火器也是过时的劈山炮，不足以轰塌天京城墙。曾国荃在天京城下也叹道"睹此坚城，猛攻无益"，唯有严密围困，待城中断粮。

曾国荃也知道洋炮的犀利，曾托李鸿章代买了一门六十八磅开花大炮，但一门炮攻城，且炮弹又少，难以奏效。曾国藩得悉此事后，大骂曾国荃用洋人大炮攻城是外行。哥哥曾国藩一根筋，认定旧式枪炮最好用，曾国荃有苦说不出。曾国藩还自己设计了一种小手枪，吹嘘比鸟枪快捷一倍，交给曾国荃试用。文人造出来的枪炮，其效果可想而知，试用后小手枪就没了下文。

同治三年（1864）一月，曾国荃湘军终于攻下钟山要塞天堡城。为了攻城，淮军的炮队被调来天京，甚至请李鸿章派开花炮助战。李鸿章如实相告，用西方大炮攻城，效果确实好，但必须要弄上大小炮十余门，还必须有巨炮二三门，才能奏效。"聚宝门一带城极坚厚，非六十四磅重炮子并能食此子之炮，断轰不倒。"此等巨炮，中土罕有，李鸿章在上海所能买到的，也不过十二磅开花炮数门而已。刘铭传要攻打江阴，通过外国商船买到了三十二磅炮二门，但缺乏炮弹，自己所铸造的炮弹，也不知道能否使用。曾国荃听了李鸿章的话，四处托人购买六十四磅开花大炮，用来助攻。

说起来，有西洋大炮助战，自然是能奏效，可攻下天堡城，靠的却是运气。天堡城立于山巅，"山势最高，俯瞰城内，纤悉皆见"，本是难以攻克的险峻要塞。守卫的太平军士兵出堡垒迎击太平军，被杀退后转身逃跑。因湘军"追之甚急"，竟被湘军一路追着杀入天堡城，守军一哄而散，天堡城陷落。攻下天堡城后，曾国荃兴高采烈地道"此乃天意怜我军之苦，以无意而得之"。

二月时，本来有一次战机，可以突入城内。太平军中有守城将领许连芳，联络太平军，准备将自己防守的二十个城垛献出投降。原先约定正月初六夜间上城，因为下雨延误了一日。至初七夜间，湘军派出精锐六百准备登城。刚刚登上七人，突然有人误开一枪，周围各垛太平军顿时警觉，吹角开炮，已登城者狼狈逃回。准备献城垛的许连芳没能逃脱，事后被用石臼舂死。

三月初，湘军日夜开工，开挖地道十余条，只是被水石所阻。至五月，地道挖通，神策门地道引爆，但未能炸塌城墙，正阳门下挖掘的地道也未奏效。为应付湘军的地道攻势，太平军也开挖地道。太平军在城墙上观察，看到地面草色微黄之处，即从某处迎头开挖，互相碰撞。为了挖地道，湘军出动挖煤工人，由专业人士进行挖掘。当初太平军攻克南京，也是依赖挖煤工人挖地道而奏奇效。

围攻天京两年，迟迟未能攻下，而左宗棠、李鸿章在浙江、苏南，连克多城，一时间各种议论四起，怀疑曾国荃是否有能力攻城。曾国荃每日操劳，肝病加深，"逢人辄怒，遇事辄忧"。曾国藩看着弟弟辛苦，动心思想请李鸿章淮军来一起围攻，"同力办贼"。曾国荃哪肯让淮军来抢自己的战功，不愿淮军前来凑热闹。

同治三年三月，清军在南方各战场均取得了压倒性的优势，虽耗时日久，可收复金陵已是铁板钉钉，此时清军中却出现了新问题。曾国藩统领浙江、江苏、安徽、江西四省军政，对于筹集军饷，极为有利。但新崛起的江西巡抚沈葆桢却不买曾国藩的账，想从中分一碗羹。

早在同治二年时，九江关道蔡锦青，拨解给曾国藩洋税一万五千两。沈葆桢大怒，严厉警告蔡锦青，并毫不客气地质询曾国藩。曾国藩也不示弱，将被沈葆桢参革的知县黄际昌起用。沈葆桢怒而请辞，清廷不得不打圆场，令二人遇事协商，又令曾国藩将沈葆桢处理过的官员加以裁汰，不要开小人幸进之门。

同治三年二月，两人围绕江西茶税厘金，又发生争执。沈葆桢负责江西省军事，手中局促，就提出将拨给曾国藩的军饷分一些给他，同时将江西省厘金留下一半自用。军饷的匮缺，对于统兵大员来说是场噩梦，此前江南大营的崩溃、杭州的失陷、苏南的丢失，都是源于军饷匮乏。沈葆桢截留厘金的提议，事先未曾与曾国藩商议，且语气激烈，有迫不及待之势，让曾国藩恼火不已。

曾国藩对沈葆桢大为不满，上奏请将江西省的厘金全部留下自用。曾国藩甚至威胁，要截留江西厘金的消息传出后，湘军之中人心惶恐，恐功亏一篑。当初沈葆桢在曾国藩身边担任幕僚时，曾国藩对他极为欣赏，认为他前途不可限量，其为人的特点，只在一个"拙"字，即朴实。不想此番沈葆桢这个拙人，倔犟劲上来，丝毫不给曾国藩面子。

最终清廷决定，江西省牙厘茶税仍旧归曾国藩经手，但要分给沈葆桢一半，以为本省练兵之用。此后江西地方上的练兵军费，也不要曾国藩提供。在江西厘金的分配上，清廷采取了两挈其平的手法，将江西厘税平均分配，也是扶持沈葆桢，打压湘军。对朝廷的心思，曾国藩心知肚明，心中郁闷殊甚，郁郁不自得。为了安慰曾国藩，军机处将上年预备购买西方军舰的一笔费用约五十万两，全数拨给曾国藩充军饷。同时将江苏、浙江等省解往京师的旗兵军饷之中，再拨出一笔给曾国藩。

天京围城战中，太平军一些将领也知道大势已去，无可挽回，暗中与湘军联络。如同治三年春，松王陈德风暗通湘军提督萧孚泗，慰王朱兆英私通曾国荃，准备献城门投降。此事走漏了风声，洪仁发将陈德风抓捕。陈德风与李秀成关系很好，李秀成花了一千八百多两银子，帮他保住了性命。李秀成妻舅宋永祺，暗中与曾国荃私通，曾赴曾国荃军营联络。此事被传出后，补王莫仕暌将宋永祺拘押，准备处决。李秀成无奈，再次花钱买通莫仕暌，"而后宽刑，不治其罪，奏旨轻办"。此时的太平天国，已是号令不行、百弊丛生了。

五月初六，湘军得到密报，洪秀全已在四月二十八日病死。关于洪秀全的死法，有各种说法。可以肯定的是，天京城被围困后，城中缺粮，洪秀全吃甜露充饥，感染疾病，又坚持不肯吃药，最终病逝。洪秀全之子洪天贵被俘后供称，乃父以蜈蚣为美食，用油煎食，约是为了求生，不得不丑化乃父了。

此月，湘军取得突破，拿下了地堡城。天堡城位于在山巅，从山巅到太平门的一段山峦，被称为龙脖子，太平军在山脚处修筑了个坚固堡垒，名地堡城。地堡城在山脚，距城很近，且地势较高，一旦拿下，则可以居高临下，轰击城墙。

为了拿下地堡城，湘军花了无数心思，"百计环攻"，最终在五月三十日拿下地堡城。得了地堡城后，湘军在靠近城墙数丈处修建营垒，太平军拼死反击，连续争斗三夜，湘军损失精锐三四百人。

六月初十，湘军地道挖至神策门月城下，城内太平军也挖地道，在湘军地道之下安置炸药引爆，将湘军地道摧毁，地道内的湘军全部覆没。湘军激愤之下，在龙脖子下构筑炮台十余座，猛轰一夜。湘军又命每勇准备柴一担，共五六万担，以备上城之用。湘军全军出动，割芦苇、蒿草，填塞低洼处，直至与城相平。

李臣典

至六月十一日，城墙上城垛全被轰平，城垛全部被轰塌，太平军在城墙上已无法站立，只能在城内架梯，随时准备迎击。湘军各营不断堆积草垛，至十三日，草垛堆了将近一半，因为是新柴，晒干后萎缩，只得再添。在大炮的掩护之下，信字营将领李臣典继续忙着从地堡城挖掘地道，准备炸开城墙。

六月十四日，此日一早，神策门地道挖通后引爆，将月城摧毁，湘军奋勇冲击，被太平军投掷数十桶炸药，致湘军伤亡三百余人，不能突进。当夜二更，太平军聚集在聚宝门外，搭建浮桥三座，准备突围，被湘军拦截。

六月十五日，此日天气晴朗，曾国荃召集前敌各将，将淮军要前来助战之事告之。

曾国荃询问众将："他人至矣，艰苦二年以与人耶？"

主将齐声怒吼："愿尽死力。"

当日湘军全力攻城，又将大炮移至柴垛两侧，仰攻城头，并继续加高草垛。当夜信字营李臣典所挖地堡城地道已挖通。

六月十六日，上午天气晴朗，碧空万里，下午时有雷雨，稍息即止。大概知道今日湘军要发起总攻，早上有太平军悍勇无畏者，从城内缒城而出，拼死搏杀，将城下湘军守军驱逐一空，又将大炮炮眼钉死。整个上午，天京城外各处冲突不断，气氛紧张无比。

曾国荃亲至第一线，指挥作战。上午有人来报，地堡城地道已经装好炸药，湘军各营全部做好准备。

中午时分，地道火药埋设、安装引线等工作完毕，炸药点燃之后，"城崩二十余丈，砖石飞落如雨"，"烟雾塞空，蔽钟山，下半不见"。整个金陵城内外，炸声隆隆如雷，沉闷无比。一时间砖石飞落如雨，湘军各军被击伤众多。爆炸过后不久，原先聚集的湘军，高举旗帜，漫山而下。城中各处火起，天王府前堆积的炸药被炸开。烈焰焚城，天国末日降临。

太平门外，大批湘军早已集结，可谁第一个冲入缺口，却产生了问题。曾国荃再三询问谁愿意充当头队，可人人畏惧，不敢答应。最后决定依照职位高低定先后，此时萧孚泗实授福建提督，李臣典授河南归德镇总兵，照理说应该由他二人带队。不想二人都不肯带队冲锋，朱洪章无奈，只好由自己担任头队冲锋。

待地道引爆，炸开缺口后，朱洪章带队从缺口处冲入，太平军拼死抵抗，湘军死伤众多，此时大队人马停滞在缺口处，有退后者被朱洪章格杀。两军鏖战良久，太平军最终败退。朱洪章冲入城后，正巧碰上洪秀全次兄洪仁达，当场擒获，立下功劳。天王长兄洪仁发带着太平天国玉玺两方、金印一枚潜逃，被萧孚泗所部截杀。天京城破之后，章王林绍璋投河死，顾王吴汝孝自缢死。

曾国荃军入金陵，得了洪秀全天王玺，送给曾国藩。曾国藩以上品宣纸印了五十页，再将原玺及其他战利品献于清廷。后曾国藩以所印宣纸，分赐得力将领，以为纪念，并亲加题识。光绪年间，旧时诸将手中无钱时，辄将所领宣纸，作为古董出售，每片值五六百金，比宋明古画还贵。太平天国的玉玺、金印被送往北京，存放在军机处之中。不想这枚金印，后来竟然被一名军机章京偷出熔化卖掉。民国时接收清室一切古物，此玉玺仍然完好无缺。

萧孚泗

　　湘军冲入后，兵分四路，分别夺取各门。攻入太平门的同时，伪装成米贩混入水西门的湘军也发动，抢占城门，接应湘军进入城内。

　　至傍晚，天京各城门均被占领，天京城破，各处湘军，欢声如雷。

　　率先领兵冲锋的朱洪章所带三千人，死伤近半，后来朱洪章在哭丧碑中写道："精兵四百遭全没，壮士三千只半生。"

　　李臣典、萧孚泗虽然不肯第一个冲锋，可入城后抢劫却排得上第一、第二。萧孚泗冲入天王府抢劫，寻出金银后，将天王府放火焚烧。李臣典则在城内大肆强暴妇女，因为纵欲过度，入城后不到十几天就死掉了。为了遮丑，曾国藩说他是因为挖地道受伤而亡，但被人揭露"公恃年壮气盛，不谨，疾之由也"。

　　朱洪章第一个冲入天京，论功时却以李臣典为首功，萧孚泗居次功，朱洪章列第三。朱洪章是贵州人，跟着胡林翼在贵州立下战功，又随其入湖南征战，此后成为湘军中的悍将。朱洪章不是湖南人，也不是曾国荃嫡系，此番表功，屈居第三，时人颇为他不平。朱洪章却道："吾一介武夫，百战余生，又何求焉？"

彭毓橘

天京城破之后，半夜时分，苦战两年的曾国荃返回雨花台大营，"衣短布衣，跣足，汗泪交下"。众幕僚齐来道贺，曾老九赤双脚，号啕大哭，不许众人道贺。哭了一会儿后，疲惫至极的曾国荃竟酣然入梦。曾国荃与表弟彭毓橘一起回老营，躺在床上酣然入梦，"联榻酣眠"，为此被军机处廷寄训斥。赵烈文日记载："此次廷寄甚严，按旨中以中丞遽回老营为责"。

城破之后，曾国荃下令，将天京全部封闭，分段搜杀。李秀成带了幼主，想从汉西门突围，被湘军堵住。至四更时分，李秀成带了幼主，换上湘军服饰，领了精锐二百余，步兵千余，从太平门缺口处突围而出。此时湘军精锐全在城内，城外众人也已疲惫不堪，不能拦阻。此时曾国荃正酣然入梦，众人知道其中必定有大鱼，却无人敢向他报告。

十七日，赵烈文建议曾国荃，施行四事："请止杀；设馆安顿妇女；立善后局；禁米麦出城。"曾国荃只许可了后三条。城破之后，太平军一方面拼死搏杀，另一方面则将城内宅子财宝烧毁，发誓"不留一片烂布与妖享用"。据赵烈文估计，此战中，太平军焚烧十之三，湘军焚烧十之七。此战之后，参与围城的湘军将士都发了大财，"子女玉帛悉数入于湘军，而金陵遂永穷矣"。长江之上，风帆高扬，溯江而上，都是发了财的湘军将财富送回老家呢。

此时的湘军，已不再是高唱着《爱民歌》的湘军，而只是疯狂追求金钱的野兽。曾国荃知道自己没法约束军纪。苦战了两年，手下都是一肚子闷气，打下天京后，不让他们劫掠发财，倒霉的就是自己。曾国荃手下的文人幕僚们，也冲上街头，抢购赃物，并互相比较炫耀。

曾国藩奏报，破城之后，三日之间，毙贼共十余万。据考证，天京失陷时，全城只三万人，除居民外，战士不过万余人，能战者不过三四千。故而赵烈文说："计城破后，精壮长毛除抗拒时被斩杀外，其余死者寥寥。"可见三日毙敌十万，纯粹是为了战功而虚报。

出城后，李秀成与幼主失散，至方山海会寺暂避，被乡民陶大来、王小二识出，擒到萧孚泗军营。不想萧孚泗贪功，称李秀成是湘军所擒获，又怀疑李秀成有财物被陶大来藏匿，出兵将其所有家属都擒到营中严刑逼供。

六月二十日，李秀成被抓获后送到金陵。苦战多年，曾家兄弟死了两个，曾国荃对李秀成恨之入骨。他满脸杀气，换了身短衣，提了锥刀，在李秀成腿上猛刺。李秀成不顾血肉模糊，见曾国荃这狰狞模样，笑道："老九，何为如此？各人做各人事，何须生气？"

幕僚过来劝阻他，曾国荃就怒骂："此土贼耳，安足留，岂欲献俘耶？"过了一会儿，曾国荃冷静之后，方才罢手，令将李秀成看押。当夜，曾国荃幕僚赵烈文、周阆山与李秀成一番长谈，论及胜败，各自欷歔。李秀成被捕后，曾国藩幕僚赵烈文与他对话时，曾询问过天京城内失陷的原因。李秀成答："城内无粮，不能守也。"赵烈文云："官军入城搜索，见米粮尚多，怎么说无粮？"李秀成叹道："城中王府尚有之，顾不以充饷，故见绌，此是我家人心不齐之故。"据李秀成自述，天京城内有六多："文者多、老者多、小者多、妇女者多、食饭者多、费粮费饷者多。"

曾国藩得悉抓获李秀成后，二十四日一早从安庆坐火轮船赶往金陵。次日到金陵后亲自讯问李秀成，又安排宴席，待以客礼。九天之内，李秀成写下洋洋洒洒数万言供词后被处死，时年四十二岁。李秀成供词，后日争议无数，可李秀成在供词之中，却回避了诸多关键性的东西，如太平军部署、幼天王去向等问题，不能据此认定他就是变节。

七月初六，李秀成被处死。曾国藩内心对李秀成还是欣赏的，"甚怜惜之"。经过再三考虑，曾国藩决定将李秀成就地处死，但他还是网开一面，没有以残酷的凌迟将他处死，在对清廷上报时，却称是凌迟处死。李秀成则答谢："中堂厚德，铭刻不忘。"李秀成所写的自述，被曾国藩命人抄写了两份，一份送交军机处保存，一份送到儿子曾纪泽处，秘不示人。

洪秀全早在四月下旬就已病死，时年五十一岁。湘军入城后，已去世近两个月的洪秀全尸体，成为追逐的目标。经过天王府宫女黄氏指引，于二十八日将洪秀全尸体挖出，"胡须微白可数，头秃无发。"验完尸体后，"戮尸，举烈火而焚之。"

同治三年，曾国藩克复南京后，奏请本年十一月举行乡试。上海人薛凤九至南京参加乡试，十月二十日到了南京，只见城外数十里，居民房屋无片瓦得留。水西门外略有店铺，均是新起的草庐。城中房屋大半被焚毁，只有贡院依然如故。往昔繁华的秦淮河一代，十室九空。城中间或有一二还家居住者，均是穷困潦倒，无以为生。唯一比较好的建筑，就是曾国藩新修的贡院。

此次乡试，改以往的"秋闱"在冬季举办，十二月二日，乡试正式举行，共有两万多士人参加考试。考试的第二天，南京地区突然降下大雪，天气奇冷。曾国藩为此忧心忡忡，多次派人到贡院中查看情况，至数日之后，天气转晴，他方才放松心情。

天京城破之后，从朝廷到民间，都以为曾国荃发了大财。至于曾国荃捞了多少钱，时人估计少说也有千万两，为此得了个外号"老饕"。曾国荃肯定是捞到了钱，但还不至于有富可敌国之说，为此曾国藩也帮弟弟鸣冤："吾弟所获无几，而老饕之名遍天下，亦太冤矣。"

幼天王冲出天京之后，与李秀成分散，李秀成以为幼天王定然被追兵所杀。曾国藩在奏报时，不提幼天王出城逃跑，而以"积累薪自焚"上奏。在浙江的左宗棠却探到幼天王已经逃到湖州，就将此事上奏。

清廷看了后，令曾国藩追究天京包围不严，导致数百人逃逸一事。曾国藩对左宗棠此举大为不满，也不理睬朝廷的追究。同治三年九月，幼天王在江西被抓。幼天王之所以被擒获，一个原因是头发刚刚剪断，仅留数寸，此外一口广东口音，立刻就露出马脚。比较起来，侍王李世贤就比较精明，能说流利的广西话、江苏话、浙江话，进入福建之后，很快学会了漳州话。兵败之后，靠着一口流利的漳州话，躲过了清军的盘查。

江西巡抚沈葆桢因为江西厘金分配与曾国藩闹翻，这次抓到了幼天王，正好可以将曾国藩一军，上奏请将幼天王解送京师。清廷给了曾国藩面子，令不必解送京师，在南昌就地处决。因为幼天王一事，曾国藩与左宗棠、沈葆桢闹翻，此后不相往来。

李秀成次子李荣发逃出，被左宗棠部下擒获。左宗棠属下多有投降的李秀成旧部，得悉旧主之子被擒获后，纷纷以酒食前来犒劳。左宗棠初期以为是个少年，也不当回事，后来得知李荣发胆略过人，担忧成人之后成为祸患，乃杀之。

咸丰帝在世时，因为南京失陷，深以为憾，曾许诺第一个攻克金陵者，可封郡王。至曾国荃攻克金陵后，因为旧制限制，只能封侯、伯、子、男各一人，于是曾国藩封一等毅勇侯，世袭罔替，曾国荃封一等毅威伯，提督李臣典封一等子，提督萧孚泗封一等男。幕僚道贺时，开玩笑道："此后当称中堂，抑或称侯爷？"曾国藩笑道："君勿称猴子可矣。"无数生命，换来了荣华富贵，此时一笑，却不知背后多少血雨腥风。

曾国荃没能封到王，心生不满，此时又被流言蜚语攻击，决定暂时隐退。同治三年十月初一，曾国荃登舟返乡，暂别官场。清室为了安慰曾老九，赏给人参六两，作为安慰。区区六两人参，此时哪能喂饱曾老九？

太平天国覆灭之后，战火并未平息，还有快马疾驰的捻军，纵横于北方。还有更多的战事，等待着湘军去杀伐。

第 六 章
湘军平西北

联合剿捻

捻军源自贩卖私盐。有清一代，由于官府垄断盐业，导致各省官盐价格、质量不一。官府所制的盐，虽然质量较好，但价格较高，且在售卖时，或被掺入杂质如土粒之类，或克扣斤两。无奈之下，民众只好去购买私盐。私盐有两种，一种是各地民间私制的盐，此类盐质量较差。另一类则是越界盐，即盐是官方制作的，被从质量高、价格低的地区，运到价格高、质量次的地区。

安徽淮北及河南北部一些地区，所使用的是两淮盐。两淮地区所制的盐，每斤要五十文，而在北方所售卖的长芦盐，每斤仅要二十五文，在有的地区，差价更大。此外，长芦盐味鲜，淮盐味苦，人们更喜欢食用长芦盐。巨大的差价，广阔的市场，刺激了淮北地区的人外出贩卖私盐。贩卖私盐利润高，风险也大，清初就规定，凡贩卖私盐者杖一百，徒三年。若有军器者，罪加一等，拒捕者斩。

由于历史与地理等各因素，造就了淮北地区彪悍的民风。《湘军记》中指出："独滨淮郡邑，当南北之交，风气慓急，其俗好侠轻死，挟刀报仇，承平时亦然。""民俗劲悍，好斗乐祸。"

无赖子弟，平时饮酒作乐，聚众赌博，出行时则携带刀剑，结成死党，动辄挑衅血斗。一般农户家中也藏有刀枪火器，清廷屡禁不止。众多彪悍之士，投身于贩盐这个暴利行当之中，使两淮地区盐枭密布，官府查访也越发紧密。清廷认为"盐法以缉私第一要务"，而淮北盐枭横行，故而在此遍设关卡，以致盐巡充斥。借查私盐之名，盐巡收受贿赂，敲诈勒索，利己肥私，又激起冲突无数。

太平天国起义后，捻军也乘势而起，崛起于淮北，配合太平军作战。同治元年，庐州失守，陈玉成死后，捻军在皖北陷入困境。僧格林沁在同治二年攻破捻军老巢雉河集，捻军领袖张乐行被捕杀。此后捻军在张宗禹、任化邦等人带领下，转战湖北、河南。而陈玉成此前派往西北的太平军，为解天京之围，也回师东下，与捻军会合。

同治三年（1864）太平天国覆灭之后，西征太平军遭到重创，陈得才自杀，只剩下遵王赖文光带领部分马队坚持作战。赖文光是太平天国后期的关键人物，他将太平军与捻军张宗禹合并，组成新捻军。面对新的局面，赖文光将捻军重新组织，改变战术，易步为骑，连获胜绩，气势如虹。吴汝纶记下了捻军经过时的壮阔情景："旌旗弥野，蜂拥而至，自晨踰午，后队方尽。"

在八旗、绿营被消耗殆尽后，僧格林沁的骑兵，成为清廷最信赖，也最为看重的部队。而僧格林沁曾在大沽口打败过英法联军，又挫败了太平天国北伐军，哪里将湘军、淮军放在眼里？僧格林沁受命围剿捻军后，清廷也让湘、淮军配合。

同治三年（1864），清军成大吉在湖北被捻军包围，清廷急调曾国藩带领湘军前去救援。曾国藩以临阵指挥不是自己所长为由加以拒绝，实则不愿被僧格林沁指挥。调不动曾国藩湘军，就转而抽调淮军刘铭传、刘连捷到河南剿捻军，并由僧格林沁指挥。可僧格林沁也不愿湘、淮军来抢自己的战功，又瞧不起他们的战斗力。曾国藩遂让刘连捷退到皖南，刘铭传回原地驻防，等着看僧格林沁出丑。

僧格林沁受命围剿捻军，领着精锐的蒙古骑兵追击捻军将近一年，交手多次。同治四年（1865）五月，在山东曹州府高楼寨，捻军设下埋伏，将僧格林沁诱入伏击圈，歼僧格林沁军一万一千人，僧格林沁被捻童张皮绠刺死于麦田中。此战中，捻军缴获了大批蒙古战马，一批善战的蒙古马队也投降了捻军，捻军日悍。僧格林沁战死，两宫震悼。灵柩运抵京师时，同治帝与慈安、慈禧太后亲临祭祀，赐谥号"忠"，配享太庙。

僧格林沁一死，能依靠的只有湘、淮军了。为了剿灭捻军，同治四年五月五日，命曾国藩北上山东剿捻，同时抽调各路军马于北方，以防止捻军北上，突入京津。

　　曾国藩并不急于动身，而是调集兵力，筹集粮饷，暂未北上。清廷心急火燎，接连催促曾国藩北上，唯恐捻军快速突进，威胁京畿要地。所幸李鸿章的淮军迅速调动，在轮船运送下，五千淮军从海路抵达天津，方才让清廷松了一口气。

　　三军未动，粮草先行，此番剿捻，曾国藩在江宁设置后路粮台，在徐州设前路粮台，在清江浦设转运粮台，利用运河及淮河、颍河等水路，将军需物资集中屯于徐州等地。

　　将后勤问题妥善安排之后，可曾国藩却开始头疼，现在的湘军，再也不是当年的赤脚兵了。自打下天京后，湘军都发了财，一门心思想安享富贵，听说要调人马去山东剿捻，都起来闹事。刘松山的部队起哄，要求返回原籍，被杀了几人方才平息。行军到清江浦时，军中又再次骚动，刘松山无奈，放了部分刺儿头回家。驻守江宁的湘军，听说要北上后，都闹着要求裁撤，好早日返回原籍。曾国藩勉强凑了九千人出发，可尚不足以应对战事。

　　曾国藩一再让李鸿章调拨淮军参战。李鸿章以淮军多是江淮人，在长江上下打仗还行，去山东、河南不习惯为由推脱。曾国藩只能苦劝李鸿章："吾二人视剿捻一事，须如李家私事一般。"老师一番苦口婆心，李鸿章只好派了部分淮军参加剿捻之战。

　　淮军将领到了前方，却不听曾国藩指挥，打仗只肯拣软柿子捏，碰上硬仗就阳奉阴违，不肯卖命。淮军刘铭传眼里只有李鸿章，大小事情都要请示李鸿章后再做定夺。刘铭传在前方也不安分，先是将主动寻衅的陈国瑞所部五百人全部击毙，又假传曾国藩军令，将托伦布马队一口气吃下。

　　李鸿章自然要袒护心腹，保全实力，不肯让淮军死战。刘铭传被调到周家口抵挡捻军主力，李鸿章大为不满，就唆使刘铭传告假返乡。李昭庆的部队被调去追击捻军，李鸿章生怕他有差错，请将此军调作河防之师。曾国藩不买李鸿章的账，将淮军调来调去，李鸿章就下绊子，在军饷上卡住曾国藩。

　　虽然纷扰无数，可曾国藩还是确定了剿捻战略，一方面在四个重要据点（江苏徐州、山东济宁、安徽临淮、河南周家口）设防，以点制面，以静制动，"一省有急，三省往援"。另一方面抽掉精锐兵力，组织马队，称"游击之师"，在各个重要据点之间尾随追踪。经过不断扩充，湘、淮军马队渐成气候，奔走围剿捻军。

可捻军骑兵在平原上迅疾若风，湘、淮军追着捻军，不过是在打圈圈。捻军则继续游动作战，时而分为两路，互为犄角，时而合为一路，共同攻坚。在快速机动之中，捻军择取最佳战机，突然扑上去打交手仗，这与以往太平军的战法完全不同。除刘铭传的部队靠着洋枪炮的支持，能勉强和捻军对峙之外，其余各军，碰上捻军都毫无还手之力。曾国藩也承认"淮、霆各军近五万，幼泉（李昭庆）万人尚不在内，不能与之一为交手，可憾之至"。

曾国藩转而改变战略，想利用自然河道围堵，将捻军困在一定区域内歼灭。曾国藩决定利用运河、黄河、淮河、贾鲁河、防沙河等河道，构筑长墙，阻碍捻军机动，力争将捻军压迫、围困在河南西南山区。

捻军探明了曾国藩的围堵战略后，星夜奔袭，突破长墙，长驱直入山东，河防围剿战略失败。同治五年九月十二日，捻军在河南陈留分兵，赖文光自将一支，在中原地区活动，称为"东捻军"。张宗禹率领另一支前往西北，与回民起义军会合，共同反清，称"西捻军"。

因为剿捻无功，曾国藩一年内被责备七次，被弹劾五次，决定辞职了事。同治五年（1866）十一月，谕旨发下，命曾国藩仍然回两江担任总督，以李鸿章代之，办理剿捻事宜。李鸿章接任后，继续曾国藩以河道围堵捻军骑兵的做法，可初期效果不大，也屡被弹劾。

同治五年（1866），曾国荃被起用，担任湖北巡抚，围堵捻军。曾国荃上任后，在湖北整顿冗军，招募了郭松林、刘连捷、彭毓橘、朱南桂等湘、淮军将领，组织起了"新湘军"。同治六年，东捻军接连取胜。在湖北钟祥，以郭松林为骨干的新湘军全军覆没，自己被俘。郭松林被俘后，先是被一顿毒打，"用洋枪捶之，股皆青黑"，再被连射七枪。捻军以为郭松林已死，将他扔弃于道旁，不想郭松林命大，竟然活了下来。郭松林养好伤后再投淮军，李鸿章对他的拼命精神大为欣赏，特意拔出八营，由他统带。

半个月后，淮军精锐树字军又被击溃，张树珊战死。张树珊是张树声的弟弟，素来骁勇。他率军一路猛追捻军，部下提醒他当心捻军骠骑，张树珊不听，带了二百兵丁猛追，被捻军包围。至半夜，张树珊下马步行作战，肉搏身死，死后谥号"忠烈"。

此年的战事之中，曾国荃表弟彭毓橘，率小队数百人在蕲水观察地势，被捻军大队包围。彭毓橘拼死搏战，手下死伤殆尽，最后马陷泥沼被俘。捻军劝说他投降，彭毓橘坚持不从，最终被杀。得到彭毓橘死讯后，曾国藩、曾国荃痛哭良久。

湘军历史上，屡屡有大将因为查看地势，险些丧命的案例，如塔齐布、曾国荃等，都在查看地势时遇险。湘军之中，每逢开战，都要详查地势险易，再确认具体战术。就查看地势，曾国藩还曾交代，有两点需要特别注意：一、精心选择好手，随同查看地势，事半功倍；二、应当亲自前往，不可多带队伍，以免惊动地方。曾国藩甚至认为，查看地势时，所带随从，不得超过五人。曾国藩攻打武昌前，曾搭乘小舟到沌口查看地势，左宗棠攻打杭州前，轻骑往余杭查看地势。王鑫每逢战前，都要聚集军官开会，商讨地势，然后确定战术。从最高统帅到一般军官，每遇战事，查看地势成了习惯，也正因此，送了彭毓橘的性命。

此后淮军刘铭传被东捻军打得落花流水，淮军"总统营官与幕僚等，俱脱冠服坐地待死"，淮军损失大半，幸得湘军鲍超率部救援方得幸免。不想事后李鸿章袒护刘铭传，不顾事实，为其请功。鲍超获胜反被责备虚冒战功，愤郁成疾，怒而辞职，养疴家居，十年不出。鲍超一走，"霆军"三十二营解散，其中精锐被淮军收编，成立"仁字营"。

东捻军一路纵横，"飞腾驰骋，如入无人之境"，突破清军重重防线，进入山东，至胶莱半岛。追剿不力的李鸿章，刚被训斥一顿，得悉东捻军进入胶东半岛后，喜出望外。立刻调集各路兵马，把守胶莱河西岸，预备将东捻军消灭在胶莱河以东。东捻军也知道李鸿章心思，全军快速西进，冲过胶莱河。

东捻军突破胶莱河后，李鸿章以运河为屏障，修建密集工事，防守运河西岸。同时在胶莱河、黄河等处修建工事，围困捻军骑兵。东捻军多次试图冲过运河，均告失败，被困于一片狭窄泥泞区域内，骑兵不能机动。李鸿章以两万两白银，收买东捻军潘贵升，刺杀捻军领袖任化邦。任化邦是淮军最为畏惧的将领，李鸿章评价他："骁勇善战，项羽之俦，人中怪杰也。"

鲍超

在山东连遭败绩，损失惨重，赖文光率残部进入江苏。经淮安府西，过宝应、高邮，到达扬州邵伯镇，各路清军则尾随不放。此年年底，正在西北纵横捭阖的张宗禹，收到东捻军赖文光从山东发来的紧急求援信，遂决定撤出西北，救援东捻军。张宗禹行围魏救赵计，乘清廷精锐尽集于山东之机，直扑清廷中枢，威胁京师，逼迫在山东的清军回师救援，以达成解围目的。

同治六年（1867）十一月初五，西捻军从陕西宜川壶口，踏冰渡黄河，东入山西，再穿越太行山，进入河南北部。正月初二，当清廷正欢度新春时，捻军飞骑渡漳河，进入直隶。此后一路纵马狂驱，气吞万里如虎，直扑京师。张宗禹鼓舞全军道："戊辰正月初五，破京城，御太极殿受贺。"

西捻军进入直隶后，经顺德、保定、易州，主力驻于房山，前锋进至卢沟桥，因天降大雪，暂未攻城。捻军前锋结营于卢沟桥，震动京师。清廷急将各地军队调集至京津地区。调兵遣将的同时，清廷不忘处罚前线将领，先是将直隶总督官文、陕甘总督左宗棠交部严议，后着革职留任。又将钦差大臣李鸿章拔去双眼花翎，褫夺黄马褂，革骑都尉世职，河南巡抚李鹤年革头品顶戴，并下旨"限于一月内灭贼"。

对于这个限期，封疆大吏如李鸿章也心怀不满，牢骚道："定限一月灭贼，不知何从灭起。"左宗棠则抱怨道："我辈所事无成，何敢多腾口说？"

张宗禹曾击败被视为清室擎天一柱的僧格林沁蒙古骑兵，"铁马冰河士气扬，曹州一战歼僧王"。此后纵横西北，劲疾剽悍，威名赫赫，天下皆知，清军将领对他恨之入骨，书信中皆将他的名字改为"张总愚"。李鸿章曾说："张总愚掳马数万，横驱畿南。乃天下之至无赖子。纵万骑于平原，犹纵虎于山林。或谓即可殄灭，奚翅梦呓？"

就在西捻军快骑飞进，直奔京师时，东捻军却遭到了致命的打击。同治七年一月五日，东捻军赖文光残部在扬州被击溃，赖文光被擒杀。东捻军覆灭时，西捻军已深入到豫北，但张宗禹却未及时得到东捻军覆灭的消息，仍继续北上。此时西捻军突进北方，吸引各处清军已无任何意义，只是将自己陷入了重重包围之中，至"进无可援，退无可依"。

张宗禹见十余万清军集结在京师周围，已完成吸引清军主力的目的，挥师从卢沟桥南下，进入直隶平原。张宗禹在直隶各地出没，却不急着与清军交战。张宗禹的战术是"打圈圈"，全军骑马，快速机动，吸引清军尾随。待清军追了几圈，人马疲惫后，再设伏打击清军。左宗棠、李鸿章都吃过"打圈圈"的亏。张宗禹没有得到东捻军覆灭的消息，也不知道自己的这支部队成了整个华北平原上仅存的捻军力量。但张宗禹知道，将面对超过自己几倍的清军。继续游走，吸引清军，之后或与东捻军会合，或再进西北，与回民义军结合，这是张宗禹的打算。

二月初，捻军在深州城外被刘松山、张曜等率部夹击，互有损失。捻军连续几日快马奔驰，走祁州，入博野，下深泽，最后复转到安平城外。二月二十三日，捻军急行百余里，至饶阳县东北元城地方扎营。此夜邱远才所统捻军被偷袭，损失惨重，损失千人，丢失骡马两千余匹，邱远才战死。张宗禹带了人马，接出残部，随后带领全军在直隶平原上，如困兽般奔逃。

饶阳之战后，张宗禹带领捻军，进至晋州，在晋州楼上村等处，偷搭浮桥，从容渡过滹沱河。突破直隶清军封锁。此后全军南下，经赵州、宁晋、新河、隆平、巨鹿、任县，渡过漳河，进入河南临漳，其间与清军爆发多次激战。捻军一路快骑突进，兵锋直指河南滑县。

捻军主力在滑县城东北与郭松林、杨鼎勋大战。当日，清军大败，捻军击杀提督陈振邦、副将刘正同、游击鲁朝斌，打破了李鸿章围歼捻军于太行山的图谋，打通了进入运河东岸的通道。清军虽然大败，但在河南地区，兵力仍然保持了压倒性的优势，继续紧追捻军不放。捻军冲出了包围，但如果不及时渡过运河，仍要面临覆灭的危险。

张宗禹带了捻军，于滑县打败清军后，一路快骑突进，慓疾若风，奔至运河西岸边。在盐枭带领下，捻军全军从东昌城南李海务渡口，涉水过运河，浩浩荡荡开赴东岸。过河之后，捻军众将领均感到松了一口气，山东境内，就食容易，且南下可以寻觅东捻军。若是受到清军拦阻，也可以返回西北。

不想张宗禹却提出了一个惊人计划，全军北上，攻击天津，继续吸引清军主力。战前会议上，张宗禹道："此次不准再与刘松山、郭松林各军接仗，一路直奔天津。等到天津后再拼死决战。胜则得势，败则散老弱，壮丁骑马，官兵也不能奈何我等。"

捻军得了盐枭的支持，补充了兵力，突然回师北上，一路狂啸，马不停蹄，人不解甲，驰骋歌呼，直奔天津。经过博平、茌平、禹城、高唐、平原、陵县，三月下旬过德州。四月初，进入南皮境内，势若奔雷，狂驰于直隶平原之上，"奔逐数千里，往来自如"。

四月初五，全军抵达杨柳青，直逼天津。自年初以来，西捻军转战直隶、河南、山东等地，十余万清军围追堵截，却未能扑灭。现在捻军又突入到天津外围，进抵杨柳青运河东岸，与清军隔河对峙，使清廷再次受到震动，又一次严令前线大员，限一个月内扑灭捻军。

为了加强天津防御力量，清廷抽调绥远城将军定安、副都统富和、提督郑魁士率军增援天津，又命三口通商大臣崇厚严守天津。崇厚着手加强运河西岸的防御力量，深挖壕沟，架设抬枪、炮车，并请英国、法国炮船协同守御，以固津防。此外还将沿海、沿河一带所有船只抄没，以防捻军用船渡河入海。其他各路清军，如宋庆、郭松林、杨鼎勋等将领也率部急驰天津，协同防堵。

是年四月，黄河水陡涨，河水灌入运河，加上连日阴雨，黄河、海河、漳河、运河河水泛滥，天津南一带村庄尽成泽国。捻军抵达天津后，先是在杨柳青运河段，伐木结成木排，又在独流镇搭建浮桥，准备渡河突破运河西岸清军防线，攻打天津。

在天津城外，张宗禹方才得悉东捻军全军覆灭的消息（有一说是从清军俘虏口中得到），此时继续前进，吸引清军主力，已无任何意义。而捻军现在所处的地形，三面是河，一面环海，虽是适合骑兵机动的平原地区，但纵横只有百里，地域狭小，且阴雨天气之后，泥泞难行。如果不想全军覆灭，最佳的选择就是立即后撤。

虽然朝廷严令一个月内剿灭捻军，转眼又是两个月过去了，各路清军且追且战，捻军未剿灭，自身却闹起纠纷了。负责追击的主要是湘军和淮军，两军彼此不和，明争暗斗。朝廷对此不放心，派了满人大员督军，又生出矛盾。

捻军南下后，进入山东，到胶莱半岛上休整。李鸿章得知后大喜，这是重蹈东捻军覆辙，遂亲调军马，围困捻军。六月十二日，清军飞奔到济阳，与捻军做最后决战。是役西捻军战死七千人，主力损失殆尽。

六月二十八日，张宗禹带着仅存的八名护卫来到徒骇河边，被清军追上。李鸿章记载了张宗禹的最后结局："圈之于徒骇（河）、黄（河）、运（河）之内，河汊纷歧，水溜泥陷，于是捻奔走无路，遂将大股歼除，总愚（宗禹）携八骑走至徒骇河滨，投水而死。西捻纵横四五年，至是荡平。"一说认为，张宗禹投水之后，被人救起，此后平静度过余生。

剿灭捻军之后，照例要报销军费，曾国藩与户部书吏谈判，准备贿赂八万两银子，完成报销。不想突然有上谕发出，指令户部将曾国藩的军费全部报销，对此曾国藩感激得五体投地，"较之得高爵穹官，其感百倍过之"。虽然让全额报销，可曾国藩还是将谈好的八万两银子送给户部书吏，为日后的工作铺垫好基础。

捻军剿灭之后，尚存的战事还有西北。七月初十，翁同龢夜不能寐，百感交集。白天在弘德殿授课时，他与同治帝有过一段对话。

同治帝问他："张逆已擒，尚有何贼？"

翁同龢对道："甘肃回匪为靖，新疆久为回匪所踞矣。"

同治帝道："此不足虑，所虑者在肘腋之地耳。"

然而，同治帝以为不足为虑的西北问题，却日益发酵。

多隆阿陨落

同治元年，陕西爆发回民起义。太平军陈得才部，攻入汉中后，回民乘机发动，以大荔县的王阁村和羌白镇为据点，控制渭河两岸，多次围攻西安。陕西回民发动后，甘肃回民起义响应。起义军在西北的蔓延，威胁到清王朝的统治。此时太平天国已趋于守势，清廷急从东南战场抽调将领前往陕甘围剿。

首先调去陕西的是钦差大臣胜保。

同治元年，胜保的门生苗沛霖联合太平军对清军作战。苗沛霖起兵之后，胜保力主招抚，并请缨南下。胜保到了安徽后，局势已经发生变化，清军掌握了战场上的主动权，陈玉成部困守庐州。陈玉成出逃后，被苗沛霖诱擒，并送给胜保作为礼物。得了陈玉成，胜保得意忘形，以为自己立下了赫赫战功。不想此时清廷突然下令，调他前往陕西，并任命其死敌李续宜为安徽巡抚。

　　胜保对此任命大为不满，就向中枢提出离开安徽的条件，如李续宜不能担任安徽巡抚，苗沛霖部改编为练营，仍由苗沛霖统领等。不想此时安徽大局已定，苗沛霖集团已是笼中之鸟，不怕他生出是非。对胜保开出的条件，清廷一个也没有答应，任命李续宜为安徽巡抚，又令苗沛霖应听巡抚约束。

　　对于清廷的决定，胜保恼羞成怒，牢骚满腹。在前往陕西的途中，胜保一路轻狂，发泄不满。到了陕西后，胜保照样骄纵，他在营内弄了三十多个侍妾，每日里声色犬马，他大肆挥霍，毫不关心军事，结果屡战屡败。败就败吧，对他来说没有任何关系，本来他的外号就是"败保"。

　　在陕西，胜保所做的事就是拼命扩充部队，壮大实力，为此招募了大批地痞流氓。军队扩大了，军饷却没有增加。胜保有的是办法，没钱那就压榨地方好了。胜保定下规矩，凡军队所经之处，地方上必须馈赠，"不逾数千金不能出境"。一群如狼似虎的兵痞，在地方上为非作歹，搞得乌烟瘴气、鸡犬不宁，地方官只好乖乖筹钱，送虎狼出境。

　　胜保虽以钦差大臣的身份入陕西，可他还是不甘心于此，看着湘系集团的干将们，一个个被封为督抚，在地方上捞足了钱财，然后批命扩军，胜保心中难免嫉妒。胜保以四百里加急，递上一个奏折，公开向朝廷要官，请封自己为陕甘总督。军机处当即回绝了胜保的请求，并决定将他调回京师，担任内务府大臣。内务府大臣是个肥差，这也是照顾他了。可胜保闻讯之后大发雷霆，写信责问军机大臣们："非保则诸公何以有今日？"

　　众军机看了只有苦笑，这胜保太不识抬举了。闹到了这个地步，再不加以限制，胜保必将生出变数。而胜保的恶迹，也招致了更多的弹劾。同治元年十一月，不知自制的胜保继续喷着口水上奏，请从苗沛霖部中挑出精锐万人，到陕西助战，又索取河南军需局的银两作为军费。调兵遣将、调拨军饷的权力，一贯是属于中枢。胜保自作主张，越俎代庖，径自请调兵，索军饷，让朝廷恼怒，将他大骂了一通，并严令"万不准苗沛霖有一人一骑入陕西"。就在胜保邀请苗沛霖派精锐入陕西之时，苗沛霖再次叛变。胜保的政敌抓住这个机会，密报胜保与苗沛霖勾结，想在陕西谋反。看着胜保闹得太不像话了，清廷令多隆阿入陕西取代胜保。

　　胜保在前方被打得落花流水，一看骁将多隆阿带兵来援，喜出望外。十一月二十七日，多隆阿到了同州，胜保亲自迎接，正准备把酒言欢之时，不料多隆阿拿出谕旨宣读，将胜保革职拿问。多隆阿将胜保解职后，接收了他的乌合之众。多隆阿倒也没有与胜保多计较，默许了他携带搜刮来的钱财与姬妾一起回京。

　　胜保被押解京师之后，面临诸多指控，如贪污、索贿、渔色、欺罔、与苗沛霖勾结等。这些罪行中随便拿出一个，都可置他于死地。胜保也不是省油的灯，他的死党在社会上营造舆论，称胜保战功赫赫，得过先帝褒奖，如果因为这些过错将他处死，会"下寒将士之心，上成君父之过"。

　　同治二年（1863）七月十八日，当日慈安、慈禧垂帘听政，称今日无事，命军机大臣早早退出。奕䜣刚出养心殿，突然接到谕旨，赐胜保自尽，让他措手不及。胜保被赐自尽时，由周祖培监刑。胜保此时也顾不上咒骂了，大哭着拉住周祖培的衣襟，称自己是被冤枉的，请帮忙鸣冤。周祖培很是郁闷，退到门外直叫："我不管，我不管。"

　　却说同治元年十一月初六，钦差大臣多隆阿领兵向陕西进发。此时陕西地方上，回民义军横行，数百里之间不见行人。陕西同州府大荔县、渭南县是回民义军的主要活动区域，营垒林立。多隆阿驻军于同州城外，将城外义军营垒击破，解除了同州城围。同治二年一月，多隆阿在王阁村、羌白镇交战。此地设有营垒，炮台敌楼高耸，防守严密。多隆阿攻克之后，继续西进。至三月，大荔、渭南战事结束。

　　此时各地战事紧张，多隆阿疮疾发作，不能骑马，只好坐了轿子，到各地指挥作战。同治二年间，由于多隆阿的卖力作战，西安东部各股起义军逐渐消亡。多隆阿在战事上获得突破，但却被陕西巡抚瑛棨所排挤，二人龃龉日深，多隆阿在军饷、人马、战略上均受到严重制约。虽然最后斗走了瑛棨，可其他地方官员对他也多有微词，消极作战。多隆阿所统士兵，多是南人，在西北水土不服，造成军中疾病流行，严重影响了战斗力。

　　在陕西，脱离湘军后的多隆阿，处于孤军作战的尴尬境地。同治二年十月，纵横于云南、四川的蓝大顺领兵入陕，联络太平军，包围了西安附近的盩厔县（今周至县）。蓝大顺炸开城墙，占领县城。

蓝大顺是云南起义军，怎么跑到了陕西呢？

咸丰九年，李永和、蓝朝鼎联合发动在昭通起义，随后带了二三百人入川，不久发展到了三十万人。蓝大顺是蓝朝鼎族兄，起义军领袖陆续战死后，由他带领全军。同治元年，蓝大顺领了残部向陕西发展，试图联络太平军。蓝大顺的到来，将陕西的局面搅得更为复杂，也让多隆阿面临了新的敌手。

多隆阿领兵攻打盩厔，连续攻打两个多月，却不能攻下。以善战闻名的多隆阿，竟然连一个小小县城也攻不下来，让清廷很是惊讶，连发严旨诘问。同治三年（1864），多隆阿组织了多次进攻。二月二十三日，多隆阿集合将领发誓，不攻下此城，"吾等枉为人种"。当日多隆阿在望楼上亲自擂鼓督战，被弹丸击中右目，不久伤重身亡。

多隆阿是晚清的满人名将，他进入湘军系统之后，坐镇指挥了潜山、安庆、庐州等战役，重挫陈玉成，为湘军以上制下的战略奠定了基础。多隆阿自身是名文人，在文学上有较高的成就，他与胡林翼关系融洽。在湘军系统之中，他从一名骑兵部队统领，迅速崛起，成为重要将领。胡林翼去世后，他脱离湘军，想独立发展，却未能在陕西焕发光芒。

多隆阿入陕西后，与瑛棨关系不睦，清廷遂以湘系人马刘蓉任陕西巡抚。刘蓉与曾国藩很早就认识，后来刘蓉《曾太傅挽歌百首》中有"海内论交我最先"。在曾国藩初创湘军时，刘蓉就入了幕府，参与练兵筹饷，策划军事。刘蓉建议曾国藩，要练出精兵，抓好粮饷，网罗人才，这三点为曾国藩所重视，也是湘军成功的重要因素。

刘蓉在曾国藩身边辛苦操劳，却坚持不要薪水，不要保荐升官。咸丰五年，刘蓉曾独领一军，攻下湖北崇阳、通城等地，此战中刘蓉弟弟刘蕃在湖北浦圻战死。战后曾国藩为刘蓉请功，他婉言谢绝。此后刘蓉解甲归田，侍养老父，隐居乡间长达五年。曾国藩、胡林翼三番五次请他出山，可刘蓉坚持以孝为先，予以谢绝。

到了咸丰十年（1806），左宗棠受到樊燮案牵连，离开湖南巡抚骆秉章，推荐刘蓉接替自己，被他谢绝。之后曾国藩、胡林翼再三劝说刘蓉出山，他仍然不愿。胡林翼直接上奏皇帝，保举刘蓉，清廷遂命刘蓉入湖南巡抚骆秉章幕府，参赞军事，此番他才正式出山。

咸丰十一年（1861），骆秉章入川主政，刘蓉随其办理军事。骆秉章的最大本领，一是能看准人才；二是看准了人才，就放手让他去做。他所选用的人才，著名者前有左宗棠，后有刘蓉。

在四川，刘蓉主持军政，很快平息各地叛乱，又击败入川的石达开。四川平定之后，湖广总督官文，奏请以刘蓉入陕，配合多隆阿，并称刘蓉"晓畅戎机，勇于任事"。刘蓉升任陕西巡抚，于同治四年四月抵达西安，正式上任。

杨岳斌

多隆阿在陕西战死，清廷又调湘军水师统帅杨岳斌入陕甘作战。杨岳斌，即湘军水师统领杨载福，因为同治帝名载淳，为了避讳，改名杨岳斌。杨岳斌一直统带的是水师，对于陆战不是很熟悉，以伤病为由加以推托。可陕西军情紧急，朝廷还是坚持让他去陕甘。

同治四年（1865），杨岳斌抵达西安，开始与巡抚刘蓉共同策划战事。杨岳斌做事认真，至陕甘后更是全力经营，可他面临的却是一堆烂摊子。在陕甘的清军，征战无能，骚扰地方却是好手。驻在陕甘的军队多是从各省抽调而来，至西北后水土不服，指挥系统杂乱，而军饷又时常不能按时发出。同治四年四月，有陶茂林部在宝鸡哗变，不久又有雷正绾部哗变，更有雷恒与回民起义军串通，企图乘乱劫掠泾州。

同治五年（1866）四月，标兵王占鳌发动兵变，攻破兰州，兰州官衙被屠戮一空。回民起义军则不时发动游击，清军在各地困守孤城，难有余力作战。杨岳斌既要忙于筹集军饷，又要请各省派出援兵，可军饷难筹，援兵更是无一至者，杨岳斌更被弹劾为"办事不力"。心力交瘁之下，杨岳斌一再奏请开缺，遂以左宗棠代替。

至于刘蓉，他生性耿介，本无意于官场，在官场上也属异类，屡被弹劾。此时朝廷之中，慈禧与恭亲王之间爆发冲突，遂借打击湘系之名，敲打恭亲王，刘蓉也被卷入。

同治四年二月二十四日，蔡寿祺弹劾曾国藩、曾国荃，奏折递上后，留中未发。蔡寿祺这是投石问路，曾国藩办理洋务，与奕䜣来往密切，被视为是奕䜣党羽。慈禧对于奕䜣与地方实力督抚的关系，也是相当不安，"湘乡一门鼎盛，被忌尤甚。"湘乡一门者，曾国藩也。蔡寿祺精确地捕捉到了慈禧的心思，先打曾国藩投石问路。奏折递上后，慈禧留中不发，间接表明了对蔡寿祺的支持。

到了三月初四，蔡寿祺再上折弹劾奕䜣，称他"贪墨、骄盈、徇私、揽权"，建议奕䜣归政朝廷，回家养老，另外寻找合适的亲王辅政。蔡寿祺的政治嗅觉相当敏锐，他的胆量又足够大，出击的时机又拿捏得如此之好。奏折递上之后，又是留中不发。此番风波之中，刘蓉也被弹劾，说他以钱财攀附权贵，得到提拔。

此前蔡寿祺在四川任职时，"擅自刻关防，征调乡勇，聚众横行"。刘蓉扬言要将他驱逐出川，蔡寿祺含恨在心，此番造词罗织。对蔡寿祺的弹劾，刘蓉反应强烈，写了封言辞激烈的辨白书，并请求解甲归田。此番冲突中，刘蓉受到了降级处分，此后虽被恢复了陕西巡抚一职，但已生去意。

同治五年，刘蓉申请开缺，清廷以乔松年代之，刘蓉则暂留陕西，帮办军务。刘蓉与乔松年在军政上存在诸多分歧，所统带的湘军三十营也在灞桥被捻军击败。十月，西捻军张宗禹长驱入陕后，刘蓉率湘军在灞桥设防。天降大雪，军士冻得瑟瑟发抖，更不肯交战，最后溃败。刘蓉被斥为贻误军机，革职返乡，此后再未出仕。

在湘军集团之中，刘蓉不似曾国藩、胡林翼、左宗棠、罗泽南这样声名显赫。他的个性与为人，使得他看淡了功名，入仕之后，短短几年之间，经略川陕，官至封疆大吏，其功绩却"不能被中原士大夫所知"。回乡之后的刘蓉，"不以没世无闻而自戚"，他强调经世致用之学，对湖湘风气的塑造起了深刻影响。刘蓉与曾国藩、郭嵩焘的友情，终生不变，为了加深联系，三人结成儿女亲家，曾国藩的长子曾纪泽续娶了刘蓉之女为妻，曾国藩的女儿嫁给了郭嵩焘之子为妻。刘蓉走后，西北的局面更加混乱，也给了左宗棠一展身手的机会。

老湘军入西北

同治五年（1866）八月，清廷任命左宗棠担任陕甘总督。因事务繁多，左宗棠一再推迟行程，至十一月方才启程。在武汉筹划了良久之后，左宗棠方才出发前往陕西。西征的军饷、粮草、军马等一系列问题，耗去了他的大量精力，所以在武汉停留良久。西征途中，左宗棠还得帮忙围剿西捻军，又延误了时间。

左宗棠的正式西征，是在捻军被剿灭之后。同治七年（1868）八月十五日，此日同治帝、两宫皇太后召见左宗棠，询问西北何时可以平定，左宗棠答"当以五年为期"，慈禧太后惊讶于耗时如此之久。

左宗棠西征所统带的是"老湘军"。湘军分为两支，一支为罗泽南、李续宾所部，辅助曾国藩、胡林翼立下功劳，至天京克服后遣散，一蹶不振。一支为王鑫所创立的老湘军。老湘军创办者是王鑫，当年他与曾国藩一起从湘乡走出，创办湘军，后来又发生分裂。王鑫独立而出，在湖南地方官吏的支持下，自创营制，自成一军，称"老湘军"。岳州之战时，王鑫不听曾国藩命令，导致惨败，曾国藩大骂他"狂夫几何不败事"，勉强派兵将他救出。

王鑫傲气十足，为人刚愎自用，这种性格必然与曾国藩产生冲突。王鑫的女儿嫁给了左宗棠的儿子左孝同，两家是姻亲关系。左宗棠也是狂傲之人，与王鑫却相处融洽，志气相投。咸丰六年，石达开进攻江西，曾国藩被困住手脚。骆秉章调王鑫老湘军援救江西。老湘军入江西后，连战连捷，王鑫得了外号"王老虎"。咸丰七年，王鑫操劳过度，在江西乐安染病身死，终年三十三岁。

王鑫死后，老湘军由王鑫堂弟王开化统领。左宗棠独立出来经营浙江时，王开化带了一千四百人帮助左宗棠作战，成为其麾下主力。王开化去世后，由张运兰统领老湘军。曾国藩在祁门被困时，调张运兰至皖南救援，此后张运兰带领老湘军在曾国藩旗下作战。追张运兰告病返乡后，老湘军改由刘松山统领。天京城破后，曾国藩主动裁撤湘军，独留刘松山老湘军。曾国藩独认为："刘松山矫厉奋兴，尚有旭日初升之象。"

同治四年，曾国藩受命北上剿捻时，湘军各营都不愿跟从，只有刘松山带领老湘军追随。不过刘松山所部也不是铁板一块，行军途中，三千人中，有一千余人请假走掉了。最后不得不杀人立威，方才领了剩下的二千余人过江。西捻军进入陕西后，与回民起义军彼此呼应，清廷调老湘军入陕西助剿。西捻军张宗禹返师突入直隶后，刘松山第一个回师救援，为此被嘉奖。在围剿捻军之战中，李鸿章压制老湘军，立功而不得赏。曾国藩负气，全力扶持老湘军，"以伸老湘之习而抑淮军"。

同治六年（1867），左宗棠出发西行，刘松山带了九千人随行，此后归入了左宗棠门下。虽曾左闹翻，不相往来，但曾国藩很是大度，在左宗棠征西时，既抽调了精锐的部队给他，又在两江为他筹集军饷。虽然曾国藩出力帮他西征，左宗棠却不领情，照样在湘军将领面前大骂曾国藩。刀子嘴，豆腐心，也可用来形容左宗棠。骂归骂，对曾国藩后人，他一直是关爱有加。

左宗棠对回民的宗教信仰及其演变，下了一番功夫，但他的结论却是："回姓多疑善诈，异于常人。"左宗棠对回民有诸多偏见，甚至认为回民是"同教一家，隐相亲附"。清军之中，对于是剿是抚，有较多分歧与争议。左宗棠接受了长安县练头目柏景伟的建议："寓剿于抚，不言剿而剿之。"

同治八年，左宗棠正式着手进行西征战事，这也与他先前设定的"先捻后回"战略吻合，消灭捻军之后，再全力打击陕西各地起义军。左宗棠兵分三路，北路由刘松山统领，目标是宁夏金积堡，南路由周开锡带领，进攻河狄，左宗棠带领中路，进入甘肃。此战以北路为主，南路负责维持粮道，护卫省城，中路则为后路，居中指挥。战略目标是，将陕西境内的各路武装驱逐至甘肃，在甘肃加以解决。

西征也不是没有淮军的事，因为天津教案，京畿受法国威胁，淮军刘铭传带兵到直隶。此后天津教案解决，直隶附近云集了太多淮军。清廷不想再裁淮军，就让刘铭传带兵北上，督办陕西军务，保护左宗棠后路。刘铭传对左宗棠颇有成见，接到命令后兴味索然，不想去陕西。李鸿章却劝告刘铭传，去陕西督办全省军务，预示着他将要接任巡抚，这是成为地方大吏的绝好机会。

带着去陕西当巡抚的梦想，刘铭传带了四十营淮军，兴高采烈地西征了。刘铭传从天津出发，一路快马加鞭，1870年年底，全军迅速抵达西安。刘铭传到了西安后，以为陕西巡抚的任命很快会下来，不想等了一个月一直没有等到。"太性急，无忍耐"的刘铭传，浑身焦躁，无心在陕西多待。李鸿章一再告诫他要"沉几待时"，又等了几个月，还是没有等到消息，不过这期间他也没有闲着。刘铭传上了几个密折，指责左宗棠湘军无功，只会谎报战绩。

焦灼地等了大半年之后，巡抚的任命还没有等到，刘铭传再无耐心，此后三次上奏，请回原籍养病。李鸿章没法劝住刘铭传，只准他返回时将淮军带回二十营，留二十营在陕西效力。翰林院学士王家璧亲近左宗棠，抓住机会弹劾刘铭传，使其去职。留在陕西的淮军不满新的将领而哗变，淮军入陕之役也成了一场游戏。

为了逼陕回入甘，左宗棠发动了董志原之战。

董志原地出甘肃东部，属庆阳府，与陕西邠州相邻，战略位置重要。陕西回民起义军于同治五年九月聚集到董志原，共有十八营，二十余万之众，各营各设元帅，主要有白彦虎、马正和等人。

当左宗棠逼迫过来时，十八营四处出击，攻势凌厉。左宗棠严密部署，严堵想进入关中的回民起义军，将其包围在董志原。同治八年二月十八日，董志原十八营会商后，决定合并为白彦虎、马正和、崔伟、禹得彦统领的四大营。由崔伟、马正和率领万余精锐断后，其余突围。

针对突围，左宗棠也早就做好准备，命清军准备了十日干粮，伺机追击。二十三日夜，清军探听得起义军已经撤退，各军出动追击。至二十四日，将董志原各处营垒击破。左宗棠攻下董志原，"统计是役杀毙之贼及坠崖而死者实不下二三万人"。清军攻陷董志原后，白彦虎等人率残部北上金积堡，依附马化龙。此战结束后，左宗棠移师西进，以甘肃金积堡为主要攻击目标。

同治八年春，当董志原大胜后，湘军却发生了两次兵变，均与军中的哥老会有关系。二月初三，刘松山属下在绥德的老湘军四营发动兵变，抢占粮站，攻占绥德城。闻讯之后，刘松山连夜赶往，收拢未曾参与兵变的各部。二十三日夜，利用兵变各营喝醉之机，平定了变乱。此后又有哥老会发动兵变，杀死主将营官，被扑灭下去。由于兵变的影响，进攻金积堡之役暂被中断，直至五月中旬才恢复。

金积堡堡主马化龙在八九月间，亲自到刘松山营中求降，交出抬枪七十杆，战马七十匹。左宗棠判断马化龙不会真正投降，"阴贼险狠，天下共知""旋抚旋反，是其惯技"。左宗棠力主剿灭，催促刘松山发动进攻。

金积堡因金积山而得名，该地濒临黄河东岸，水利完备，物产丰富，为西北要冲，堡主马化龙是宁夏首富，西北回民首领。金积山地属灵州，东达花马池，南达固原，迤西毗连中卫，襟带黄河，雄据边要，实形胜之区。因为州治与此地相距百余里，鞭长莫及，"地方官政令不行，其权遵移于回目，于是回民畏其所管头目甚于畏官，此乱之所由生也"。

陕西回民起义后，马化龙招募工匠，打造武器，在同治元年九月发动起义，围攻灵州。同治三年，寻求清军招抚，并推卸自己的责任。同治四年，在清军进驻白沙州后，他献上乞降书，交出部分武器。同治四年年底，宁夏将军穆图善一度与各路义军达成"抚局"。宁夏的马万选、赫壮图被赏加副将衔，马化龙被赏加提督衔，并改名为马朝清。至同治八年，刘松山围困金积堡后，马化龙又一次求抚，只是未被接纳。

金积堡周边堡垒密集，东有四百五十余处，西有一百二十多处。金积堡本堡的外堡墙高四丈，厚三丈，周围九里。堡中又有内堡，高厚与外堡相同，且有沟渠防卫。刘松山军中有普鲁士后膛开花大炮，威力颇巨，但堡内屋顶皆为平顶，泥土极厚，炮弹不能贯穿，故而只能强攻。

清军初期进攻金积堡时，每天发起十几次冲锋，死伤无数。后来清军改变策略，对金积堡不做强攻，而长期围困。同治九年正月，金积堡内的起义军要求投降。正月十四日，刘松山在集合投降义军训话时，被枪手打死。左宗棠在报告清廷时，将刘松山之死说成是指挥战事时被枪子击中身死。刘松山死后，清廷担忧左宗棠年迈，无法经营西北，就调李鸿章去协助。结果李鸿章刚到西安，就发生了天津教案，又被调回直隶。左宗棠、李鸿章两个冤家对头，才没有凑到一起。

刘松山死后，由侄子刘锦棠领兵。刘锦棠的父亲刘厚荣与弟弟刘松山，一起投入王鑫老湘军，咸丰四年，刘厚荣在岳州战死。此时九岁的刘锦棠，与祖母相依为命，虽贫困之中，却好谈军事。十五岁时，刘锦棠去江西投奔了叔父刘松山，开始从军。刘锦棠从军之后，大小十余战，所向克捷，无役不从。刘松山死后，刘锦棠出掌老湘军，稳定了局面，深得左宗棠赞赏。

被困一年半后，同治九年（1870）十一月马化龙请降。次年正月，左宗棠以在金积堡"两次挖掘洋枪一千二百杆"为由，将马化龙及其亲信一百余人杀死，其所余一万二千名老弱被分散安置。击杀刘松山的起义军将领马八条，被剖腹剜心，祭奠刘松山。此后，刘锦棠护送刘松山灵柩返回湖南。

同治十年（1871），左宗棠带兵清剿河州。左宗棠不同意招抚河州一带起义军，认为"非创巨痛深固难望其永久帖服也"。战至同治十一年正月，河州马占鳌、马永福等人乞降，并将儿子送到左宗棠大营做人质。此时清军在太子寺遭遇败绩，主将傅先宗战死，左宗棠方才接受了投降，以此掩饰败绩，并亲自给马占鳌的儿子改名为马安良。

同治十一年（1872）六月，刘锦棠带着新从湖南招募的湘勇，回到甘肃。此后带领马步军十八营，攻打西宁地区的马桂源、马本源兄弟及白彦虎。白彦虎是陕西起义军首领，曾与捻军张宗禹联合作战。左宗棠入陕西后，白彦虎退往甘肃，一度在金积堡配合马化龙作战。在马化龙决定投降后，白彦虎带领万人退往西宁，联合马桂源，共同对抗清军。

同治十二年（1873）二月，马桂源兄弟战败投降之后被杀。九月，在马占鳌等人助战下，刘锦棠攻克肃州（酒泉），马文禄投降后被杀。白彦虎逃出嘉峪关，退走新疆。至此，陕甘起义被镇压下去。白彦虎入新疆后，投靠了阿古柏势力。

阿古柏出生于浩罕汗国，家境一般。成年后阿古柏机缘到来，入王宫当了一名侍卫。阿古柏官运亨通，青云直上，掌握军国大权。阿古柏实力的扩张，引起了呼达雅尔汗的注意，将他关入监狱。阿古柏买通看守，从狱中逃出后，联络国内的反对派毛拉汗，推翻了统治者呼达雅尔汗。1862 年，毛拉汗在宫廷政变中被杀死，阿古柏又转而拥护呼达雅尔汗。

不管是谁在位，都面临着阿古柏的威胁，最终将他派到喀什噶尔。早在十八世纪初，浩罕就开始渗透新疆，很多商人在此落户。1864 年，思的克反动叛乱，占据了喀什噶尔。1865 年，阿古柏来到喀什噶尔后，反客为主，驱逐了思的克，之后招兵买马，花了两年的时间，经由无数的杀戮，最终控制了南疆七城。

阿古柏在南疆建立政权后，继续东征。1870 年，阿古柏派兵进攻吐鲁番失败，决定联合各股力量，打击乌鲁木齐的妥明势力。阿古柏将在吐鲁番的蒙古人与汉人势力拉拢。吐鲁番地区的汉人势力是徐学功控制的民团，聚集了五千余人，拥有强大的骑兵。徐学功等与妥明有血海深仇，彼此攻伐。蒙古人则是哈通汗所控制的人马。在徐学功的支持下，阿古柏最终攻下吐鲁番，之后越过天山，攻下达坂城，抵达乌鲁木齐城下。

在英国、俄国的支持下，阿古柏占据新疆，建立起了政权。1870 年时，英国派遣代表团，抵达喀什，公开承认阿古柏政权，并提供军事援助。俄国也不甘落后，多次派遣代表团，前来拉拢阿古柏，并签署了非法的《通商条约》。阿古柏四处活动，甚至厚颜无耻地奉土耳其为上国，在钱币上铸上土耳其苏丹的名字。

用兵新疆

就是否用兵新疆，湘系与淮系产生分歧，也即"海防"与"塞防"之争。同治十三年三月，日本入侵台湾，就如何用兵，在朝中也产生分歧。

直隶总督李鸿章认为应当放弃新疆，新疆"穷荒万里"，"何益于事"，不如将经营新疆的军费用作海防。左宗棠等人则主张"海防"与"塞防"并举，两者并不冲突。军机大臣文祥支持左宗棠，认为如果不守西北，设若海防吃紧，边疆危急，将要两面受敌。在军机大臣文祥的支持下，最终决定收复新疆，以左宗棠为钦差大臣，督办新疆事务。

西征之战，巨商胡雪岩为湘军军费出了大力。胡雪岩鼎盛时期商号遍及全国，资产有银千万两，良田万亩，连清政府都要借助他的财力。胡雪岩所涉猎的产业甚广，当时最能赚钱的生意，诸如生丝、粮食、茶叶、房地产、药铺、当铺、钱庄等等，他几乎全部插足，无一不及。胡雪岩与左宗棠相识，在左宗棠攻克杭州之后。此时杭州经历了多番战事，城中尸骸无数，遂委托胡雪岩收容尸骸。胡雪岩收容尸骸后，又帮助左宗棠筹集银两、白米，从事各种善后事宜。由是左宗棠对胡雪岩刮目相看。

左宗棠征西，本来由朝廷拨给军费，但各地拖延军饷。无奈之下，左宗棠只好全权委托胡雪岩找洋人借债。胡雪岩在上海与各外各国银行商讨借款，前后五次，合计1195万两。西征所用的军火，也委托给胡雪岩操办。胡雪岩将所办的军火，一路运输至前方，对于西征胜利起了巨大作用。在上海购买的西式大炮，将其车轮拆卸后，从内地用车辆一路运至西北，施放后威力极大，被军中称为利器。大炮炮弹消耗之后，又由胡雪岩采购炮弹，送至前方。由于左宗棠的提携和保举，胡雪岩"官至江西候补道，衔至布政使，阶至头品顶戴，服至黄马褂，累赏御书"。

胡雪岩本人对近代企业，表现出一种近乎本能的抵触。他以"畏洋商嫉妒"为借口，拒绝李鸿章投资轮船招商局的邀请，又以政府抵制为借口，拒绝与怡和洋行合办"机器棉纺织公司"。在破产之前，尽管手中银根紧缩，他却拒绝将手中持有的大批蚕茧卖给新式机器丝厂。胡雪岩逆时代而行，其最终失败乃必然。

光绪二年（1876），左宗棠以刘锦棠所部老湘军作为主力入新疆。当询问刘锦棠需要多少人马出征时，刘锦棠笑答："胜兵万人，足以横行，不在多也。"足见刘锦棠对老湘军战斗力的信心。老湘军出关时有二十五营，最后增加至三十二营，一万二千余人。在投入新疆的部队之中，老湘军战斗力最强，训练最好，是当之无愧的主力。

四月初三日，刘锦棠亲提大军从肃州起程。他命各部先在安西会合，然后再分批向哈密进发。老湘军战斗力极强，被西方记者夸耀为："基本上近似一个欧洲强国的军队。"

入疆第一战，在乌鲁木齐东面的要隘古牧地爆发，又是老湘军旧敌白彦虎防守。刘锦棠出奇制胜，首战告捷。六月二十日，湘军派出士兵，装作挖掘枯井，要走大路的样子。六月二十一日，刘锦棠占据了要地，随机发起攻击，攻下黄田。六月二十三日，清军包围了古牧地。二十八日，清军用炮火轰开城墙，攻入城内，守军六千人全部被歼灭，白彦虎不在城内，侥幸逃脱。在入疆第一战古牧地之战中，当地人民引领老湘军，找到水源，解决了缺水的难题。各族人民"或为向导，或随同打仗，颇为出力"。

随后老湘军挥师攻占乌鲁木齐，肃清北疆。乌鲁木齐城的守将，在清军攻势下不战而逃。老湘军进入乌鲁木齐后，城内仅剩汉回居民数十人。清军收复乌鲁木齐，盘踞昌吉、呼图壁与玛纳斯北城等处之敌纷纷弃城而逃，只有玛纳斯南城之敌负隅顽抗。

十七日，总统湘军西宁道刘锦棠，派兵至玛纳斯南城，协助伊犁将军荣全攻城。至玛纳斯后，湘军挖掘长壕，加以围困，再挖地道炸城。九月初一，地道中的炸药引爆，轰塌城墙二丈余，清军从缺口冲入城内。此时缺口处密布敌军，以密集枪炮还击，无隙可乘，只好收兵。此战之中，也有意外收获，将城中主帅韩刑脓击毙。初二日，清军以湿毡作为掩护，发动猛攻，守军拼死顽抗，未能攻入。

十二日夜，地道再次挖通，炸塌城墙。清军进攻时受挫，提督杨必耀持刀督战，被枪击中殒命。孔才举旗继进，也被枪伤，是役官军伤亡一百九十余名。当夜城中有人越壕突围，被湘军击溃，有三人堕入壕被擒获，供称均系西河营贼党，籍或西宁，或河州，因城中粮绝，无路可窜。

二十一日，城中悍匪二三千人突围，被清军击溃，伪元帅黑峻见势不支，以洋枪自杀。城中悍匪，"经步军一律搜斩，老幼妇女悉释勿诛"。至此，清军在北疆，收复除伊犁之外的所有地区。此时已至冬季，暂时休整，待来年向南疆进军。

光绪三年（1877）春，老湘军越天山。三月初三，刘锦棠带领老湘军包围了达坂城。守军放水，将达坂城周边变成淤地。为了观察前线局势，刘锦棠策马巡视四城，城头弹飞如雨，坐骑也被击毙。初七日的战斗中，湘军一枚炮弹，落入城内弹药库，引爆弹药。城中守军毫无战意，四处奔逃。为了分化地方，对被俘的南疆本土人，"均给以衣粮，纵令各归原部，候官军前进，或为内应，或导引各酋自拔来归"。

达坂城收复后，老湘军在吐鲁番一带休整，待天凉后再发动攻击。光绪三年四月，阿古柏"知人心已去，日夜忧泣，四月上半月服毒药死了"。阿古柏自杀后，其次子海古拉与其兄博客·胡里伯克互相争夺，彼此争斗，就在互相混战时，老湘军发动了攻击。

八月，秋季攻势展开后，老湘军连克达坂城、托克逊、吐鲁番，打开南疆门户，收复南疆各城。九月初三，清军进入库尔勒，城中空无一人，一片荒芜。清军此时军粮困难，在刘锦棠动员下，挖掘地窖，得粮数十万斤，解决了粮食问题。

白彦虎一路烧杀抢掠，裹挟大批民众。九月初六，刘锦棠亲自调集精锐，一路猛追白彦虎。清军六天驰骋九百里，救回被裹挟回民数十万计。九月十五日，拜城民众开城迎接清军入城，夹道欢迎。十六日时，天气寒冷，河水冰封，白彦虎裹挟了二万余人过河。刘锦棠领军猛冲，驱逐白彦虎，救出民众。九月十八日，老湘军一路追至阿克苏。

十一月十三日，老湘军进抵喀什噶尔，击溃白彦虎所领人马，收复喀什噶尔。至此，新疆除了伊犁处于俄国控制下，其余失地全部收复。白彦虎狼狈逃入俄国境内，处于沙俄庇护之下。今日有媒体为白彦虎翻案，云其是民族英雄。不知这一路烧杀抢掠，裹挟民众的白彦虎，是谁的英雄？出逃之后，白彦虎在俄国的支持下，出兵侵犯喀什噶尔地区，遭到老湘军迎头痛击。

早在同治十年，俄国乘新疆内乱之机，出兵占领伊犁。总理衙门质问俄国，占领伊犁有何根据？俄国狡辩，称占领伊犁乃是代中国暂时控制，等中国平定西北之后，即归还伊犁。至光绪四年，左宗棠平定西北，清廷再与俄国交涉，请归还伊犁。俄国则开出条件，要求清廷归还伊犁管理的费用，并保证边境安全。面对俄国的勒索，清廷决意派大臣到俄国进行谈判。

初期选择了崇厚出使俄国，不想他到了俄国无心谈判，一心只想回国，草率签署了协议之后，自行回国。光绪六年正月初三，再派曾纪泽出使俄国，重新订约。曾纪泽是外交场上的老手，不是崇厚那般好蒙蔽。经过努力，中俄条约被修改，俄国交还了特克斯河域两万多平方公里的领土：删去了早先条约中允许俄商经嘉峪关、西安至汉口的通商条款。

光绪六年，为配合外交上的谈判，刘锦棠上了密折，认为曾纪泽在俄国谈判时，中国应做好准备，如果俄国不归还伊犁，则出兵图之。为就近指挥，左宗棠亲率马步各军前往哈密。在前往哈密的征途中，左宗棠"舁梓以行"，让士兵抬棺行军，表明决心。左宗棠虽年近古稀，却不以为苦，自云："壮士长歌，不复以出塞为苦。老怀益壮，甚堪告慰"。五月初八，左宗棠抵达哈密，共谋三路进军伊犁的计划。此间俄国不甘心归还伊犁，多次出兵挑衅。

十月，左宗棠、刘锦棠在评估了中俄两军的兵力、武器之后，判断可以一战，开始进行军事准备。最终俄国放弃了进行战争的打算，因为俄国刚刚结束与土耳其的战争，财力枯竭，无力再战。而左宗棠、刘锦棠、老湘军的威名，早已传播欧洲，对俄国人形成了威慑。当俄国人在谈判桌上威胁开战，要求中国战败后赔偿军费时，曾纪泽自信地说道：开战则"胜负难知，中国获胜，则俄国亦须偿我兵费"。谈判桌之外，刘锦棠直奔伊犁，最终逼迫俄国将伊犁交还中国。

老湘军入新疆后，势如破竹，收复天山南北，击败了阿古柏割据势力。阿古柏在新疆胡作非为十余年，实行残酷统治，各族人民深受其害，故而踊跃支持老湘军。新疆平定后，收复天山南北二万里的老湘军，由于军饷等原因被遣散。所剩一部李光久军，在甲午战争中重创日军，被惊叹为"神军"。

入疆后老湘军披坚执锐，作为前锋主力，立下战功无数。西征时条件艰苦，万里长驱，每营仅发四个月盐菜，却无却步不前者。正是背着红薯入西北的湘军将士的浴血奋战，平定了西北的持续动乱，收复了新疆。"大将筹边尚未还，湖湘子弟满天山。新栽杨柳三千里，引得春风度玉关。"光绪十年（1884）九月三十日，新疆建省，刘锦棠出任首任新疆巡抚。今日乌鲁木齐六道湾山梁上仍有一座圆柱碉堡，拱门上有石刻"一炮成功"，纪念刘锦棠及老湘军的功绩。此地建有左宗棠像，以纪念湘军收复湘军之功。

左宗棠肃清新疆后，廷议时准备援引当年长龄平定张格尔之乱后封公的例子，封为一等公。但当年曾国藩克复金陵，不过封侯，左宗棠是曾国藩所推荐，所统老湘军也出自湘军，如果封左宗棠为公，明显厚左薄曾。最后封左宗棠为二等恪靖侯，不列一等，以示稍逊曾国藩。

左宗棠入枢

　　光绪六年（1880）除夕，军机处中迎来了一个新人，此人与众不同，也让所有人不知所措，他就是左宗棠。

　　此前左宗棠在新疆取得大捷，为举国所敬重，遂引左宗棠入军机处。正月二十六日，左宗棠到京，京师官场开始沸腾，众多粉丝翘首以盼。盖左宗棠做外官多年，威名显赫，却甚少涉足京师，而关于他的诸多传说，也让他蒙上了一层神秘的光芒。

　　人人都说他天资豪爽，圭角毕张，睥睨一切。年轻时，他与同乡胡林翼同游于京师，都是眼中无人的狂傲之徒，二人"纵谈阔步，气豪万夫"，以至于京师小儿以为二人是"迂怪"。他眼界极高，夸口道："当今善章奏者三人（左宗棠、曾国藩、胡林翼），我第一。"

　　他出身贫寒，青年时贫困不堪，时常不能一饱。朋友请客，看到一桌子菜时，他口水四溢想独吞，就将多年未洗的大袖一挥，顿时污垢满桌，无人敢下筷，他就大快朵颐，一人享用。他行事古怪，给妻子写信云"舟中遇盗，谈笑却之"，实际却是在梦里遇到盗贼。

　　他好酒，常酒后豪兴大发。他在骆秉章处做幕僚时，一日太平军杀来，四处寻觅他不得，派出仆役四处侦寻，在酒肆找到已酩酊大醉的左宗棠，抬回来至半夜方醒酒。问及军事，则云早已布置完毕。他不但豪饮，食量也大，更喜吃肉。在西北时，万里沙漠，欲吃猪肉而不能，直至凯旋之后才能吃饱。

曾国藩一度被左宗棠"狂笑骂为猪"，曾发誓"欲效王小二过年，永不说话"。成为封疆大吏之后，当朝大臣如曾国藩、李鸿章，都尝到过他的淋漓骂功。他总是咄咄逼人，不肯让人，官场上关于他的各种非议不断，而他却不知收敛。

光绪七年二月初四，翁同龢在京第一次见到左宗棠，评价道："其豪迈之气，俯视一世。"次日，左宗棠有查禁俄国军火粮食的提议，恭亲王唯恐影响到和局，加以反对。左宗棠议论滔滔，在翁同龢看来"皆空话也"。左宗棠兼任总理衙门大臣一职，可他没有什么外交的概念，看到洋人就嬉笑怒骂。总理衙门担心他招惹出外交是非，身边亲友也劝告他"宜养威重"。

同光年间，中兴重臣如曾国藩、李鸿章等人显赫一时，可唯一入军机处的就是左宗棠。左之入枢，原因众多。由伊犁交涉案，朝野上下都感受到了俄国人的压力，而清流更是愤懑不平，欲对外强硬。以收复新疆，战功显赫的左宗棠入枢，既可安抚清流，又可对外表示决心，同时以老于军事之左宗棠充当军机处顾问，弥补军机处众人的不足。

左宗棠入京，备受荣耀，慈安召见时，谈及他数年操劳，竟然声泪俱下。向来主战的醇亲王奕譞，更是将左宗棠当作偶像崇拜，认为"左胜于李"。入朝时，奕譞在东华门外碰到左宗棠，大喜过望，"小立握谈，观者如堵"，如同粉丝追星一般。随后奕譞邀请左宗棠到王府中做客，一起照相留念。对醇亲王的厚爱，左宗棠也回馈以小礼，送了他咸萝卜缨、酱腌韭菜、菽饼等物。向来重视名节的醇亲王，则回馈给左宗棠自己家中种的蔬菜，彼此又营造出一段所谓佳话。

入京之后，连日起早上朝，左宗棠疲惫不堪，只能勉强支持。每天在军机处中，他如坐针毡，不时怂恿同僚："坐久了可以散罢。"与督抚们大吏的工作相比，军机处的工作节奏快，效率高，"急于星火"。今日奏折发下，明日就要拟好处理意见送上，快节奏的生活让左宗棠根本无法适应，想有所作为也跟不上这个步伐。

慈禧接见左宗棠时，特意问他："汝在外久，今在京须早起，想来不便。"

左宗棠操着一口浓厚乡音回复："臣在军营'弄惯'了。"

"弄惯"者，湖南俚语，习惯意，其他人听了无不失笑。慈禧还是体贴左宗棠，让他晚点上朝，也算是特别关照。

此时左宗棠发现，在京师生活的各种难处，不时叹息"长安不易居"。刚入京时，他向军机大臣李鸿藻、王文韶打听之后，惊叹于在京生活费用之巨，每年用度最少要六千两银子，而他此次入京只带了一万二千两，如果要长期生活，得未雨绸缪。

三月，慈安去世，左宗棠连哭数日，盖慈安对他一直是优礼有加。慈安的去世，预示着权力尽落入慈禧之手。慈安在世之日，能对慈禧形成制约，并予恭亲王以援助。她一死，再无人能制约慈禧，与恭亲王的矛盾早晚将要引爆。

三月十九日，左宗棠与神机营主管大臣，商量操练神机营事宜，晚上没去祭拜慈安皇太后。当夜宝鋆忍耐不住，发泄对这个湖南人的不满，他当着众军机大臣的面骂左宗棠是"一团草茅"。宝鋆与左宗棠积怨已久，宝鋆之弟宝森，向日在陕西时持乃兄名帖拜见左宗棠，却被厉声叱责，由是积怨。不过在表面上，宝鋆与左宗棠还是和睦的，二人诗词来往唱和，彼此恭维吹捧。

左宗棠身体肥胖，每茶余饭后，自捧着大肚子狂笑："将军不负腹，腹亦不负将军。"入了军机处后，将军肚成了负担，不但走路时气喘吁吁，跪下后都不能站起。每次军机大臣召见后，都要宝鋆、李鸿藻二人帮忙搀扶，才能站起。军机大臣王文韶对此很是不满，认为左宗棠是在摆架子，习惯使然。

左宗棠在军机处浑身不自在，就转而寻找其他事情打发时间。刚入军机处时，他提出以自己统领的老湘军，对八旗士兵进行军事训练。因为老湘军久经战事，用他们来训练八旗，此举有利于提高战斗力，遂抽调八旗兵五千人让左宗棠训练。到了四月，左宗棠一算教练旗兵每年要二十万两银子，根本无法筹到这笔钱，就请求暂缓练兵，此事不了了之。

翁同龢拜见左宗棠时，二人纵论天下大事，认为"河道必当修、洋药必当断、洋务必当真做"。修理黄河，禁止鸦片，办理洋务，已是当日朝野上下共识。

五月初五，左宗棠上奏，请求提高鸦片的进口税收，每箱加征一百五十两。英国公使威妥玛认为开价太高，初时只同意每箱加五两，最后同意加至每箱十五两。

　　鸦片事一了，左宗棠又借口兴修直隶水利，溜出京去。至天津，他与李鸿章相见。此次他却没有对这个仇家破口大骂，给足李鸿章面子，二人相见甚欢。李鸿章给张佩纶的信中说他："不似从前之夸张矣"。

　　左宗棠也对李鸿章叙述了他在军机处的困局，他的系列政见，如练兵、借洋债、办水利、加税等，与恭亲王等人不合，双方彼此龃龉不断，郁郁不得志，称将于明春告老返乡。光绪初年，左宗棠在新疆用兵时，军饷不足，遂借洋债应付，此为清廷借外债之始。故而对于借洋债，左宗棠丝毫不排斥。

　　左宗棠甩手出京，也不给军机处汇报情况，在外是乐不思归。恭亲王对此大为不满，认为这是对他的不尊重。巡视了两个月之后，左宗棠给出治河报告，又是一番夸张吹嘘，以为"数十年积弊一扫而空"。清流此时对他也很是失望，认为他浮躁夸张，在直隶搞的治河计划，还不如李鸿章的治河主张周详可行。

　　七月，左宗棠回到京师后，称病请假十日，随后继续请假二十日。到了八月，又请假两个月。此时，左宗棠与恭亲王、宝鋆等人的不和，开始公开。老友刘坤一埋怨左宗棠，不该听了几个书生的话，以为入京就可以耸动天下，重振朝政。你在兰州坐镇一方，足以威慑中外，何等快活，进军机处弄得浑身不自在，真是自找苦受。

　　面对外界的议论，军机处也觉得继续让左宗棠留在军机处，会生出更多麻烦，遂定计让他外调做封疆大吏。此时恰好刘坤一从两江总督上去职，九月初三日，以左宗棠任两江总督。

　　左宗棠在军机处，好比一尊难以供养的大神，看他离开，军机处同仁无不愉悦，也忘记了与他的不快。轮流宴请，来回做东，觥筹交错，好不热闹，离开之前，却是左宗棠最快乐的时光，酒兴豪起，不时酣醉。醇亲王对左宗棠是一如既往地充满感情，宴请之后，又是合影留念，又是送礼。十月十七日，左宗棠出京，李鸿藻、王文韶为他送行，"话别依依，情谊甚挚"。

　　左宗棠南下，苦了江苏的官员。江苏绅士潘季玉，因为地方上的公事去拜见左宗棠，领会了他的厉害。"吾初见左相（宗棠），甫寒暄数言，左相即自述西陲功绩，喋喋不休，无可插口。旋骂曾文正（国藩），语尚未爽。"此时天已将黑，左右提醒左宗棠送客，这才罢休。第二天，左宗棠请潘季玉吃饭，刚一入席，就开始大骂曾国藩，一刻不曾停息。过了几天，潘季玉前去告辞，左宗棠又开始骂曾国藩，骂了一阵之后，又自吹在西北的功绩，最后以大骂李鸿章及沈葆桢收场。

左宗棠到任之后，女婿陶桄请他吃饭。酒席上左宗棠得意地道："两江名总督，湖南得三人，一为汝父陶文毅，一为曾文正，一为左宗棠。"随后又侃侃而谈，自吹其他二人皆不及我，女婿听了只能唯唯诺诺。

左宗棠吹了半天，最后突然道："我还是有一事不及二人的。"女婿一听，心道你还有什么不及其他人的，就竖耳细听，却听左宗棠长叹道："我胡子没有这二人长。"此语一出，举座喷饭。

光绪十年五月二十六日，左宗棠再次被调入军机处。慈禧知道此老非同常人，让他不要去军机处入值，有重要事传问即可，不想左宗棠却坚持要每日都入值。五月二十九日，翁同龢拜会左宗棠，二人长谈，左宗棠老毛病发作，又开始大骂曾国藩。

再入军机处不过三个月，左宗棠三次被弹劾，连吃处分。此时左宗棠觉得军机处真乃是非之地，又萌生退意，遂请缨前往福建。七月十五日，他找到醇亲王奕譞，主动请求统兵出征。奕譞对此次会面记录道："左相其志甚坚，其行甚急。"

七月十八日，清廷调左宗棠为钦差大臣，赴福建督师。外人认为他"老态龙钟，而豪迈之气犹然"，可左宗棠自己却觉得已老了。路过天津时，左宗棠哀叹道："老矣，到天津不能与李鸿章抬扛，到江南不得与曾国荃抬扛。"

此时曾国荃担任两江总督，两人见面时，执手唏嘘，都已是满头白发了。左宗棠又是豪兴大发，对曾国荃道："老九之兄死矣，我便是老九之兄。"又问曾国荃一生最得意之事是什么。曾国荃也是快意中人，道："挥金如土，杀人如麻。"左宗棠听后大喜："吾固谓老九之才气胜乃兄也。"

十月二十七日，左宗棠抵达福州，入城时声势浩大。旁观者记载道："一人乘肥马，执长鞭，头戴双眼花翎，身穿黄绫马褂，堂堂相貌，主将左宫保是也。一见宫保，无异天神降临。"

　　光绪十一年（1885）七月二十七日，左宗棠在福州病故，享年七十三岁。左宗棠去世，清廷在左宗棠曾任职的地方赐建专祠，其中包括了西安。专祠建好后，照例由陕西地方官致辞，此时的陕西布政使名叫樊增祥，他的父亲樊燮当年被左宗棠所辱。樊增祥坚决不肯致悼词，称宁愿违命，不愿获罪先人，也是一段瓜葛了。

第 七 章
湘 军 落 幕

湘军支系

当曾国藩带领湘军主力在长江流域争夺时，湘军的支系却在广西、贵州等地征战，取得诸多战功，在政坛上的成就也不输湘军主力。湘军支系的主要人物，如刘长佑、刘松山、刘坤一、蒋益澧、萧启江、田兴恕等，均成为封疆大吏。

刘长佑是湖南新宁人，与江忠源是同窗，由于面孔黝黑，后来得外号"黑大人"。咸丰三年，曾国藩初练兵时，就很欣赏刘长佑，认为他"人极精细，慎重有谋"。刘长佑领兵前往安徽，救援江忠源时，曾国藩盛赞他："胸中甲兵，吾不能窥测。"

江忠源在安徽庐州战死后，刘长佑带领各部分楚勇，一路护送其棺椁返回湖南。之后楚勇归属于江忠源之弟统领，但其弟领兵不力，湖南巡抚骆秉章遂令刘长佑统率余部。刘长佑接手之后，吸纳了蒋益澧、田兴恕等部，扩充了实力。

当石达开在江西攻城略地，曾国藩坐困南昌，苦候外援不至时，刘长佑率江忠浚、江忠信、刘坤一、萧启江等，前往江西征伐，为曾国藩提供了有力支持。天京事变之后，石达开领了十余万精兵入江西，刘长佑以九千人与其对战，七战七捷，以至于曾国藩与他开玩笑："君已尽破贼乎，不少留贼资我？"

咸丰七年二月，接连获胜之后，湘军大意轻敌，驻扎在江西袁州太平墟左面的平坦地区。二月十七日，太平军由吉安大举来袭太平墟，列阵二十余里，刘长佑麾下将士多战死，全军溃败。刘长佑下马欲用刀自杀，在一旁的刘坤一眼尖，将他抱住上马撤退。

之后刘长佑重新整军，再振军威。刘长佑之长子刘思询，在新宁本籍读书，年甫十九，闻其父在太平墟失利，星夜借钱凑资，募勇五百，亲自督带，驰赴刘长佑大营助战。八月，刘长佑联合萧启江、田兴恕，攻破太平墟，此后连下多城。至咸丰八年，连克临江、龙泉、上饶、崇义各城，威震江西。

咸丰八年九月初十，曾国藩又见刘长佑，二人已有六年不曾见面。曾国藩在日记中写道："喜其与（道光）三十年在京相见无异，仍是朴讷书生气象，未染军营气息，亦无官场气息也。"

由于刘长佑等人的卖力作战，石达开不得不离开江西，转战湖南五个月，一度取得一系列胜利，掌握了湖南战场的主动权。但石达开在宝庆城下与清军相持两月，不能突破，致使战局急转直下，被湘军驱出湖南战场。咸丰九年，石达开转战广西，刘长佑一路追杀，既拦阻石达开，也镇压天地会。短短时间内，刘长佑由广西按察使、广西布政使，一路高升到广西巡抚。

咸丰十年，刘长佑就任广西巡抚，面临复杂局面。广西地方上各种武装横行，大成国起义军如火如荼，军饷无法筹集。在刘长佑的苦心经营之下，逐渐肃清各种武装。有一说认为，石达开在广西接连失败，得知刘长佑对友对敌都比较宽容，一度想寻求招抚。太平军抓获了楚军粮台官蒋和玉，石达开委托他带了信去找刘长佑。刘长佑修书一封，让蒋和玉转交给石达开，预备安排二人会面。不想蒋和玉途中被土匪杀死，石达开招抚无望，遂转入贵州，再入四川，最终在大渡河畔覆灭。

同治元年，刘长佑赴浔州督防，分军进剿，攻克要隘，升为两广总督，不久调任直隶总督。同治年间，刘长佑一度离开官场。至同治十年（1871），刘长佑再被起用，担任广西巡抚。桂林知府鹿传霖拜见刘长佑，说起自己离京时，军机大臣文祥告诫他"汝至桂林事刘公，当以师事之"，足证其在官场上之威望。

在领兵入西南的湘军支系中，刘长佑是主心骨，其次则是刘坤一。刘坤一是湖南新宁人，早年致力于科举，但这条道路很不顺畅，成为廪生之后，乡试屡试不中。在科举不能改变命运时，咸丰五年，刘坤一参加了刘长佑的楚勇。刘长佑比刘坤一年长十二岁，但辈分比较低，是刘坤一的族侄。

从军之后，刘坤一展示了出色的军事才华。咸丰六年，攻陷卢溪司要隘，升为知县；同年攻陷袁州，升为直隶州知州。袁州之战中，围攻八个月之久，战事未能突破。刘坤一诱降天地会首领李能通，"于是降者相继"，得以攻破袁州。咸丰七年攻陷临江后，升为知府并加道员衔。咸丰九年攻陷柳州，赏加按察使衔。刘坤一在各省表现卓著，左宗棠称赞他"英气胜于荫渠（刘长佑）"。

咸丰十一年九月，刘坤一攻陷浔州，阻止石达开进入川楚，实授广东按察使。同治元年八月，在镇压大成国余部黄鼎凤的过程中，他被提升为广西布政使。同治四年，冯子材至广西提督任上就职，此时刘坤一由广西调任江西巡抚，二人在桂林有所交往。刘坤一对冯子材的印象是，为人木讷，不善言语，不是油滑之流。不过刘坤一也认为，冯子材动辄干预地方公事，属于粗鲁武将之列。

同治十年（1871），冯子材弹劾湘系官员、太平知府徐延旭，引发争端。此时刘长佑再起，担任广西巡抚，对徐延旭大力维护。冯子材与刘长佑有很多碰撞，就在同治十二年称病离职。刘长佑任命湘系道员赵沃统率广西边军。

赵沃与徐延旭关系密切，想为徐延旭报仇，就刁难冯子材旧将李扬才，使其无法在两广获得官职。李扬才郁郁不得志，于光绪四年（1878）散尽家财，招募人马，攻入越南，自称是越南皇室后裔，前来夺回自家江山。李扬才在越南平府称王，建国号为"新"，以"顺清"纪年，自称"太平王"。此次事件，在当时激起较大风波，其中包括湘系与其他军事集团之争。

李扬才事件后，重新复出的冯子材加以反击，指责赵沃属下杀降冒功，清廷遂将赵沃革职。赵沃曾在刘坤一身边担任幕僚，深得赏识。正担任两广总督的刘坤一出面，希望广西巡抚杨重雅、冯子材放赵沃一马。在说情无效后，刘坤一上下运动，使杨重雅调离广西，以淮系张树声接任广西巡抚。湘淮本是一家，张树声自然配合刘坤一，从轻处罚了赵沃。中法战争之前，赵沃复职，再任广西边军统领。在中法之战中，赵沃指挥的广西边军一战即溃，自己则临阵脱逃，被革职发往新疆军台效力。

光绪五年（1879）正月初一，冯子材出关，入越南追捕李扬才。李扬才在与越南军队交战时所向披靡，可面对自己的老领导冯子材，却没有了战斗力。四月初三，李扬才老巢被攻破，自己带了几名护卫脱逃。九月初三，李扬才被擒获，押解至广西省城处死，此场湘系挑起的风波，方才告终。

入西南的湘军支系重要人物，还有蒋益澧、萧启江、田兴恕等将领。

蒋益澧是湘乡人，少年时放浪不羁，不容于乡里，游走四方。后从王鑫，再隶罗泽南，在岳州、湖北、江西等地与太平军作战，累升至知府。罗泽南在武昌中弹死后，因与主将李续宾闹僵，辞职返乡。

咸丰年间，天地会在广西发动系列起义，先后攻占南宁、梧州、柳州、兴安等州县，省城桂林三面被围。广西巡抚劳崇光向湖南求援，骆秉章、左宗棠遂起用蒋益澧。咸丰七年五月底，蒋益澧领湘军进入广西。

蒋益澧在广西连立战功，克兴安、灵州、平乐，擢道员，加按察使衔。蒋益澧在广西连克诸城，《湘军志》中谓，广西山谷之间，也为他立小庙祭祀。咸丰九年，因为蔑视同僚，蒋益澧被人弹劾，革去布政使。骆秉章帮他说情，认为他少年气盛，阅历甚少，但广西除其所部之外，再无兵勇可调，遂以道员身份，留在广西效力。至咸丰十一年，蒋益澧攻克浔州后，才开复布政使原官。

同治元年，蒋益澧领兵增援浙江，从西南转战东南。蒋益澧领军二万，收复十万太平军驻守的杭州，在湖州击败太平天国堵王黄文金部十余万人。因为战功，蒋益澧暂署浙江巡抚。同治五年，升任广东巡抚，因为与两广总督瑞麟关系不睦，被弹劾去职。蒋益澧行伍出身，为人处世，没有文官那么多考究，在官场上不被见容。同治十三年时，蒋益澧暴病身亡。

萧启江也是湘乡人，咸丰三年加入湘军，隶塔齐布麾下，与太平军战于岳州、武昌等地，及攻占田家镇，授官同知。咸丰五年，萧启江募兵自领一营，从刘长佑至江西，先后攻占万载、分宜等县。左宗棠曾夸赞他："谋勇兼资，每战匹马当先，不避艰险。"咸丰八年，萧启江会同刘坤一陷抚州，加布政使衔。次年阻击石达开部，一路追击，解桂林围，实授按察使。咸丰十年，入四川防堵石达开部时病死。萧启江不死，必然也是一员封疆大吏。

湘军支系中，田兴恕是个另类。田兴恕是苗人，年轻时家中贫寒，孤儿寡母，给人家放牛。身材矮瘦的田兴恕，少年时就入伍当兵，因为人穷，故而也不怕死，当兵后卖命作战。咸丰二年，太平军攻打长沙，挖通地道，预备在天心阁埋设炸药。田兴恕自告奋勇，出城探明情况，破坏了太平军的计划，被赏给五十两银子。得了五十两银子后，当夜田兴恕与赌徒赌博，被赌徒打晕扔到城墙下。长沙知县王宝琛巡城时，发现了被打晕的田兴恕，就将他带回县衙，第二天送到巡抚衙门。

左宗棠夜间做梦，梦到有老虎来到巡抚衙门，以为是有虎将之兆，就告诉骆秉章。结果，当日田兴恕被送来。骆秉章一看瘦猴子一般的田兴恕，大为失望，左宗棠却对他刮目相看，留他在巡抚衙门办事。后来浏阳告急，左宗棠派田兴恕去招募人马援救。田兴恕招募了一百余人，左宗棠亲自给取名为"虎威营"。田兴恕在凤凰招募人马，使一批人跟着他发迹，其中一人名叫沈宏富，官至云南昭通镇总兵，有个孙子后来大名鼎鼎，名唤沈从文。

年少时，田兴恕在大户朱家门前玩耍，被朱家小姐嘲讽。瘦猴子一般的田兴恕即回嘴："你不要凶，等我当了官一定讨你做嫁娘。"咸丰六年，田兴恕得知大他两岁的朱小姐还未嫁人，就请了两个大员做媒人，将朱小姐娶了，圆了少年时的心愿。

田兴恕带领虎威营，"从萧启江援江西"。在刘长佑麾下，参与了江西万载、袁州等地的战役。咸丰七年二月，在太平墟、英岗岭一带进行大战。田兴恕领了虎威营一千二百人，在英岗岭被太平军重兵包围。战斗中，田兴恕左手被砍掉三个指头，马匹被杀。田兴恕领兵血战，冲出包围，反而攻下太平军营垒。太平军失利后，集结人马猛攻太平墟刘长佑大营，刘长佑所部溃散。在湘军全面溃败时，田兴恕率部冲击太平军阵线，稳定了战局。

在战场上，田兴恕屡次受伤。某次作战时，田兴恕受伤倒在水田里，部下刘祖成为了救他，被刺中两枪，肚板油都露出来了。田兴恕见状大哭，刘祖成安慰他说，只要大哥没事就好。刘祖成活了下来，后来也官至参将。在攻打临江城的战斗中，田兴恕率先扑城，多处受伤。多次攻城不克，萧启江准备后退，田兴恕坚决反对，最终攻克临江城。田兴恕目不识丁，却骁勇善战，以岳飞自诩，臂上刺有"精忠报国"四字。在江西作战的三年中，田兴恕带领虎威营"奋当头敌，历经二百余战"。

咸丰八年，石达开由广西攻入贵州黎平府。贵州省内有声势浩大的教军起义，已无力应对石达开部，只好向湖南求援，骆秉章遂命田兴恕领兵援黔。入黔后，田兴恕以四千乡勇，击败数万太平军，被提拔为贵州古平镇总兵。靠着拼杀，数年之间，田兴恕青云直上，二十四岁就担任了贵州提督。

咸丰十年，石达开兵临贵阳城下，将贵州地方士绅惊吓得魂魄俱飞，写万民折，请田兴恕解围。解围之后，年轻的田兴恕授钦差大臣，兼署贵州巡抚。在贵州任内时，发生了教案，法国传教士被杀。法国人认定是田兴恕放纵民众闹事，要求清廷将他处死。清廷屡次严令田兴恕，前往四川接受调查，但他被革职后返回湖南，不肯入川。清廷先后派出各路大员查办，均不能奈何田兴恕。此案拖延了三年多，法国一直要求处死田兴恕，清廷则坚决不同意，最终将他发配新疆。

田兴恕手下数百人，一路随他西行，沿途由州县供给，闹得一地鸡毛。此时左宗棠攻打循州，久不能下，田兴恕到了此地后，毛遂自荐，一战而下。田兴恕还是少年时，就得到左宗棠的青睐，视为虎将。此番征战西北，正是缺人之时，左宗棠就上奏，请留用田兴恕。左宗棠在奏折中称赞田兴恕："血性过人，疏财重义，则虽名将无以过。"左宗棠兴致勃勃，准备给他另外取名"田更生"，令其独领一队，以收臂助之功。

清廷中枢对田兴恕是有极大意见，此前几年，为他在外交上生出诸多交涉。清廷又查明，田兴恕劣迹颇多，如"吸食洋药，荒淫无度，信任劣员，滥保匪人，妄戮无辜，拆毁民房，营建宅第"等。在被判处发往新疆之后，田兴恕称病多次，不肯前去。军机处议定，左宗棠奏请以田兴恕领兵一事，"着毋庸议"。左宗棠也不理中枢的处理意见，将他留了下来，帮办军务。在西北几年间，田兴恕下了功夫，请了博学的老师，努力读书。此后不但粗通文墨，还能作诗填词。至同治十二年，被清廷赦罪，返回原籍。田兴恕返乡之后，因为战争中的创伤，在四十一岁时即去世。

田兴恕被革去贵州提督后，第二年由他的属下沈宏富接任。此年沈宏富不过二十六岁，沈宏富在战争中受过重创，不到三十岁即去世，身后无子，经其妻安排，过继侄儿沈宗嗣为子。沈宗嗣的第二子，即沈从文。

在湘军的发展史上，围绕曾国藩、左宗棠、胡林翼，产生出了一批封疆大吏。在他们光彩夺目的同时，一批湘军人马于西南战场上立下显赫战功，并因其与湘军主体之间保持了一定的距离，反而更得清廷重用。如刘长佑，同治元年就担任了最为重要的直隶总督，其他如刘坤一、蒋益澧、田兴恕等，均位列督抚。到了后日，承袭湘军衣钵的，正是湘军支系中的刘坤一。

湘淮军矛盾

"淮由湘出，犹有水源木本之谊。"淮军一切编制待遇都模仿湘军，如分营立哨、军饷、营务处、粮台等。每营以将领为中心，然后分设各官，各自募兵。

曾国藩创办湘军，既有军事动机，也将其私人理念融于其中。曾国藩希望通过湘军，能培育出一批人才，列于朝堂之上，倡成一时风气。湘系集团的核心，曾国藩、胡林翼、左宗棠、罗泽南、李续宾、刘蓉等人，都秉持着这种理念，投身军政。与湘系集团不同，李鸿章创办淮军，唯一的动机就是军事。

与老夫子、老学究气息浓厚的曾国藩不同，李鸿章的身上带着一股油滑气，这种油滑气使得他更容易变通，更功利，更实用，相应地更能接受新事物。他创办淮军的目的就很明确，即立军功，发大财，淮军沿江而下前往上海时，满脑子里都是去上海当官发财的美好前景。

在选将上，曾国藩看重出身，"选士人，领山农"，以读书人为首选，这样可以朝出鏖兵，暮归讲道。李鸿章急匆匆地招募人马，组建淮军，哪里会考虑什么出身，什么读书人？只要你手中有兵，只要你能打仗就行。淮军中的将领，少有科举功名者。淮军军中由于有功名者少，所以后日在仕途上发展的空间受限，出任总督、巡抚封疆大吏的数量不及湘军。

曾国藩招募士兵时，以山野农民为首选，李鸿章因为仓促成军，故而手下多是团勇和降兵，与他一般油滑。与曾国藩一样，李鸿章以功名利禄相诱，鼓励士兵卖命。时人评价淮军："自始至终，俱在贪图利禄，以骚扰民间为能事。"

湘淮二军将领出身不同，在幕僚团队上也见差异。曾国藩身边的幕僚，多为当时的大学者，对湘军的实际军事运作少有贡献，却为清廷招罗了一批政治人才。曾国藩所看重的是雄才大略，是渊雅广博。李鸿章淮军之中也设有幕僚，其成员首选注重实用，经纪庶务，而非空谈义理者。王尔敏评点道："淮军幕府，多精明练达之士，而少道学先生。"

淮军组建后，有一个独一无二的优势，即它刚诞生时就去了上海。在上海，淮军亲身体验到了新式武器的威力，从上到下，无不以装备洋枪洋炮为乐事。淮军之中，洋枪队、洋炮队若雨后春笋般涌现，洋人教官也开始帮着训练士兵，并采用西式操法。到同治四年（1865），淮军之中有洋枪三四万杆，开花炮四营，器械之精，中外交推。

曾国藩在武器观念上却很是守旧，虽然他不是保守之人，却顽固地认为"抬、鸟、刀、矛及劈山炮为根本"，"以洋枪比诗赋杂艺，以劈山、抬、鸟比经书八股"。曾国荃看着李鸿章一式洋枪，心生嫉妒，向曾国藩吵闹着也要添购洋枪洋炮。曾国藩不得不安慰弟弟，"真美人不甚争珠翠，真书家不甚争笔墨"。曾国荃看了书信后，一把扔到地下，枪炮与美人书家能相比吗？

淮军组织灵活，到了上海后，返回安徽招兵困难，遂各显神通，大力扩军，或招纳降卒，或改编地方团练。淮军之中，地缘、血缘色彩被冲淡，不存在兵为将有的现象，从上到小，效忠对象是李鸿章，兵归帅有，而不是将有。刘秉璋担任浙江巡抚时，向李鸿章请求将淮军"庆字营"重归其节制，李鸿章不同意，"庆字营"也就不能再归刘秉璋。

湘军士兵，由将领亲自招募，使得将领与士兵紧密凝结，克服了绿营将不知兵、兵不知将的弊端。如此湘军兵为将有，将不存，则军必散。咸丰八年，曾国荃在江西攻克吉安后，返回原籍，其所部全部遣散。咸丰十年，训营统将唐训方调任湖北，其部七营，全部解散。同治四年，刘连捷生病，难以统领军队，其部被全部解散。也正因为湘军兵为将有，在太平天国战争之后，能很快遣散。

湘军主将之中，以读书人占多数，读书人的理想与眼光，不会局限在军事上。在战场上搏杀得了功劳后，更想在仕途上取得发展，不肯寄人篱下，于是纷纷从曾国藩处独立出来。淮军将领以武夫居多，依赖于军功升迁，故而只认李鸿章，如潘鼎新、刘铭传等，都听从李鸿章的调度。曾国藩曾道，湘军各将有"自辟乾坤之志"，淮军各将则在李鸿章"脚跟下盘旋"。

淮军建军之初，曾国藩将自己的亲兵营与曾国荃手下的程学启部，拨给了李鸿章。湘淮一体，本为一家。不过随着湘军的裁撤，淮军的崛起，湘淮系人马为了抢夺地盘而不时有所倾轧，矛盾与冲突在剿捻战役中显现。

同治三年（1864），清廷命曾国藩剿捻，并以李鸿章暂署两江总督。曾国藩受命剿捻时，向李鸿章借兵。老师开口，李鸿章不得不交出一部分军队给曾国藩，自己则遥控操作，让曾国藩指挥不灵。

到了同治五年（1866），曾国藩剿捻无功，主动请辞，请以李鸿章代之。十月，清廷令李鸿章署钦差大臣，曾国藩则赏一个月假，留在营中休养身体。此谕旨中，并未明确将由何人接替两江总督。李鸿章接到任命，心情忐忑，自己一走，则肥沃的两江总督之职，将拱手让于他人。与其给外人，不若交由老师曾国藩来得放心。

李鸿章主动上奏，强调筹集军饷的重要性，而两江总督必须要有合适人选，才能提供剿捻军饷。李鸿章的潜台词已明显，即以曾国藩回任两江最佳。十一月初一，谕旨再下，让曾国藩回两江总督本任，李鸿章为钦差大臣。

曾国藩虽然明确要辞掉钦差大臣，可当年他放出话来"决不回任"。现在这样回两江，却有失老脸，曾国藩横下一条心，以身体不佳为由，表示决不回任两江，"精力太衰，不足当此大任"。曾国藩摆明了态度，"但求开缺，不求离营"。他向李鸿章发话，两江总督随便什么人来当，都不会为难你，"阁下似可放心出境。"

李鸿章心中也很是懊恼，老师为了一把老脸赖在军中不走，就主动去徐州找曾国藩索要关防。曾国藩气呼呼交出钦差大臣的官防后，自己另外刻了个木质印信，留在手中准备调度军队之用，还对李鸿章说："少荃，老夫这是要帮你分重担啊。"

主帅有分歧，为了大局，还不时能够弥合，前线将领之间不和，却血流成河了。同治六年正月，湘军、淮军在湖北联合追剿东捻军。刘铭传为淮军头号战将，鲍超则号称当时名将，无出其右。刘铭传瞧不起鲍超，认为他有勇无谋，不过是一介莽夫。鲍超自以为歼敌最多，血战最多，也不将刘铭传放在眼里。当年湘军围攻天京，久攻不下，刘铭传带了淮军来援。被鲍超在句容拦下，双方差点动起手来。刘铭传扬言霆军再厉害，能挡得住淮军的大炮？鲍超听了后心中冷笑一声，找机会示以颜色。

湖北剿捻之战中，刘铭传贪功，不顾与鲍超约定的共同行动时间，提前一个时辰发动攻势，结果在尹隆河被东捻军重重包围。湘军鲍超乐不可支，看着刘铭传全军被打得人仰马翻，刘铭传准备自杀时，方才提军猛攻，大获全胜。

战后第二天，鲍超将刘铭传丢失的红顶花翎及军中辎重，敲锣打鼓地送了回来。刘麻子平生最爱面子，打了败仗，还被鲍超救了，正在暗生闷气，看到鲍超此举，认定是在羞辱自己。刘铭传就上奏折称鲍超不按时配合进攻，见死不救。

淮系元老刘秉璋对儿子刘声木讲述了事情经过：当时壮肃公（刘铭传）已得了头品顶戴，其顶珠系以玛瑙制成，为铭军军中所独有。尹隆河战败后，衣冠丢失，恰好被霆军所得。鲍超也是好事之徒，戏弄刘麻子就罢了，还作书给李鸿章，调侃道："刘某想必业已殉难阵亡。余在军中得其平日所服之衣冠，其顶珠为玛瑙所制，未见他人服用，确为刘某之物。今顶珠在，而人未见，非阵亡而何？"

李鸿章看了信大为不悦，叹道："淮军第一次丢脸，真大耻辱。"不过他还是得帮刘铭传打掩护，好提振一下士气，就将刘铭传的奏报上交朝廷。此时左宗棠正在湖北，一心想将鲍超挖过来，带去西北打仗，也上奏弹劾，称鲍超"骄横在今武臣中所仅见"。左宗棠的本意是打压下鲍超，好收过来为己所用。

不想军机大臣汪元方，没能吃透李鸿章、左宗棠的心思，认为鲍超虚报战功，贻误战机，导致大败，认为"鲍超可斩也"。虽然鲍超没有被斩，可立了战功，不但没被嘉奖，反被严厉责备，遂不再听从李鸿章调度，并以伤病为由请辞。刘铭传抢功的做法，所有人都看得清晰，认为此举太为过分。

曾国藩忙着做鲍超的工作，李鸿章也赶紧上奏，称"鲍超功高善战，请假赏护"。清廷也赐给人参，让他好好休养身体。鲍超此时心灰意冷，再无意于官场，坚决请辞，返回原籍养病，此年不过才三十九岁。

此战后，湘军对于淮军是愤愤不平，怀恨在心，而李鸿章则想吞掉鲍超的霆军。可湘军的特点是，将领各自招兵，各成宗派，兵为将有。从士兵到各级军官，只对主将效忠，主将则效忠于曾国藩。如果临阵换将，则指挥不灵。此番鲍超称病回乡，曾国藩想让娄云庆接手霆军，结果全军抗拒。娄云庆也不敢蹚浑水，最后不得不将精锐的霆军遣散大半了事。

娄云庆虽出身于霆军，但早离开霆军外任，与霆军将领关系疏远，宋国永一直在霆军中效力，因此当霆军将士听闻娄云庆要统带霆军后，联名公推宋国永。曾国藩对宋印象不好，认为他为人柔弱，不是主将人选。此番霆军抗拒主将任命，让曾国藩大感意外，不得不加以遣散。

同治七年（1868）正月，张宗禹带领东捻军，从陕西返回，直扑京畿，突然出现在卢沟桥外。李鸿章因为救援京畿不力，被拔去双眼花翎。李鸿章吃了处分，心中愤恨，将战败归咎于老对头左宗棠。李鸿章认为此次捻军突然从陕西返回，猛扑直隶，是左宗棠"放贼出山，殃及鄙人"。

至东捻军被剿灭后，表功时，李鸿章居首位，赏加太子太保衔，授协办大学士。左宗棠也立下功劳，赏加太子太保衔。左宗棠不满李鸿章得了头功，先帮湘系刘松山抢功，"伸秦师而抑淮勇"。又怀疑李鸿章捏造捻军张宗禹投水，派出游骑四处追踪，好将李鸿章一军。

李鸿章得知后大为不满，大骂左宗棠："阿瞒本色，于此毕露，不知胡文忠（胡林翼）当日何以如此推重也。"李鸿章、左宗棠二人积怨，源于同治三年。此年淮军从江苏进入浙江，抢夺左宗棠地盘，左宗棠大骂李鸿章为魔头，过来捣乱。

同治九年（1870），李鸿章担任直隶总督兼北洋通商大臣，淮系势力一时压过湘系。左宗棠、刘坤一却不把李鸿章放在眼里，两派不时倾轧。而李鸿章与刘坤一的政斗，更是激烈。

光绪六年（1880），刘坤一调任两江总督。刘坤一担任两江总督不久，奉命与李鸿章共同查办盛宣怀轮船招商局贪污一案。早在1872年，李鸿章于上海创办轮船招商局，后由盛宣怀主持。盛宣怀曾以二百万两银子的价格，向美国旗昌公司购买了十八艘二手轮船。此事在光绪六年被人揪出，弹劾盛宣怀。盛宣怀是李鸿章得力亲信，李鸿章要大力维护。但刘坤一却不给李鸿章面子，称盛宣怀购买美国公司轮船之举大为失策，指责盛宣怀为"劣员""市侩"，请将其革职。对此举，刘坤一知道会得罪李鸿章，称："合肥（李鸿章）以此罪我，只合听之。"

刘坤一认为美国旗昌公司创办时不过花了二百万两银子，此后运行了十余年，应当折旧估价，这样实际价格自然不足二百万两，而盛宣怀却以二百万两的价格购买，中间必定存在猫腻。但盛宣怀购买美国旗昌公司船产之后，轮船招商局每年利润不断上升，年获利可达五六十万两，可见这不是亏本买卖。刘坤一穷追猛打，接连上奏弹劾，严词指责盛宣怀。李鸿章此时如日中天，淮系人马遍及各地。刘坤一如一头倔驴般抓住盛宣怀穷追猛打，招致淮系反扑。光绪七年（1881）六月，刘坤一两次被人弹劾，罢职返乡。

此后清廷以湘系大将彭玉麟接任两江总督兼南洋大臣，彭玉麟上书请辞。他认为两江是国家财源所在，自己不善理财，担任此职，上误朝廷，下误苍生。此外，南洋大臣要与西方各国打交道，自己不熟悉外交，处理不好，恐怕会生出问题。由于彭玉麟推辞，两江总督一职才给了左宗棠。彭玉麟在晚清官场是个异类，他生平不好做官。早在同治四年（1865）三月，彭玉麟被任命为漕运总督，这个多少人梦寐以求的肥缺，却被他两次上书辞掉。

刘坤一离任后，光绪七年（1881）九月，左宗棠调任两江总督。看着老对头左宗棠调任两江，李鸿章知道大事不妙，甚至向刘坤一求援，云左宗棠"近因年高，精神似稍散漫"。请刘坤一在交接时忠告左宗棠，"勿过更张为幸"，潜台词是，不要太过为难我李鸿章与淮军。

光绪八年（1882），李瀚章、李鸿章兄弟丁母忧回籍，正是左宗棠下手报复的大好时机。经过左宗棠运作，光绪九年（1883）起，所有驻江苏淮军的军饷，由两江总督奏报，不再由李鸿章经手。卡住军饷，就等于卡住了军队的脖子，驻苏淮军，此后得看左宗棠脸色行事。驻吴淞的五营淮军，则被左宗棠打发去了广东，归两广总督节制，所遗防务由左宗棠亲军接替。只是因为甲午危机，李鸿章夺情复出，才避免了淮军被吞没。

总体说来，湘淮两系虽有矛盾，但其间千丝万缕的联系，盘根错节的关系，使得双方都不会撕破脸皮，赤膊上阵，拼死血斗。曾国藩、李鸿章虽偶尔有隔阂，却不见二人反目成仇。曾国藩与左宗棠闹僵后，发誓不再来往，却对左宗棠西征予以鼎力支持。李鸿章、左宗棠二人见面就眼红，可还是能一起配合剿灭捻军。李鸿章则终身服膺曾国藩，开口必称"我老师"。

霆军叛乱

攻下天京之后，湘军士兵人人思归，纷纷请假返乡。此时捻军东下，曾国藩竟然无法派兵前往支持。同治四年（1865）五月，曾国藩奉命围剿捻军，此时在南京的湘军，没有裁撤的还有十六营八千人。听到要北上剿捻后，纷纷闹事，不想北行，曾国藩带了一营五百人出发，只有刘松山、易开俊带了人马随行。号称军纪最严的刘松山"老湘军"，行至龙潭时，士兵纷纷请假回乡，三千人中走掉了一千人。

曾国藩心急火燎地裁撤湘军，除解除朝廷戒心、湘军暮气沉沉之外，另一层考虑是，哥老会已开始大规模渗透湘军。

哥老会渗透湘军，与鲍超霆军密切有关。鲍超是四川人，幼时家贫，父亲在夔州府绿营当马兵，母亲在县城做奶妈，鲍超曾在豆腐坊做过小工。十七岁时，贫困无望的鲍超，到夔州当兵。道光二十九年（1849），湖南爆发李沅发起义，鲍超想博取军功，就跑去湖南。等赶到湖南时，起义已被镇压。鲍超没法投军，就带了妻子，在长沙靠卖水为生，每日得钱一百六十文。时固原提督向荣在宜昌招兵，前去广西镇压太平军，鲍超就投军作战。

咸丰二年（1852），鲍超回长沙养伤，转隶到塔齐布麾下。咸丰四年（1854），鲍超被转入湘军水师，隶属于杨载福。鲍超在湘军中独具一格，刚入水师时，"在船上树鲍字旗，又于桅上标红绫，长丈有余，以示异于别队"。在此后的作战中，鲍超屡屡获胜，被曾国藩夸奖为善战。咸丰五年（1855），鲍超入湖北营救胡林翼，获得了发展的大契机。鲍超带领水师，两次救出已被包围的胡林翼。此后鲍超在作战中被击中右肋，呕血数斗，更博得了胡林翼的青睐。

胡林翼将鲍超"视为布衣交，尝呼为弟"，"称其英鸷无匹，特取如雷如霆之义，改为字春霆"。咸丰六年（1856），在胡林翼支持下，鲍超至湖南招募精壮，组织霆军，由水师改为陆师。湘军之中，招募士兵时，偏好于山野村夫，鲍超则与众不同，所招募士兵都为城市无产者，"霆军之营哨弁勇长沙省城人居多，朴者颇少"。

这些一无所有的城市无产者，从军的目的就是发财，只要打胜仗就能发财，士兵自然也愿意卖命。每战时，霆军各级军官都持大刀监督，遇到退缩者当场斩杀。由于想捞钱，霆军士兵纪律在湘军中最为败坏。曾国荃围困天京时，兵力不足，曾国藩要调霆军过来帮忙，曾国荃却不想要，"彼军毫无纪律，恐来与我营不睦"。同治三年（1864）三月二十日，太平军盛文明本已剃发投诚，鲍部某营入城后，敲诈勒索。盛文明大怒，关闭城门，将该营弁勇全数擒杀。同治四年（1865），左宗棠将福建境内的太平军汪海洋部驱入广东，同时奏请调江西鲍超部霆军入粤会剿，由广东负责军饷。结果广东地方官员都不欢迎霆军入境，担心此部军纪太坏，反会恶化广东局势。

霆军纪律最坏，却又最能打，当时有"北多南超，多龙鲍虎"之称，多龙，即多隆阿，鲍虎，自然是鲍超了。霆军临战时，督阵严厉。作战时，霆军什长列在队前，如果有士兵退缩，立刻斩杀。哨官列在百人之后，手执大刀巡视，遇到有小队退缩，当场斩杀该队队长。营官率亲兵，列在所部各哨之后，哪一哨临战退缩，立刻杀掉该队哨官。分统则监视所部各营，哪个营退缩，立刻斩杀该营营官。主帅率亲兵营居中监视，如遇到某军退缩，则斩杀分统。霆军出战时，从主帅至哨队小校，都穿着表明本人品级的官服。"每一临阵，珊瑚之顶，孔雀之翎，点缀辉映于山谷原野之间，自成一种风致。"鲍超军中战旗以黑圈作为标志，独具一格，每次迎风招展时，太平军便惊骇涣散，不敢对战。因为鲍超军旗形似膏药，也被太平军贬称为"鲍膏"。左宗棠在江西樟树镇被太平军围攻时，拿出仿制的鲍超军旗，竟然吓走了太平军。

勇将难得，从朝廷到曾国藩，都对鲍超军纪败坏睁一只眼闭一只眼。随着战事的推移，军队不断膨胀，霆军的主力也从湖南人变为四川人，而四川的哥老会也开始渗透进来。

哥老会起于四川，清初，由"湖广填四川"的政策，大批移民来到四川，形成了一个移民社会。由于当地社会秩序混乱，再加上高山密林便于出没，移民中喜好舞枪弄棒之徒与本地的流氓结合，形成了异姓结拜组织——啯噜。

"四川恶棍，名为啯噜子，结党成群，暗藏刀斧，白昼抢夺，夜间窃劫。"初期啯噜组织松散，三五成群，没有形成组织。但这些啯噜强悍好斗，一旦有事相互联合，彼此声援。到了清嘉庆年间，啯噜形成了系统组织，出现了首领，也形成了帮规，首领之下有管理组织事务的帮手。在历史的发展中，啯噜也渐渐地演变成为哥老会。四川军队中的士兵结为兄弟，约定有难时互相帮助，凡不入会者，离营常遭劫杀。

霆军初期成立时，不过五营三千人，到了同治三年，有近一万三千人，其中"多四川人"。霆军中担任统领或营官者十三人，其中湖南籍六人，四川籍四人，籍贯不明者三人。哥老会不断到湘军中投军，发展势力，让湘军将领忧虑。左宗棠就指出："自闽浙转战以来，旧勇物故，假归者多，时须换补，而哥老会匪徒伏匿其间。"

哥老会加入湘军之后，互相结盟，彼此扶持。结盟之外，哥老会还采取开善堂、放飘、约会劫杀、写盟单、竖盟旗等形式，扩大影响。曾国藩所统领的湘军最重视亲属、乡土关系，营中士兵也相互结拜为"兄弟兵"，作战时彼此救援，这就为哥老会的渗透提供了土壤。在哥老会的煽动下，"兄弟兵"加入哥老会，整个湘军"相效为之"，出现了诸多哥老会山堂。

鲍超霆军，以打仗发财为原动力，胡林翼曾道："此辈万事皆愚"，凡是涉及切身利害关系时，"则至黠至慧"。湘军之中，克扣、拖延士兵军饷的事件屡见不鲜。士兵为了维护自身权益，纷纷加入哥老会，聚众闹事，发动哗变。咸丰九年，曾国藩曾厘定营规，严禁加入哥老会，但屡禁不止。到了咸丰末年，湘军中"入会者，十之三四"。而战力最强的鲍超军中，更是哥老会的天下。

同治四年（1865），霆军全军有三十二营，一万八千余人，其中步队二十营，马队十二营。此年三月，鲍超返回四川原籍服丧，此时清廷已决定将霆军调往西北。湘军每月军饷，往往只发五六成，有时甚至几个月不发。日积月累，至同治四年，湘军拖欠的军饷达五百万两。拖欠军饷最多的鲍超部，达一百二十余万两。

四月，霆军将领宋国永带了部分霆军，走到湖北金口时突然哗变。此次哗变，由于霆军所拖欠的军饷过多，加上士兵不愿意去没有油水可捞取的西北。因为自同治三年五月后，霆军军饷由江西粮台拨发。哗变之后，哥老会歃血饮酒结盟，推会首黄矮子、欧阳辉领导，登岸入咸宁县，嚷嚷着要杀回江西索取军饷。

在湖北的霆军一路走到江西义宁州，被清军拦阻，就退到江西湖南交界的铜鼓营处。叛乱后的霆军已扩充到三万余人，并设置了指挥、检点等官衔。此后猛扑袁州府城，被击败后转而从湖南进入广东，投奔了太平军汪海洋部。

同时在江西的另一支霆军，由于欠饷也发生哗变，经过统兵将领娄云庆再三安抚，江西方面及时发饷，方才平息下去。霆军哗变后，五月，驻休宁的金国琛部、驻徽州的唐义训部，也哗变索饷。皖南道张凤翥前去劝止，被士兵打成重伤，写下了保证发给八个月军饷的保证书，才被释放。此后驻防安徽石埭的朱品隆部、驻湖北麻城的成大吉部、驻汉阳的蒋凝学部，相继哗变。成大吉部哗变后，将成大吉打伤，并迎接太平军进入湖北。

此番霆军带头叛乱，湘军各部响应，让鲍超、湘军、曾国藩都丢了脸。鲍超亲自领军，一路杀至广西，平息叛乱，总算挽回点面子。哥老会对湘军渗透所带来的问题，也促使曾国藩不得不采取措施，而最有效的办法则是裁撤湘军。

湘军大部被裁撤后，霆军仍得以保留，以剿平捻军。此后鲍超因为与刘铭传之争，退出军旅，在四川老家隐居，过着快意生活。有一年，老兄弟杨岳斌跑来找他。鲍超设宴招待时，看到杨岳斌若有所思，却又不肯明言，就私下打听，知道杨岳斌素来清廉，退休后手中没什么钱。这次手紧，想找鲍超借钱，却又不好意思开口。鲍超就偷偷安排，等杨岳斌回到湖南老家时，鲍超早就将钱送到。

汪康年《汪穰卿笔记》中记载，鲍超死后，被人告发侵吞军饷，不得不以家产相抵。此案案情，却是复杂无比。

光绪十二年十一月二十四日，奉节县知县王鸿办理了一件大案，涉案者是已革在籍副将鲍昌寿。此案之中，鲍昌寿私雕关防，伪造功牌保札翎照，诈骗钱财，又伪造霆军报销不实咨文。此事牵涉极大，由鲍超长子鲍祖龄秘密禀报后，将鲍昌寿拿获，并起出私雕木质关防四颗，伪造功牌保札翎照封筒及各板片等件。

鲍昌寿于咸丰初年，投入霆军，在族侄鲍超帐下效力，因为屡立战功，升至副将加总兵衔。同治八年，鲍昌寿在原籍恃势横行，经鲍超查明之后，将他革去职务。到了光绪十年，鲍超奉命会办云南军务，鲍昌寿入营求职，在鲍超身边统领亲兵，既能风光，又能捞钱。

后来鲍超听信营务处道员何应钟谗言，将鲍昌寿差使裁撤。鲍昌寿回家后，贫苦无度，想起在霆军营内时，军中每有战功之时，都要保举人员。湘军定例，每次获胜之后，可以战功保举，每百人中保举三人。咸丰四年克复武汉，保举了三百人，此时全军不过万人。到了咸丰六年，胡林翼攻下武汉后，保举了三千人，全军不过一万五千人，即每百人保二十人，此后成为定例。同治元年，曾国藩觉得保举的人太多了，遂决定，此后战功，每百人最多保举十四人。保举所得官位，并不是实缺，所以湘军中出现了很多被保举为二三品武将的营官、哨长。左宗棠在陕甘时，曾处理了一起案子，一名七品的文官，下令将一名违令的营官处死，这名营官是记名总兵，武职为正二品。七品文官杀了二品武官，在当时引发了轩然大波，最后左宗棠出面方才处理完此事。

鲍昌寿想伪造功牌保札翎照，骗钱使用，遂找了刻字匠萧寿汶，雇在家内，命他雕刻了木质湖南提督行营关防、统领上下长江浙江提督行营关防、江西巡抚兼提督衔关防，又刻鲍超此次出师云南所用钦差会办云南军务关防一颗。并将以前打仗所得功牌保札、保请给予蓝翎花翎、文书封筒等物，交给萧寿汶，令其照样刻成板片，每日给予工钱二百文。

刻好之后，鲍昌寿暗中买好纸张颜料印色，分别刷印多张，盖上伪造关防。因城内官府耳目众多，不便公开出卖，就将伪造的保札行知数件，交给以前认识的老朋友徐昌衔，由他出外兜售。徐昌衔将保札行知，卖得银二十两，自己花掉之后，逃得不知去向。

光绪十二年七月初二日，鲍超在籍病故。鲍昌寿偶然遇到营书侯立亭，侯立亭说起自己手中存有鲍超打仗的奏销底稿。鲍昌寿就借来阅读，发现其中数目与送到户部报销的数目不符，估计其中有弊端。鲍昌寿深恨当年鲍超，听信何应钟谗言，将自己撤职，想揭发此事，予以报复。他就以鲍超生前的名义，捏造何应钟等朋比侵蚀的文书，盖上自己私雕的钦差会办云南军务关防，通过驿站，送到北京户部。

十一月十六日，户部接到伪造文书，发现其中很多漏洞，与鲍超临去世前所上遗折，判若两人，其到部日期如此之晚，其中必有隐情。随即户部令成都地方抓捕审讯何应钟。何应钟被审讯后，供出鲍超提用军饷，"合计计银十九万两有奇"。此案案情咨文虽是捏造，但鲍超提用银两，数字"确凿可据"。鲍超已死，其子鲍祖龄也是无奈，只好认缴银十万余两，以邀恩抵免，何应钟则被革职。

鲍祖龄知道是鲍昌寿在捣鬼，至官府报案，此案案情遂大白。最后的处理结果是，已革副将鲍昌寿，独自起意，私雕关防多颗，捏造咨文呈送户部，被判处斩立决。刻字之萧寿汶拟杖一百流三千里到配。已出逃的徐昌衔，令严加查访。

此案案发之后，四川总督是淮系刘秉璋，一直看鲍超不顺眼，借机大做文章，上奏请抄其家。鲍超的棺材放在家中，也不敢下葬。此事却在朝野上下激起波澜，当年鲍超被淮系刘铭传抢走战功，吃了大亏，辞职返乡，就已有很多人为之愤愤不平。鲍超刚死，属于淮系的刘秉璋就要抄家，怎么能不让人怀疑其中夹杂有私怨？于是士大夫一起腾章驰书，述鲍超功劳，即使有罪，也当宽宥。此外，知府汪鉴、总督刘秉璋又都是安徽人，舆论以为是李鸿章在背后主持此事。李鸿章背了个大黑锅，大骂刘秉璋："辱娘的做事鲁莽，叫天下骂老子。"遂出面帮鲍家摆平此事，归还鲍家家财。

崛起的督抚

在确保皇权统一上，大清王朝做得很是出色，但到了咸同二朝，却开始面对着督抚们的崛起与权力的下移。

清代在官制上沿袭明代，渐渐完成了总督的制度化，即总督的管辖范围、主要职责和官衔都已确定。全国的总督有：直隶总督，负责河北、内蒙古一带军务；两江总督，负责管辖江苏、安徽、江西地区军务；湖广总督，管辖湖北、湖南军务；两广总督，负责管辖广东、广西军务；其他还有四川总督、云贵总督、闽浙总督、陕甘总督等，总计八总督。巡抚大体上也确立了一省一置的制度，但在突发事件时，也可以总督兼巡抚，掌控军事、民政大权。

清代总督有节制辖区内绿营的权力，但这种权力也受到牵制。各省绿营有自己的最高长官提督，提督与总督均为从一品。除受到提督牵制之外，各省绿营兵力也被拆开。总督有自己的直辖军队"督标"，巡抚有自己的直辖部队"抚标"，提督则有自己的直辖部队"提标"，且提督所辖的军队实力最为雄厚。在军权上地方大员彼此牵制，不致总督坐大。

对于督抚这样的重要职务，清朝自然不愿意让汉人过多染指。清代前期，主要选用满人和汉军旗旗人担任督抚。入关之前，清朝将在关外生活的汉人编成军队，分为汉八旗，参与了清朝征服关内的战争。这些汉人也被视作"旗人"，用他们来统治各省，清室比较放心。太平天国运动之前，各地的督抚以汉军旗人为主。太平天国运动之后，局势为之一变。

太平天国战争中，地方军队的崛起，使汉人官员地位大幅提高。在太平天国运动中，大批在前方的旗人高官战死。满人大员的缺失，使清廷不得不起用汉人担任各省督抚。咸丰十年，曾国藩被任命为两江总督，开创了汉人掌握军政大权的先河。

地方军队的崛起，也使得汉人官员地位大幅提高。在太平天国运动中，大批在前方的满、汉军旗人战死。1851年至1856年，督抚、藩臬等正三品以上的官员死亡六十三人。满人大员的缺失，战场局面的恶化，八旗绿营的无能，使得清廷不得不起用汉人督抚。

曾国藩担任两江总督时，负责江苏、安徽、江西、浙江四省军务，节制辖区内的所有绿营和团练。曾国藩得意扬扬地说："长江三千里，无一船不张鄙人之旗帜"，"各处兵将，一呼百诺。"在总督扩权的同时，地方上的巡抚也扩充了军权。从同治元年起，各省巡抚遇有军事要务，可以先行调遣军队，然后再知会总督。

不同于绿营，曾国藩湘军系统需要自行解决军饷。为了解决军费，曾国藩截留所辖区域内各地田赋、漕粮、厘金。这样，原先户部掌握全国财政的局面在咸丰年间被打破，湘军在各地控制财政。财政权和军权在手，使得总督更加羽翼丰满。太平天国战争后，曾国藩、李鸿章等兴办的军队被清廷加以裁撤，裁撤后的湘军和淮军称"防军"。经过改编，湘军、淮军成了国家正规军，仍由督抚统帅。

此外，各省也仿照湘军制度，由督抚对绿营加以整编，整编后的军队称"练军"。练军始于同治二年，直隶总督刘长佑编练而成。刘长佑出自湘军，所练军队，基本上效法湘军的编练方法。同治四年，"练军"正式定名，此后在各省推广开来。各省的练军，脱离了兵部的控制，"各省督抚自为之"，于是"练军"也成了督抚们掌控的军队。

督抚势力的扩张，引起了清廷的不安，甚至认为，"今日之督抚，即前代之藩镇"。太平天国战争之后，清廷一度准备收回督抚手中的权力。但清末时局纷乱，变数不断，各地频繁出现的教案、兴办洋务的热潮、屡屡兴起的民变，使得清廷不得不容忍并许可督抚们扩大权力，以推行洋务，处理内外事宜。最后，总督甚至拥有了处理外交事务的权力。由五口通商始，为处理海关、外交、洋务等事宜，清廷设置南洋通商大臣，自1873年起，南洋大臣由两江总督兼任。在北方，由直隶总督署北洋大臣。这样，地方上的总督有了外交权。

在人事权上，以往军机大臣负责提名高官人选，各级督抚的任命、转任，均由军机处拟定名单，递交给皇帝裁决。但在太平天国战争中，地方督抚坐大，曾国藩转而开始直接推荐湘系人马执掌地方督抚。经曾国藩推荐担任总督的有三人，而当时全国不过八个总督，湘军另有九人担任七省巡抚。

以曾国藩为代表的督抚们势力的扩张，引起了清廷的不安。精明过人的曾国藩，自然知道"兔死狗烹"这句话的意义。平定太平天国之日，也是他好运到头之时。曾国藩先是让老弟曾国荃辞去浙江巡抚以避嫌。曾国荃听了老哥的话称病辞职。随后曾国藩又急火火地将湘军裁撤，在给友人的信中他道"功成身退，愈急愈好"。

裁军完毕后，同治七年（1868），曾国藩自两江总督调任直隶总督，入京觐见。清宫惯例是，外省大吏觐见，必须由军机大臣一人带领，当日军机大臣李鸿藻引曾国藩入宫觐见。慈禧与曾国藩闲聊时，突然想起曾国藩与肃顺有段不清不白的关系，就变色问他："江南平定后，军队裁撤，不知有意外否？"

曾国藩就仔细陈述了裁撤军队的情况，不想慈禧表情冷淡，听他说完后即命他退下。

李鸿藻在一旁看了着急，就将此事告知奕䜣，由奕䜣出面劝告慈禧："平定江南，曾为首功。以后裁军及善后一切事宜，仍需曾为办理。不可不加恩慰勉，以励将来。"

慈禧也觉察到自己对曾国藩这个实力人物过于冷淡，在第二次召见时，态度转为和颜悦色，温情慰问，又赐"紫禁城骑马"作为荣宠。

曾国藩入京觐见时，奕䜣一度曾考虑将他调入军机处，帮助处理军事事务。李鸿藻认为不可，"外握重兵，内掌机务，殊非强干弱枝之道。"此后对崛起的督抚如曾国藩、李鸿章等人，一概不内调任军机大臣，唯一的特例是左宗棠。

在太平军、捻军战事平息之后，清廷曾有过尝试，弱化地方督抚们的财政权、军事权、外交权，以强化中枢权力。

清廷将各地的督抚频繁调动，一般在任期上不超过三年，只有个别督抚能长期任职，这样也就除去了督抚长期盘踞一地的可能，也使督抚的任命权牢牢掌握在中枢手中。

同治年间，中枢开始对厘金及地方财政加以整顿，以加强中央财政权。同治二年，清廷试图将厘金纳入中央财政系统，却遭到了地方督抚们的反对。同治三年，在攻克金陵之后，又有裁撤厘金的建议，因督抚们反对而不了了之。之后清廷对地方厘卡加以整顿，一些小的厘卡被裁撤，大的厘卡开始规范化运行，并从中抽成至中央。

既然没法严格控制地方的自留款，同治二年起，清廷设置中央专项经费，将各项重要财政费用，如边防、军饷、海防、荒政、外交、旗营、内务府等，分解开来，定额摊派到各省与海关，要求各省保证必须缴纳。至于各省有无能力缴纳，中央根本不管。

在太平天国战争中，南方各省的督抚们开始与西方各国打交道，并在一定程度上获得了处理外交、办理通商的权力。平定太平天国之后，部分外交权力被中枢收回，交给了总理衙门。所有对外交涉、签署条约、接待使节事宜，都由总理衙门办理。在军事上，总理衙门也获得了一定的权力，如对外采购军械事宜，均由总理衙门负责。

总体而言，同治朝，中枢虽有收回地方权力的努力，但经过咸、同二朝的发展，地方督抚仍有较大的权力自为空间。如整编后的"练军""防军"，仍由督抚控制，兵部只知道绿营的兵数，而不知"练军""防军"的实际人数。虽然让地方上缴纳中央预提款，可地方上缺钱时，就毫不客气地加以截留。至于中央提取的厘金，能从督抚们手中分出些零头来已经不错了。没钱时，地方上自行向外国借钱，或增加捐税征收名目，或盐税加价，中央也无可奈何。

要而论之，晚清崛起的督抚，是时代变革的产物。督抚们与清室是利益共同体，而不是矛盾体。随着自己利益的形成，以汉人为主的督抚们，与以满人为主的中央体系会出现矛盾，但双方的共同利益大过矛盾。在晚清的巨大变局之下，清廷不得不坐视督抚们扩张。督抚们也有着自觉，即他们的权力扩张，以不威胁到清廷的根本统治为基础。虽然他们带甲十万，但所求的是富贵，而不是挑战皇权。清代官场流行的一句话说得明白透彻："好官不过多得钱耳。"

裁湘留淮

攻克天京后，湘军在全国各地有三十万人，其中曾国藩直辖的有十二万人，属于曾国荃的有五万余人。与湘军的百战之师相比，此时在册的绿营兵不过五十余万，且多是老弱之众，战斗力薄弱。湘军这头雄踞于长江流域的蛟龙，如何能让清廷放得下心？

以曾国藩为代表的督抚们势力的扩张，引起了清廷的不安。精明过人的曾国藩，自然知道"兔死狗烹"这句话的意义。太平天国覆灭之日，也是他好运到头之时。当天京攻克的消息传到安庆时，曾国藩竟然一夜未眠，心中既有惊喜，也有惶恐，他知晓历史，更知道兔死狗烹的道理。在奏报战功时，他小心翼翼地将弟弟曾国荃的名字写在杨岳斌等人的后面，只字未提给曾家兄弟请功。

朝廷此时也开始给他穿小鞋，刚刚打下南京，朝廷突然下令让曾国藩将打仗多年的军费，造表报销。十几年来的烂账，曾国藩哪里能弄得出来？叫苦不迭。

曾国藩如果想要谋反，倒也不是没有实力，他登高一呼，整个长江流域无不云集于他麾下。可曾国藩有这样的实力，却没有这样的野心，他恪守着理学的信念，忠君报国，如何能谋反？可朝廷的步步紧逼，让他忧虑万分，他知道朝廷不放心的是他兵权太重，只要裁撤了湘军，朝廷自然会网开一面，让他既保有中兴之臣的美名，又可安享太平生活。

金陵克服，曾国藩得了个一等侯爵，曾国荃得了个一等伯爵。曾国荃拼了两年，不过得了个伯爵。雄心勃勃的曾老九心中不满，而此时关于他的非议四起。

曾国藩急火火地将湘军裁撤，在给友人的信中他道"功成身退，愈急愈好"。在曾国藩第一次奏请裁撤湘军后，清廷给出回应："不若先汰老弱，而以精壮分赴江楚，俟江楚一律肃清，再议裁撤归农。"曾国藩还是不放心，又上奏请将曾国荃的五万人撤去一半，同时请开去曾国荃浙江巡抚一职。

曾国荃听了老哥的话称病辞职，不想朝廷竟然立即准许，还假惺惺地打赏了他六两人参，曾国荃气得两眼一黑。曾国藩知道弟弟不满，又是一番思想工作。曾国藩写诗劝告弟弟，要珍惜来之不易的安稳生活，"今朝一酌黄花酒"，"万事浮云过太虚"，老弟你就安分点吧。

曾国藩急解散湘军，一个原因是几经膨胀，军饷筹集困难。湘军裁撤后，曾国藩却很是高兴，在信中写道："湘勇久成强弩之末，幸鄙人见机尚早，同治三年即致书李鸿章，言湘勇须陆续全撤，淮勇须留以御寇。"

七月十三日，曾国藩下令裁撤湘军。曾国藩在裁军时也留了后手，如果全部裁撤掉，则自己手上没有了政治资本。南京的五万湘军，裁去一半，留一万人守南京，其余一万五千人，由曾国荃委派三名亲信统领。鲍超霆军已前往江西，划归江西巡抚沈葆桢，得以全部保留。此次裁军中，太平天国的降将韦俊的部队首当其冲，韦俊被解除兵权，所部遣散。后韦俊携带大量金银返回广西，却被同乡唾弃。韦俊在广西没法住，就移居到安徽芜湖，死后葬于宣城。

依照湘军制度，遣散士兵时，必须将所拖欠的军饷发全。湘军每月军饷，每月能发五六成就已不错了，日积月累，拖欠的军饷达五百万两。决定裁撤时，曾国藩还没有筹集到经费。之后好不容易筹到了一笔路费，所欠军饷则发给金陵期票、长沙期票，定期到湖南支付。

曾国藩湘军，历来依靠各省厘金充作军饷。军队裁撤之后，军饷相应地也要减少。曾国藩自求停解厘金，而且是收入最为丰厚的广东厘金，一年有六七十万两银子。曾国藩这是向朝廷表白，请放心，我没有反意，连银子也不要。当政的奕䜣，比他的哥哥咸丰帝更会做人，随即表示，要给曾国藩留下三成广东厘金。曾国藩再次拒绝，又进而要求停收湖南的"东征厘金"等军饷。

曾国藩如此上路，清廷也不想逼曾国藩太急，就快刀斩乱麻，下令不再追究军费报销这笔糊涂账。曾国藩接到上谕后，激动得无与伦比，给儿子曾纪泽的信中道："真中兴隆恩也，我朝酬庸之典，以此次最隆。"至于幼天王逃脱，所谓的曾国荃吞没太平天国窖银等事，也被打打马虎眼，就这么过去了。

同治四年正月，又裁撤湘军八营四千人，曾国藩预备再撤八营，只保留四千人。因为没有筹到遣散经费，挖秦淮河淤泥又需要大量劳动力，遂暂未裁撤。到了五月，曾国藩奉命前往山东剿捻，十六营中，有十五营不想北上，遂再裁撤七千五百人。此后驻扎在徽州、休宁等地的湘军闹事，索取欠饷，陆续又裁撤了一批湘军。

到同治五年（1866），曾国藩所部十二万人基本遣散完毕。保留下来的只有随曾国藩北上剿捻的五百人，老湘军六千人，新招的两千五百人及留在江西的鲍超、周宽世两部。此后鲍超、周宽世两部被解散，老湘军随同左宗棠西征陕甘，不再隶属曾国藩。忙到同治七年，曾国藩总算将湘军裁撤殆尽，此后手上再无一营湘军。

当湘军陆师被裁撤时，水师却逃了过去，得以保存。天京之战后，杨岳斌被调走，水师由彭玉麟统帅。至同治七年，湘军水师改编完毕，称长江水师。此后湖南、湖北、江西、安徽、江苏五省，千里长江江面，由长江水师控制。

长江水师的军饷，由沿江各处厘卡承担，所得颇丰。对于水师老兵们来说，不失为一个好的安排。为了保证水师的军火，在安徽、湖北两省省城设置了火药局，在长沙设立了子弹局，另设置三处船厂，负责修补船只。

在此后的日子里，长江之上，可见孤帆一片，彭玉麟来回巡阅长江水师。从同治十一年开始，直到光绪十六年去世，彭玉麟一直不间断地巡阅水师。他对水师是有感情的，对于水师中的诸多弊端，也予以革除。正是由于他对水师的感情，对手下兄弟的道义担当，使他拒绝了水师现代化的走向。

光绪十年时，时任台湾巡抚的刘铭传和道员徐承祖上奏，请将长江水师、太湖水师的木制战船裁去一半，用剩下的军费购买浅水轮船。彭玉麟阻止了此建议，他以长江流域，河道纵横，需要小船为由，将长江水师保全了下来。

光绪十一年（1885年），醇亲王奕谬等人建议，将长江水师的木制舢板船裁去一半，同时裁掉部分水兵，用节省出来的军费购买轮船。此建议得到了慈禧的同意，认为长江水师组成已有十余年，当年的湘军老水手们也早已安置完毕。彭玉麟再次反对裁撤，他给出了五点理由，如轮船不如舢板灵便、舢板缉捕严密、厘卡税收减少、轮船靡费、舢板水勇健壮等。于是长江水师一直使用着落后的舢板。至于水师的现代化，则不是他所考虑的范围。

在太平天国战争之后，湘军先后被裁撤了十万余人。湘军之中，在未裁撤时哥老会的影响就已极大。在被裁撤之后，一部分被裁撤的湘军不愿意返回原籍，分散在长江流域，从事各种带有冒险性的职业。愿意返回原籍的士兵，不久也重新出山。湖南地方上知道大批士兵携带钱财回乡，就哄抬物价，回乡的湘军士兵随身携带的银两购置不了土地，士兵本身又有赌博、鸦片瘾，不久就花光积蓄。

清代刘光第曾作诗，描述了退役湘军的落魄情景："道逢行乞人，自言旧湘军。衣服鹑且尽，皮肉还垢皴。"而哥老会在裁撤之前就宣称，如果出去之后遇到苦难，找哥老会"可济衣食"。于是大批湘军士兵，又重新聚集在哥老会旗帜之下。

哥老会在湖南、湖北等地发展最快，两湖地区，回乡的士兵大量结拜，开设山堂，并不断向外省渗透，势力扩展到江苏、浙江、安徽等地。长江流域，由于常年战争，导致人口急剧下降，为了恢复社会生产，清政府从各地抽调人口，迁移至安徽、浙江、江苏等省，这些新来的人口，自然与被裁撤后的湘军、淮军结合。哥老会势力遍布流域，"长江一带，自蜀至苏数千里，哥老会一种，已不下数十万人"。光绪年间，哥老会完成了与天地会的融合，天地会是以"反清复明"为主要宗旨的组织，这也使哥老会带上了反清色彩。

太平军在战败之后，一部分士兵被遣送回广东、广西原籍，回乡之后，他们转而加入天地会，成为天地会的中坚力量，这个过程称为"转红"，即加入天地会（对外称洪门）。留在江浙皖地区的太平军士兵，很大部分也加入了哥老会，与曾经的对手湘军，现在一起为了生计而奔波。

同治十一年（1872），曾国藩死于任上，终年六十二岁。清廷闻讣，辍朝三日，追赠太傅，谥号"文正"。曾国藩去世后，俞樾认为史上名臣，唯有四人，即诸葛亮、陆贽、范仲淹和司马光，曾国藩兼具了他们的长处，克服了其短处。老冤家左宗棠题挽联云："知人之明，谋国之忠，自愧不如元辅；同心若金，攻错若石，相期无负平生。"梁启超则评价曾国藩："然乃立德、立功、立言。三并不朽，所成就震古烁今，而莫与之京。"

曾国藩死时，哥老会已经遍布长江三千里，联为一气。哥老会的主阵地，也从湖南扩散到了湖北，两湖成为哥老会的会党出没之处。再二十年，哥老会又成为反清的中坚力量。大清王朝，成也湘军，败也湘军。

在湘军克服天京之后，湘淮军的命运走向，成为曾国藩、李鸿章等人必须面临的问题。东南地区的湘淮军，李鸿章所部淮军有七万余人，浙江左宗棠所部湘军有五万余人，曾国藩统带的湘军有十二万余人。攻下天京后，曾国荃的嫡系部队被裁去大半，由曾国荃带着返回湖南。左宗棠的人马也被裁去四万余人，在江西、湖南等省的湘军也陆续裁撤。

李鸿章面临着裁军的压力，一方面是曾国藩裁撤湘军的示范，另一方面，淮军迅速膨胀之后最大的问题就是筹集饷银。可湘军那样的大手笔裁军，无疑是自断臂膀，李鸿章不愿意。裁军可以，但是精锐必须保留，李鸿章在给清廷的奏报中说"酌留洋枪洋炮队三万人，以备海防，而资控守"。

李鸿章向曾国藩表示，要留湘淮军精锐，防剿大江南北，待大局稳定后，仍可远剿他处。意思是湘军、淮军都要保留，不可大幅裁撤。曾国藩在自请裁撤湘军后，考虑到未来剿捻之战必以自己为主，而湘军已不可再用，只有保留淮军以供驱使。曾国藩遂支持裁湘留淮，对李鸿章道："蔽部淮勇，能战而多士气。"此后曾国藩屡屡表态："剿办捻匪，宜用淮勇。"至于湘军么，则可以撤光，以"腾出有用之饷，以济西征之师"。曾国藩支持保留淮军，有多重目的，除了要借助淮军剿灭捻军外，更想借重淮军，镇压频频出现的湘军哗变。

同治四年（1865）六月，在皖南的湘军二十一营，因为军饷发生哗变。曾国藩力主严办，杀一儆百，要调淮军前去镇压。对此行动李鸿章有所保留，在给曾国藩的信中说道"断不可先示威于尊部，乞原谅"，意思是自己下不了狠手。曾国藩则冷笑回复："蔽处自愿做恶人，决不累阁下分此怨谤。"此后因为要北上剿捻，淮军未去皖南镇压，湘军哗变也得以平息。曾国藩还是毫不客气，"万一叛变，尚须调淮军南渡剿之"。

此后李鸿章裁撤了部分淮军，淮军主力得以保留。在湘军被裁撤，绿营被打残，八旗子弟已枯竭后，淮军成为清廷手中仅剩的主力，被频繁用于各省战事。《官场现形记》卷十二对此也有描述："从前打粤匪打捻匪甚么，淮军湘军却也很立些功劳，等到事平之后裁的裁，撤的撤，一省之内总还留得几营，以为防守地方起见。当初裁撤的时候，原说留其精锐，汰其软弱，所以这里头很有些打过前敌，杀过长毛的人。"

淮军各营也获得了大发展，原先的铭字营、盛字营、传字营，摇身一变，壮大之后，改称铭字军、盛字军、传字军。在剿捻战事之中，淮军主力基本投入，又得到了进一步扩充。到同治六年，淮军有一百六十余营，兵力八万余人。

同治七年（1868），东捻军剿灭之后，清廷李鸿章入京觐见，同时命令淮军撤到黄河以南，明显有提防之意。捻军刚刚剿灭，清廷就表示要将淮军"即行裁撤归籍"。李鸿章玩弄手段，一方面效法曾国藩在攻下天京后的做法，表示自己要"撤军归农"。另一方面则让地方大员上奏，要保留淮军，预防"夷变、回匪、枭匪、马贼"之类。

八月二十日，李鸿章抵达北京，在京逗留一个月，拜谒了慈禧、同治帝。随后出京前往南京，在与曾国藩、马新贻商议裁撤淮军事宜后，决定裁撤掉马步军五十营。当兵多年，想返回原籍的老兵被优先裁撤，其余的陆续裁撤，总计裁撤掉三万余人。

裁撤后的淮军，分别驻防江苏、湖北、山东、直隶四省。此后淮军经历了各种变动，主力大致维持在四万余人。对实力最强的刘铭传铭军，李鸿章予以厚爱，铭军只是象征性地裁去一营马队，主力仍然保留，成为淮军中强大的一支。裁军之后，保留下的淮军，驻防要地，称为防军。防军虽然没有纳入国家正规军序列，由于数量多、装备精良、战斗力强，成为负责海防、边防的主要力量。防军仍然保持着淮军的旧体制，即兵归帅有，将领则向领袖效忠。

淮军的三大主力，分别是刘铭传、潘鼎新、郭松林，此时刘、潘二人已辞职，只有郭松林尚在统兵。1869年，李鸿章至武昌接任湖广总督。就在他为淮军的衰落感到忧虑时，1870年，李鸿章突然接到调令，让他去贵州镇压苗民起义，由哥哥李瀚章接替他的湖广总督职务。

对此调动，李鸿章大为不满，牢骚满腹，让他去贵州督办军务，却又不肯拨给军饷，"鄙人南征无足轻重之地，乃可不名一钱耶？"李鸿章使出拖字诀，一边向朝廷抱怨有各种困难，不敢贸然前往，一边则开始扩军，好恢复淮军元气。

郭松林在淮军内所统领的武毅军，最盛时有四十营。在捻军被剿平后，被裁撤到只剩步兵五营。李鸿章调任湖广总督时，郭松林也调任湖北提督，利用此次先援贵州，后援陕西的调令，郭松林扩充军队，发展到马步二十营，兵力过万。

李鸿章在武汉打太极时，西北局势突变，老湘军刘松山在金积堡被击杀，西北局势江河日下。清廷遂不再让李鸿章去贵州，调他去北援陕西。李鸿章不想去贵州，更不愿意去陕西，那里有他的天生对头左宗棠。

这二人天生不对路，左宗棠听说要调李鸿章来帮忙，顿时"颇涉惊疑"。李鸿章则牢骚抱怨，入陕西"味如嚼蜡"。拖到六月二十七日，李鸿章蹒跚走到西安，打定主意，"作壁上观耳"。刚到西安才七天，突然又接到谕旨，让他去直隶。李鸿章带着郭松林的武毅军，刚到陕西，又急匆匆地赶往直隶。

此番变故，源于同治九年发生的"天津教案"。此年天津民众火烧望海楼教堂，击毙法国领事丰大业，法国威胁要进攻天津。当法国发出威胁时，清政府下令李鸿章带领淮军到京畿附近驻扎，淮军刘铭传、郭松林、周盛传所部，也被调至直隶周边，随时准备出动。同时将曾李互调，以曾国藩为两江总督，李鸿章为直隶总督。

直隶总督为封疆大吏之首，负责拱卫京师，职责最重。淮军此时装备了大量新式武器，经历了战事锤炼，是清军中之最精锐，清廷只能依赖于淮军捍卫京师了。此后李鸿章常驻直隶，负责北方海防，而淮军也开始由南而北，在直隶及北方驻屯。

李鸿章到了直隶后，正赶上直隶总督扩权。早先设置有三口通商大臣，处理外交、海防、通商事宜，实际上是分了直隶总督的大权。此年九月，工部尚书毛昶熙奏请撤掉三口通商大臣，以直隶总督办理通商事宜。此后又设置北洋通商大臣，由直隶总督兼任，管理直隶、山东、奉天三省所有海防洋务事宜。此次改定章程后，李鸿章身兼直隶总督、北洋大臣，"权一而责巨"，掌握了省防、海防、通商大权。

李鸿章在担任直隶总督兼北洋通商大臣后，经过多年经营，形成了淮系集团。除了实力强劲的淮军之外，淮军将领也出任各省督抚，先后有十六省的督抚职位被淮系将领所掌握。淮系人马，出任督抚者有李鸿章、李瀚章、张树声、刘铭传、潘鼎新、钱鼎铭、刘秉璋等人。

控制地方实权，与控制军权有所不同。李鸿章对于军权是一手抓，不容任何人干涉。对于地方督抚职务，则尽力扶持淮系人马坐镇，为淮军提供军饷粮草。李鸿章长兄李瀚章担任湖广总督，前后十二年，雷打不动，直到丁母忧。湖北每年提供淮军近一百万两军饷，李鸿章自然不能让他人染指。

两江总督一职在曾国藩手上时，对于淮军军饷粮草，也是大力支持。曾国藩在两江总督任上病死之后，清廷考虑以何璟署两江总督，以淮系张树声任江苏巡抚。何璟是李鸿章同年，资历声望一般，自然容易操控。不想上任数月，丁忧离职，又以张树声署两江总督。后又以李鸿章的同年进士、幕僚李宗羲担任两江总督。此种人事安排，李鸿章能够接受，可以稳住后方，确保淮军军饷后勤。1875年李宗羲因病去职，新来的两江总督刘坤一不买李鸿章的账。李鸿章多方运动，刘坤一不到一年便被拉下马。

太平军、捻军、西北起义军被平息之后，淮军的命运终究是要被裁撤。李鸿章、淮军，需要一个强大的敌人，才能避免被裁撤的命运。李鸿章保全淮军，最初的口号是"以备海防"。但淮军被保留下来后，十余年间，淮军未见用于海防，而主要用于国内战事。

借助同治十三年（1874）日本侵略台湾的契机，李鸿章大张旗鼓地打出了"海防"的旗帜，高姿态地派出淮军奔赴台湾。李鸿章利用此次契机，以海防为旗帜，将淮军分布北洋各要地。此布局造成的局面是，清廷依赖于淮军进行海防，而不能加以裁撤，只能以巨额军饷供养。淮军驻防各地本是临时性的任务，终究难逃被裁撤的命运。但由海防之契机，淮军得以分驻各地，担负江海防务，并取代绿营的地位。

既然是海防，那就得有像样的海军，李鸿章耗费巨资，创办了北洋水师。北洋水师是为了维系淮军的存在，由陆往海发展的产物。在李鸿章眼中，北洋水师就是淮军的分支，是他的私军，是用来"聊壮声威"的，是用来维系湘淮集团的。北洋水师中坚将领，无不出自淮军，海军提督须听命于北洋大臣。是故时人指出，李鸿章创办水师，是"挟以自重"。

光绪六年（1880），因为中俄伊犁争执，战争一触即发，淮军大规模向直隶周边汇集，此后除了部分在台湾及江南的淮军外，主力淮军均云集于直隶。淮军驻防直隶后，成为了国家正规军，开始吃皇粮。将领养尊处优，士兵油滑，久不经历战事之后，淮军开始衰落。由于统兵将领克扣军饷，士兵哗变现象也开始频繁出现。而清王朝在"改勇为兵"后，对庞大的淮军，在财政上感到吃力，一再逼迫李鸿章裁撤淮军。1877 年，淮军裁军一万一千余人，剩余两万八千九百人。1885 年，又再次裁撤了两营一千人。淮军精锐已去，老将衰落，后继者多为未经战阵之人。至中法战争前，淮军核心将领不是死去，就是隐退，接替的不是亲戚就是子弟，都没有经历过战阵。

时人总结淮军失败的原因，认为李鸿章在大功既立，淮军地位岿然不动之后，自视太高，自信太深，故而宠溺部将。其所重用的将领都是故吏裨将，往昔共患难，今日共富贵。于是徇私情，互相提拔，布满津要，委以重任，而不问其才华能力可用与否。至临战之后，这些故吏裨将，都临事贻误，难当重任。光绪二十七年（1901）九月二十七日，李鸿章病逝，享年七十九岁。李鸿章对自己一生，曾自我做过评介："我办了一辈子的事，练兵，练海军，都是纸糊的老虎。"淮军领袖李鸿章死后，淮系势力日渐衰落，但淮系军阀的气数却自有传人，此人即袁世凯。

后　记

在中国的各类历史书籍中，有一些可以说是永恒的主题，不管怎么写都能热销，这类历史书籍，主要集中在如王阳明、曾国藩、袁世凯等人物身上。围绕曾国藩的各类书籍，可谓是琳琅满目，相应湘军的征战史的书籍也有不少。

学界的前辈，早已从严谨的学术角度，就湘军的战史做了系统的整理，后辈在此基础上可以轻松攀登。湘军战史的研究也有了诸多成果，学界已从各个角度切入，加以研究。但与湘军的对手太平军相比，湘军的研究显得稍有不足。在湘军历史资料的整理上，虽有史料集出版，其中珍稀史料却是寥寥无几。

湘军征战之后，留下了诸多的文史记录，当时即有《湘军志》《湘军记》等名著存世。到了今日，这些著作在可读性上，稍有不足。而在今日各类湘军的通俗历史读物之中，不乏出彩之作，从各个角度切入，再现湘军之征战。

于我而言，写作历史，更看重的是微观角度，小细节的刻画，从此中更能体现生动、客观的历史。在本书的写作中，运用了不少当时人的日记，从中也可以一窥当时生态。如湘军勇将毕金科战死景德镇的前后，从当时人的记录中，可见其心中之矛盾、无奈。再如江忠源战死后，刘长佑护送其灵柩返乡中的各种风波，也可以一睹当日地方上对太平军的畏惧心理。

湘军出战之后，于各地频繁作战，如果一一写来，则支线太多，难以突出重点。在本书的写作中，以曾国藩为主线，以其经营两湖、坐困江西、图谋安徽，最后合围天京，作为主篇。当剿平太平军后，湘军也参与了几场大的战事，如围剿捻军之战、平定西北之战、收复新疆之战等，在本书之中，对此也做了描写。写作湘军时，难以绕过的就是淮军。淮军脱胎于湘军，可以说是湘军之子，继承了湘军的一切。故而在写作时，旁及李鸿章在上海建军，拿下苏南，配合湘军主力攻下天京。

对于当下比较流行的，各种调侃式的，抑或是痞子式的历史写作方式，我是相当抵制的。不必低俗媚俗，历史也可写得好看精彩，好看精彩的基础，则是史实的挖掘。稍有遗憾的是，从清末至今，围绕太平天国的历史史料，虽然系列整理，仍有无数富矿未曾得到挖掘。在湘军史料乃至实物整理上，迄今尚有诸多不足，在写作时，明显感受到湘军史料的相对匮乏。

当下的网络之上，对于太平军的战史，有诸多热爱者，他们在线上线下，进行各种讨论，乃至于组织现场考察，以恢复历史真相。相对而言，湘军的历史，则不是那么受到关注，也缺乏深入、热烈讨论。希望由本书的写作，也能吸引一批读者关注湘军，说到底这支军队，影响了近代的中国。

考虑到本书是一本通俗历史读物，写作中所参考的各类文献资料，在文中并未列出。写作时也遵守了一定的学术规范，如时间，民国前用旧纪年，夹注公元纪年，历史纪年后有旧历纪月，只括注历史纪年，不加注纪月，如雍正元年（1723）十月。为了增加本书的严肃性，特将所用注解全部列入。在引文上尽量遵照原文，个别地方为了阅读方便，稍作改动。

由于功底欠缺，本书必然有诸多不足之处，恳请指正、包涵，并期待着与读者朋友进一步交流。

袁灿兴

2018 年 5 月 24 日